四川大学研究生课程建设项目资助

经济
理论与实践

主编　张红伟

XUNI
JINGJI
LILUN YU SHIJIAN

四川大学出版社

项目策划：李天燕
责任编辑：蒋姗姗
责任校对：许　奕
封面设计：墨创文化
责任印制：王　炜

图书在版编目（CIP）数据

虚拟经济理论与实践 / 张红伟主编. -- 成都 : 四川大学出版社, 2019.6
ISBN 978-7-5690-2057-1

Ⅰ. ①虚… Ⅱ. ①张… Ⅲ. ①虚拟经济一教材 Ⅳ. ①F019

中国版本图书馆 CIP 数据核字 (2019) 第 135486 号

书名　虚拟经济理论与实践

主　　编	张红伟
出　　版	四川大学出版社
地　　址	成都市一环路南一段 24 号（610065）
发　　行	四川大学出版社
书　　号	ISBN 978-7-5690-2057-1
印前制作	四川胜翔数码印务设计有限公司
印　　刷	成都市金雅迪彩色印刷有限公司
成品尺寸	170mm×240mm
印　　张	17
字　　数	321 千字
版　　次	2019 年 9 月第 1 版
印　　次	2019 年 9 月第 1 次印刷
定　　价	58.00 元

◆ 读者邮购本书，请与本社发行科联系。
电话：(028)85408408/(028)85401670/
(028)86408023　邮政编码：610065
◆ 本社图书如有印装质量问题，请寄回出版社调换。
◆ 网址：http://press.scu.edu.cn

四川大学出版社
微信公众号

前　　言

虚拟经济是资本独立化运动的经济，有别于传统的物质生产及其有关的一切劳务活动。有价证券是虚拟经济存在的典型形式，除此之外，房地产、知识产品、无形资产、各类艺术品及其他收藏品等也属于广义虚拟经济范畴。虚拟经济的产生和发展依赖实体经济的发展，是实体经济发展到一定阶段的产物。虚拟经济的发展壮大是一把“双刃剑”，适度发展的虚拟经济能够刺激储蓄与投资，提高资源配置效率，促进实体经济增长。严重滞后或过度膨胀的虚拟经济给实体经济正常的运行埋下危机的种子，对整个实体经济发展造成严重的破坏。近年来，实体经济的固定资产投资增速下滑、工业增加值在国内生产总值中所占比重下降，而虚拟经济在国内生产总值中所占比重上升、金融资产增长迅速，甚至是资金在金融体系内部空转，资金“脱实向虚”的苗头和趋势明显，为经济高质量发展埋下隐患。在这种背景下，学习并掌握虚拟经济的起源、虚拟经济运行机制、虚拟经济功能作用，以及虚拟经济与实体经济关系等基本理论问题颇为重要。

本教材立足理论与实践两个维度，系统地介绍、阐释了虚拟经济的理论基础、虚拟经济的运行和发展、虚拟经济与实体经济、虚拟经济与资产市场、虚拟经济与泡沫经济、虚拟经济与互联网金融、虚拟经济的风险管理等内容，旨在为经管类本科生和研究生、从事虚拟经济问题研究的教学科研和实务工作的同志，提供一个比较系统、有力度、相对简洁的虚拟经济背景知识。

本教材共八章，由张红伟教授主编并负责统筹定稿，其中第一、四、七章由张红伟、吴永超、张煦负责编写与校稿，第二章由邓奇志负责编写与校稿，第三、五章由赵颖岚负责编写与校稿，第六、八章由战松负责编写与校稿。

目　　录

第1章　虚拟经济概述

［教学目标］

1. 了解虚拟经济的缘起，理解虚拟经济中虚拟资本的定义、功能及其与实体资本的区别与联系等。

2. 掌握虚拟经济的基本特征。

3. 认识虚拟经济下的主要产品。

［教学基本内容］

1. 虚拟资本的内涵、特征、功能及其与实体资本的异同。

2. 虚拟经济的内涵及量化指标。

3. 虚拟经济的特征：虚拟性、寄生性、高风险性、系统复杂性、运行周期性。

4. 虚拟经济下的产品：金融产品、房地产、知识产品、无形资产、各类艺术品及其他收藏品。

本章我们从虚拟资本概念入手，引出虚拟经济的缘起，阐述虚拟经济的基本内涵，系统梳理虚拟经济的主要特征，介绍虚拟经济下的主要产品，以期读者对虚拟经济的基础知识有所了解和认识。

1.1　虚拟资本

虚拟经济这一概念是由马克思所提出的虚拟资本（fictitious capital）一词发展演化而来的。在《资本论》第三卷中，马克思认为，虚拟资本（包括股票、债券在内）是在银行信用制度和借贷资本的相互作用下产生的。虚拟资本所代表的实体经济已经进入生产过程或者参与消费领域，它本身是一种可买卖的资产，能够给持有者带来增值收益。

1.1.1 虚拟资本的内涵

1840年英国约克郡的银行家威·利瑟姆在其《关于通货问题的书信》中明确提出了“虚拟资本”的概念。威·利瑟姆认为：只有不出现货币过剩、低利息或低贴现率，才能避免产生一部分汇票，从而使汇票不会过度膨胀；要判断票据有多少是来自实际的营业（如实际的买和卖），有多少是人为地制造的，只由融通票据构成，但这不太可能；融通票据，就是人们在一张流通的汇票到期以前又签发另一张代替它的汇票，这样通过单纯流通手段的制造，就创造出虚拟资本。① 马克思在《资本论》第三卷第五篇中论述利润构成与生息资本时，详细地阐述了从商品到货币、从货币到资本、从资本到生息资本、从生息资本最后演化为虚拟资本的过程，并揭示了虚拟资本的属性和运行规律。

虚拟资本有狭义和广义之分。狭义上来说，虚拟资本仅包括股票、债券等有价证券，这是最普遍意义上的虚拟资本。“不管这种交易反复进行多少次，国债的资本仍然是纯粹的虚拟资本；一旦债券卖不出去，这个资本的假象就会消失。”② 广义上的虚拟资本不仅包括股票债券等一般意义上的虚拟资本，还包含期票、汇票和存款货币在内的银行借贷信用，以及其他投资投机票据。“银行家资本的最大部分纯粹是虚拟的。”③ 不仅如此，“银行券兑现的这种保证也是幻想的。”④ 由此，马克思提出的虚拟资本的含义既包括一系列有价证券所代表的资本价值的不确定性，也包括所有权归属的不确定性，前者是以股票、债券等一系列有价证券作为运行载体，后者则是以使用资本的权利（即资本的所有权）作为行为载体。事实上，构成虚拟资本的这一系列有价证券，本身并没有任何的价值，它们只是代表一种获得收入的权利，属于所有权证书范畴。有了该类型的证书，从法律上来说，就有了获取相应资本剩余价值的权力。因此，有价证券可以在证券市场上流通，参与买和卖的过程，它们的价格则是依据利息资本化的一系列原则确定的。

虚拟资本产生后，将会有一部分专门的货币流到这种可以带来资本增值的

---

① 威. 里瑟姆. 关于通货问题的通信（伦敦增订第2版）[M] //资本论（第三卷）[M]. 北京：人民出版社，2008：451.

② 马克思. 资本论（第3卷）[M]. 北京：人民出版社，1975：527.

③ 马克思. 资本论（第3卷）[M] 北京：人民出版社，1975：532.

④ 马克思. 资本论（第3卷）[M]. 北京：人民出版社，1975，537.

有价证券上来，以获取利息。虚拟资本虽然可以带来一定的收入，既有价格，又可以在市场上进行交易；但是虚拟资本并不是现实中实实在在的资本，而是一种幻想的、与现实资本相对的一种资本。例如股票，它代表的是股东投入到企业实实在在的资本，但是就股票这一票据本身而言，它并不是现实意义上的资本，并不能在企业生产活动中发生任何作用，只是代表有权获得该资本在生产过程中带来的一部分剩余价值的凭证。因此，虚拟资本只是间接揭示现实资本的运动，是“现实资本的纸制复本”①，它同现实资本既存在量的区别，也有着质的不一致。就量而言，各种有价证券的价格总额构成了虚拟资本在量上的积累，这一量的变动不仅取决于有价证券的价格水平，还与各有价证券的发行数量密不可分。一般来说，就虚拟资本的价格总额和现实资本的价值总量比较，前者一般大于后者的。在价格运动上，虚拟资本的价格变动可以完全不代表现实资本的价格运动，即使可以代表现实资本的价格变化，也不能完完全全地反映现实资本的价值变化。虚拟资本在价格上的独立运动，使它得以独立于现实资本的价格运动之外。

从马克思对于信用和虚拟资本的关系论断中，学者用国债、汇票等银行信用票据，以及债券、股票等一系列有价证券等来代表狭义上的虚拟资本。随着实体经济虚拟化的蔓延，如今的虚拟资本在虚拟程度和具体表现形式上都已经有了显著的变化，如期货（future）、期权（option）、互换（swap）等一系列现代金融衍生品的出现，使虚拟资本的范围和边界得以持续扩大。对期权、互换合约和期货的持有者来讲，这些合约本身没有任何价值，对剩余价值也没有直接索取权，除非是把这些合约兑换成债券、股票或者实物商品。然而，把期权期货等合约转化为股票债券等有价证券，实际上是把我们所理解的狭义虚拟资本再度虚拟化，这种多重化虚拟资本的反复延展，只会使得虚拟资本的最终形式与剩余价值索取权的联系越来越难以察觉。基于此，洪银兴（2002）将虚拟资本的产生分解为以下两条路径②：

（1）信用形式上产生的虚拟资本。因社会生产规模的扩大要求商业信用的发展与之相适应。马克思认为，大规模的生产会对商业信用提出以下几个要求：其一，随着社会生产规模的扩大，交易市场也会相应扩大，并且会越来越远离初始生产地。其二，商业信用也会随着市场地域的拓展而延展。其三，市场上会出现越来越多的投机要素，达到一定量的积累后，投机要素会慢慢地支

① 中共中央编译局. 马克思恩格斯全集（第25卷）[M]. 北京：人民出版社，1974：540.

② 洪银兴. 信用经济、虚拟资本和扩大内需 [J]. 经济学家，2002，4（4）：17－22.

配市场交易。由此，商业信用是无法避免的。并且，不仅商业信用的数量会随着生产的价值量的增长而不断发展，商业信用的期限也会伴随市场距离的不断延长而延长。信用的作用是帮助交易和经济的扩张突破现阶段所有资本的限制，在更大程度上发挥资本的作用。这也就是马克思所说的，要想使得一国的资本增加一倍，用现阶段所拥有的自有资本把全国所有的产品买去再出售，是不可能实现的。但是，借助商业信用，特别是借助具有一定支付期限的商业汇票，商品买卖过程若采取汇票形式代替货币流通形式，这种情况就成为可能。此时，真正意义上的信用货币就不再是以货币流通为基础了，而是以汇票的流通为基础，通过这种简单的流通手段就创造出了一定意义上的虚拟资本。另一方面，从借贷资本角度来看，银行信用也能使经济扩张，它会让同一货币充当多次存款工具，让同一货币多次执行借贷资本的职能。其具体形式不仅包括汇票、支票等信用票据，还包括债券股票在内的有价证券等。因此，同一货币资本借助信用工具反复使用，就会产生虚拟资本。

（2）收入资本化形式上产生的虚拟资本。恩格斯在修订《资本论》第三卷期间发现，当时市场上已经出现了为购买某些有息证券而成立的金融公司，这些公司仅投资股市，并不涉足实体经济，于是对虚拟资本有了更为深入的认识。这些金融公司使得虚拟资本的市场价值越来越脱离现实资本，与现实资本的关系越来越“疏远”。随着虚拟资本的范围进一步扩大，可以资本化的收入不仅仅包含当时马克思指出的债券和股票等有价证券，还包括期货、股票指数、期权等在内的现代金融衍生工具和外汇。虚拟资本在量上也大大增加，每天在各大资本交易市场上进行交易的虚拟资本的规模已经达到现实资本的数十倍甚至更多。单纯以经营虚拟资本为生的金融机构在数量上也远远超过了恩格斯当时所发现的金融公司。

综上分析，虚拟资本指的是本身不具备资本的实物形态，在性质上却具备资本特征的物品。也就是同各种实际资产、现实资本相独立的，本身也不具备任何价值但是却可以获得收益，并可以作为“商品”参与到市场交易过程中的各种凭证。虚拟资本虽然不是一种现实的社会财富，但是，它可以起到促进社会财富集中的作用。例如，通过股票的发行出售和公司债券的流通，使得社会资本集中流入大型股份公司手里，以此来促进社会生产的不断规模化发展。除积极作用外，当然还存在一系列消极作用。虚拟资本越来越脱离实体资本，表明了资本职能和资本所有权的进一步脱离，这种脱离加剧了投资的掠夺性质，增强了资本主义经济寄生性。不断膨胀的虚拟资本与实体资本的这一矛盾，只能在突然爆发的经济危机中才能得到短暂的、强制性的解决。然而，这种解决方法可能是灾难性的，会使得股票、债券等有价证券的价值急剧下跌，甚至成为一文不值的白纸。更有甚者，各证券交易所和股份公司纷纷破产倒闭，投机性的公司或实体经济也会受到严重的负面影响。

1.1.2 虚拟资本的特点

相较于实体资本而言，虚拟资本具有以下特点：

第一，流动性强。虚拟经济是与持有虚拟资本相对应的价值符号的流转，交易相对便捷，交易周期缩短，流动性较高。特别是随着当代信息技术的迅猛发展，票据、有价证券等虚拟资本朝着无纸化、电子化方向发展，交易时间会进一步缩短，大幅提升了虚拟资本的流动性。相较于实体经济较长的运行周期而言，虚拟资本的高度流动性会使得整个经济社会的资源配置和交易周期大大缩短，提升经济运行效率。

第二，价格波动大。虚拟资本本身没有价值，只是资本所有权的证书，一种价值符号。虚拟资本具有资本属性，可以在市场上流通交易，能够给持有者带来增值收益。虚拟资本的交易价格主要受未来收入预期的影响，包括宏观政策、经济、文化、自然、科技等因素，使用虚拟资本的市场主体的经营状况与财务状况，以及投资者的投资意愿与能力等。各主体的判断力不仅受自身条件的制约，也会受到自身所能接触到的信息的影响，从而带来虚拟资本交易过程中的信息不对称，导致虚拟资本交易具有极大的不确定性，加剧虚拟资本价格的不稳定。

第三，风险性和投机性强。虚拟资本总是受各种因素的相互作用，并且伴随经济的不断发展变化，其交易品种和规模越来越复杂，加之虚拟资本自身的频繁变化，且没有特定的规范可以遵守，交易主体的多样性和交易过程中的信息不对称又使得投资人缺乏专业判断，从而做出错误决策，加大交易风险，虚拟资本的投机性随之产生。例如，股票、债券、期货等虚拟资本，随着电子技术等信息技术的发展，巨额资金划转、清算和交收都可在较短的时间内完成，在市场交易机制不完善、监管力度较弱和市场经济环境并不十分向好的情况下，就会出现不是基于虚拟资本的“价值”进行投资，而是基于虚拟资本的可能收益进行投机的现象。

1.1.3 虚拟资本和实体资本的异同

实体资本也称实在资本、现实资本，是指能够带来收入的以实物形式和货币形式表现的资本。实体资本是看得见、摸得着的，具体可以分为商品资本、生产资本和货币资本。相应地，虚拟资本“是现实资本的纸制复本”[①]，是一种价值符号。

实体资本与虚拟资本之间存在着对立统一的关系。从统一性来看，虚拟资本是实体资本的“纸制复本”，实体资本为虚拟资本的存在和运行奠定了现实基础。其一，虚拟资本的运行状况决定于实体资本的运行状况，比如证券投资者的收益是由证券发行者的生产经营状况决定的；其二，实体资本的规模制约着虚拟资本发行的规模，比如证券投资规模受制于社会再生产规模；其三，虚拟资本的周期波动受到实体资本循环周期影响。反过来，实体资本也会受到虚拟资本的影响和制约。虚拟资本的规模和程度会影响实体资本的运用，其流向还会引导实体资本的流向及比列结构。虚拟资本的出现很好地解决了资金的供需矛盾，加速了资本资产的流动和集聚，使得资本家可以得到生产过程中急需的资金，同时还提升了资本的周转速度，增进了资本的赢利能力，满足了社会化大生产的需要，在更大程度上挖掘出实体资本生产的潜力。

从矛盾性来看，虚拟资本虽然是实体资本的价值表现和纸质复本，但其价格却是由预期收入和平均利息率决定的，而不是由实体资本的价值决定的。如此一来，虚拟资本的价格变动就呈现出相对独立的运动，甚至可能会与实体资本的价值变动相背离。虚拟资本价格运动的特点：虚拟资本价格与预期收益大小和预期收益的可靠程度成正比；在预期收益率一定的情况下，利息率按相反方向调节虚拟资本价格；虚拟资本价格的涨跌与证券市场的供求状况有着密切的联系。此外，虚拟资本与实体资本的运行是相互独立的，它们各有运行规律。虚拟资本的产生虽然来自实体资本，但是它并不完全依附于实体资本，而是相对独立的另一套资本。以上市股票为例，投入股份制企业的实体资本，以劳动力、厂房、机器原料、成品等形式处于生产和经营过程，不断创造新价值和利润，发挥着资本的作用。与此同时，为生产经营融资的股票却可以在资本市场上流通转让，频繁交易，被用于获取交易（价差）利润，充作同实体资本相对立的另一套资本的载体。如果考虑到在有价证券基础上产生出来的金融衍

---

① 马克思．资本论（第3卷）[M]．北京：人民出版社，1975：540.

生工具，则同实体资本相对立的就可能是几套资本。一套资本变为几套资本，前一套资本是实体资本，后一套或后几套资本就是虚拟资本。

1.2 虚拟经济的内涵

虚拟经济由虚拟资本发展演化而来，是与实体经济相对应的一个概念。随着经济虚拟化的不断蔓延，关于虚拟经济的研究越来越受到学术界的重视。深入理解并掌握虚拟经济的基本内涵，既是准确理解虚拟经济和实体经济两种经济运行模式本质特征的基础，也是开展虚拟经济理论研究的起点。

1.2.1 虚拟经济内涵的相关研究

关于虚拟经济的内涵，马克思主义者主要是在劳动价值论的体系中对虚拟资本的虚拟性质、资本性质及其表现形式进行研究，由虚拟资本衍生出虚拟经济的概念。以凯恩斯、彼得德鲁克等为代表的学者以货币和信用为切入点，将经济系统划分为“实体经济”和“符号经济”两个子系统，并对“符号经济”进行了详细阐述。凯恩斯进行经济分析的实体是货币和信用，即所谓的“符号经济”，而不是劳务抑或以劳务为定价基础的实物资产。符号经济对实体经济具有决定作用，对经济系统具有“纯粹经济性的控制能力”，因此宏观经济的高效稳定运行，取决于对货币、利率、信用规模等变量的控制与调节。彼得德鲁克在对世界经济运行特征进行总结后，指出“符号经济（即资本的运动，外汇率与信用流通）逐步取代实体经济（即产品与服务的流通）成为世界经济的飞轮”，符号经济系统中的“虚拟货币”是为了分散风险或者资产增值而产生的，不是由实体经济系统的投资、生产、消费和贸易创造出来的，“虚拟货币”的创造和流通脱离于实体经济，但以其巨大的规模和完全的流动性对经济系统产生着重要的影响。

与国外研究相比，国内对虚拟经济的探讨起步较晚。刘骏民（1998）在《从虚拟资本到虚拟经济》中从广义和狭义两个层面对虚拟经济进行了定义。他认为，广义的虚拟经济是指除物质生产活动和劳务提供之外的所有经济活动，而狭义的虚拟经济仅指“所有的金融活动和房地产业”。他进一步对狭义的虚拟经济进行了详细的定义，经济的金融化或金融深化主要是由虚拟资本的扩张造成的，而虚拟资本的扩张和房地产业的虚拟价值膨胀实际上构成了经济中的虚拟部分，即虚拟经济。刘骏民（2003，2008）基于对实体经济与虚拟经济的运行特征深入研究后，提出“研究虚拟经济的出发点就是将整个经济体系看作一个价值系统而非物质系统或技术系统”，虚拟经济是“以资本化定价为基础的，由心理和观念支撑的价格系统，它的运行特征具有内在的波动性”。他进一步指出，虚拟经济是一种经济运行方式，是在货币利润的驱使下，通过单纯的“买卖”“资本化”运作以及价值“炒作”等脱离了“物质生产过程”的价值增值活动。

成思危（1999，2003）认为虚拟经济是虚拟资本以金融系统为主要依托的循环经济活动，更通俗地说，就是直接以钱生钱的活动。从系统科学的角度来讲，虚拟经济是与实体经济相对应并在经济系统中存在的经济活动模式，由此他提出了虚拟经济发展过程中的五个阶段和五个特性。

陈淮（2000）提出，虚拟经济从本质上来讲是资本脱离实物经济的价值形态的独立运动，是人们对更多财富追逐的异化，即对并不能导致社会财富真正增加的虚拟利润的追逐。

李晓西、杨琳（2000）在马克思“虚拟资本”概念的基础上，指出虚拟经济是“相对独立于实体经济之外的虚拟资本的持有和交易活动”。虚拟资本是市场经济中信用制度与货币资本化的产物，包含期票、汇票等银行信贷信用，股票和债券等有价证券，产权、物权及各种金融衍生品。

张晓晶（2002）的研究更侧重于实体经济与虚拟经济的从属关系，他用符号经济来表示与货币、信用等相关的经济活动，并未使用“虚拟经济”，并指出符号经济是由这些经济符号创造（发行）和流通形成的与实体经济对应的经济体系。

曾康霖（2003）认为虚拟经济不能与虚拟资本、网络经济、泡沫经济等同，目前值得关注的虚拟经济是衍生金融商品交易、电子货币和网络银行。

王国刚（2004）在对虚拟经济的基本特征进行考察后，认为虚拟经济是通过持有有价证券（股票债券、金融衍生品等）来获取相应权益的经济行为及其关系的总和。同时，他认为金融部门涵盖了绝大多数虚拟经济活动，是虚拟经济的重要组成部分，但虚拟经济绝不等同于金融业，某些以物权、租赁权等权益为主要业务对象的机构也属于虚拟经济部门。

王爱俭（2008）认为虚拟经济的本质是价格体系，是预期的未来价格体系在现时的镜像，心理预期在虚拟经济中处于最为核心的地位。

罗良清、龚颖安（2010）认为对虚拟经济的研究要从界定经济的交易对象——虚拟资产开始，指出虚拟资产是一种以实物资产为依托的价值权利，主要包括股票及其他有价证券、衍生产品和房地产权三类。

在研究虚拟经济的过程中有两个概念上的区别应该予以注意。一是虚拟经济与货币经济。王璐（2003）认为虚拟经济是货币经济的一种，是凯恩斯研究的竞争的市场经济或资本主义经济关系的根本特性。虽然货币因素在虚拟经济的运行过程中起着重要作用，但虚拟经济绝不等同于货币经济。货币被看作虚拟经济系统内部价值运动的尺度标准，虚拟经济是以货币表现和计量的、脱离了“物质生产过程”的一种经济运行方式。而货币经济的重点是解释货币的运作对经济发展的影响，研究货币、商品及价格之间的关系。二是虚拟经济与金融经济。金融经济目前主要从微观经济学的角度研究资金融通，利用技术手段来分析金融对经济的影响，并不是从价值理论角度分析当代宏观经济运行的理论体系。

1.2.2 虚拟经济内涵的界定

尽管可以从不同的角度来定义虚拟经济，对虚拟经济的内涵的阐述也有所差别，但均认为虚拟经济是在实体经济的基础上产生的，以虚拟资本为载体的。作者认为虚拟经济应该具备以下几个基本特征：

一是虚拟经济是相对于实体经济而言的。实体经济一般来说主要包括物质产品、精神产品、劳务消费的生产和交换活动，通过这些实实在在的活动，提高人类的福利水平，满足人类日益增长的物质文化需求。虚拟经济却是与传统物质生产和其有关的劳务活动相区别的一种经济形态，是以资本增值为目的、从事独立化运动的权益交易，更通俗地讲，就是直接以钱生钱。

二是虚拟经济的核心和微观基础是虚拟资本。虚拟资本是以有价证券形式存在并能给持有者带来一定收入的资本，它的存在和运行是因为对社会财富的创造和分享为人们提供了又一新的方式，对经济发展产生了自己独立的作用，从而形成了一种新的经济形态，即虚拟经济。随着经济的发展和技术的进步，虚拟经济的外延还在不断扩大。

三是虚拟经济与实体经济的本质区别在于其独立化的价格决定。虚拟经济和实体经济是两个完全不同的价格决定体系，实体经济中实体资产是根据成本和技术定价的，而虚拟经济中虚拟资本的定价，是根据“预期收入折现”的方式确定的，即资本化的定价方式。人们的主观心理预期在资本化的定价方式中起了很大的作用，因此虚拟经济与实体经济的运动特征与形态截然不同。

虚拟经济与金融业之间的关系是不同学者辩论虚拟经济内涵的焦点。作者认为，虚拟经济并不等同于金融业，不是所有的金融活动都属于虚拟经济活动，比如银行信贷和居民储蓄，这种金融交易仅仅是作为交易媒介获取流动性，并没有资本化定价的特征。另一方面，虚拟经济也不仅限于金融部门，比如房地产市场并不属于金融部门，但其市场上的交易具有明显的资本化定价特征，因此房地产市场可以作为虚拟经济的重要领域。而且，虚拟经济的范畴会随着经济的发展而出现变化，某个部门最初可能不是虚拟经济部门，但随着部门内资本化定价成为普遍的定价方式，该部门就可以被纳入虚拟经济的范畴。例如前几年市场上对大蒜、生姜、绿豆等农产品的炒作，是一种典型的资本化定价方式，如果这种定价方式能够在农产品部门普遍实行并且常态化，那么农产品部门就可以纳入虚拟经济的范畴。

综上所述，我们可以从广义和狭义两个方面定义虚拟经济。狭义的虚拟经济是根据马克思《资本论》中的概念为依据来定义，仍限制在金融的范畴内。狭义的虚拟经济是指以虚拟资本为工具，以金融系统、金融工具、金融机构和金融市场为主要依托，不同于实体经济活动的经济运行形式。广义的虚拟经济是以资本化定价为行为基础、具有内在波动性的价值体系。在这个价值体系中，资本的价格取决于预期收入折现，而不是像实体经济一样根据成本和技术定价，只要是符合这个定义的都属于虚拟经济的范畴。因此，虚拟经济不仅包括金融，还包括具有这种特殊运行方式的有形资产、无形资产、某些高科技产品和信息产品等。

1.2.3 虚拟经济量化指标

（1）经济货币化程度

经济的货币化指标即广义货币量与国内生产总值之比 M_2/国内生产总值。R. 麦金农（Stephen R. MacKinnon）（1988）在研究金融深化程度时提出了经济货币化的概念，并指出货币负债与国民生产总值的比例可以很好地反映经济中货币体系的重要性和实际规模。经济货币化程度可以衡量虚拟经济与实体经济的背离程度，如果比例过高，则有可能出现经济泡沫甚至金融危机。

商品经济的发展程度是货币化的基础。商品经济越发达，商品交换、价值分配和价值管理就越复杂，货币的作用也就越大；货币化程度的提高反过来又推动商品经济的发展。经济的货币化程度高，使得社会产品成为商品，其价值通过货币来表现和衡量，商品和劳务都以货币为尺度来分配，因而货币的作用范围更大，推动力和调节功能更强，反之亦然。商品流通用货币作为媒介打破实物交换在时间、空间和对象上的限制，从而形成大流通、大市场。所有商品和劳务都在市场上用货币购买，可以扩大价格的覆盖面和作用，充分发挥价格机制对生产和流通的引导、促进及调节作用。货币作用范围的扩大和功能的强化，使国家可以充分利用货币形式和货币政策对经济进行干预或宏观调控。

（2）金融相关率（FIR）

美国金融学家戈德史密斯在20世纪60年代提出了金融相关率，它指的是一定时期内市场中的金融工具总值和国民财富总值之比。在实际研究中可以采用金融相关比率或金融资产价格与国内生产总值比率来大致观测金融资产偏离实体经济的程度，这一数量关系的监控已经成为当代宏观经济调控的重要内容。根据戈德史密斯的研究，一国的金融相关率并不是越高越好，而是应该大体维持在1.5～2.0，并且这一比率应该与当时虚拟经济和实体经济的协调发展相一致。

20世纪80年代，日本的金融相关率已经高达4，美国大约只有2。日本的金融资产膨胀非常显著，存在非适度的经济泡沫，并且日本的虚拟经济严重偏离实体经济。

金融学家大都认为金融相关率与经济发展和金融资产的市场价值相关。在市场经济条件下，经济的发展与金融资产的市场价值取决于供求，而供求状况很大程度上取决于利率。当金融资产的市值上涨时，利率处于下行状态，有利于促进投资，最终增加国民产值；相反，利率处于上行状态时，金融资产市值下跌，投资被挤出，最终降低国民产值。

1.3 虚拟经济的主要特征

虚拟经济是市场经济高度发达的产物，随着虚拟经济的迅速发展，其规模已经超过了实体经济，成为与实体经济相互独立的经济范畴。虚拟经济与实体经济相比具有明显不同特征，主要包括虚拟性、寄生性、高风险性、系统复杂性、运行周期性等。

（1）虚拟性

虚拟性是虚拟经济的最根本、最关键的特征，也是虚拟经济区别于实体经济最突出的特点。虚拟经济中的虚拟资本、信息传媒、网络经济都是建立在虚拟性基础上的。首先，虚拟资本中的票券交易（如期权、期货、股票等交易）都是在独立于现实资本的运动中完成的，并没有实物交换，其他各种衍生金融工具（如合约、期指、外汇汇率等）也都属于虚拟交易行为。其次，信息的虚拟性直接表现为信息本身是虚拟的，传播和交易都是在虚拟的过程中进行的。最后，网络的虚拟性表现为网上交易等各项经济活动。

（2）寄生性

虚拟经济的寄生性是指虚拟经济必须依附于实体经济而存在。虚拟经济从概念上讲，是相对独立于实体经济而存在的经济形态，从运作上讲，虚拟经济是依附在实体经济上的经济活动，没有实体经济，虚拟经济也就不复存在，也就不能运转，即虚拟经济中虚拟的手段和方式是依赖实体经济而存在的。

（3）高风险性

影响虚拟经济下资本价格的因素有很多；而且这些因素变化频繁，没有固定的规律可循；同时随着虚拟经济的快速发展，其交易规模和交易品种都在不断扩大，使得虚拟经济的存在和发展变得极为复杂。受专业知识、信息采集、信息分析能力、资金、时间精力等多因素的限制，虚拟资本投资成为风险较高的投资领域，尤其是各种风险投资基金、对冲基金等大量投机性资金的介入，更是加剧了虚拟经济的风险。随着电子信息技术和网络科技的高速发展，巨额的资金划转、清算和虚拟资本交易都可在瞬间完成，但这也为虚拟资本的高度投机提供了技术支持。在发展越不成熟、不完善，市场监管能力越差，防范和应对高度投机行为的措施和力度越差的市场，虚拟经济越具有投机色彩，投机性活动也越容易进入这样的市场，通过短期的投机操作来赚取高额利润。投机性操作是金融市场中虚拟资本运作存在高风险的最主要原因。

（4）系统复杂性

虚拟经济本身是一个非常复杂的交易领域，其复杂性主要表现在以下几个方面：

交易载体的复杂性。虚拟经济实质上表现为虚拟资本的交易，虚拟资本的使用价值具有单一性（即获取资本收益），以钱生钱。但其具体存在形式却非常复杂，它既可以是股票、债券等传统的有价证券，也可以是期权、期货等创新金融工具，既可以纸化实物形式存在，也可以无纸化观念记录形式存在。

交易主体的复杂性。初始的虚拟经济活动一般在贷者和借者之间直接进行，随着虚拟资本交易的中介化和市场化，虚拟经济活动的参与主体也日趋多元化。在投资者和受资者之间逐渐出现了各种金融中介，各种市场主体包括法人、自然人、投资者、投机者、风险规避者等越来越多且越来越深入地介入虚拟资本的交易中。

交易决策的复杂性。实体经济中，生产经营的投资决策主要考虑的是项目的市场前景，而虚拟经济中的投资决策需要考虑的因素则较为复杂，不仅要全面了解证券发行企业的经营管理状况、盈利能力和市场前景，还要考虑宏观经济的走势、发行企业的行业背景、国家的产业政策、相关证券市场发展的政策等。

影响因素的复杂性。虚拟经济从概念上讲，是一个相对独立的系统，但影响这一系统运行的因素则相当复杂：既有系统内的因素，也有系统外的因素；既有宏观因素，也有微观因素；既有经济因素，也有政治、政策和军事因素；既有国内因素，也有国际因素。

（5）运行周期性

虚拟经济系统的演化呈现一定周期性，一般包括上升、高涨、下滑、低迷四个阶段。一开始，随着实体经济水平的提高，人们对虚拟资本的价格预期不断提高，各种资产价格与有价证券价格普遍上涨，货币和信用逐渐膨胀起来，经济泡沫逐步形成。当发展到高涨阶段时，经济出现过热现象，供需矛盾和经济结构性矛盾突出，金融膨胀加剧，外部扰动可能会引发国际游资的袭击，泡沫开始破灭，各种金融指标急剧下滑，人们纷纷抛售金融资产，股票指数大落，房地产价格下跌，市场价格大幅震荡，实体经济开始减速，甚至出现负增长，经济进入低迷阶段。此时，政府会提高宏观经济政策的干预力度，下滑趋势减缓并得到抑制。这种周期性并不仅仅是简单的重复，而是每一周期都有其特殊性，并且反映更加明显。

1.4 虚拟经济下的产品

有价证券是虚拟经济存在的典型形式，以银行票据、股票、债券等为代表的金融产品是虚拟经济的主要产品。除此之外，房地产、知识产品、无形资产、各类艺术品及其他收藏品等也属于虚拟经济下的产品范畴。

（1）金融产品

金融产品指各种具有经济价值，可进行公开交易或兑现的非实物资产，如现金、汇票、股票、期货、债券、保单等。根据使用者或功能，金融产品分别被称为金融资产、金融工具和有价证券。以股票为例：对于金融市场而言，股票是金融产品；对于发行者而言，股票是融资工具；对于财务公司而言，股票是金融资产或有价证券。金融及其产品是随着社会发展逐渐成长起来的，是由实物资产演变而来。同样以股票为例，某公司将其100万的实物资产通过资产证券化，变为拥有100万股票的股份制企业，这100万的实物资产就变成了100万的金融产品，进而可发展演变为股票期权、期货等。

根据不同的标准，金融产品可划分为不同类型。根据标的物可分为以股票、债券等为代表的基础证券，以期货、期权等为代表的衍生证券；根据所有权属性，可分为以股票、期权、认股证等为代表的产权产品，以国库券、银行信贷产品等为代表的债权产品；根据预期收益，可分为以股票、期权、基金等为代表的非固定收益产品，以债券、信贷产品等为代表的固定收益产品；根据时间、风险，可分为短期产品、长期产品、低风险产品、高风险产品等。

金融产品是一系列具体规定和约定的组合，主要包括发行者、认购者、期限、价格与收益、风险、流通性等构成要素。其中，发行者是金融产品的卖主，是任何金融产品都不可或缺的构成要素。认购者是金融产品的买主，但并非所有人都可以从金融市场上购买他想买的任何金融产品，某些金融产品仅向部分群体开放。金融产品的期限有长短之分，通常情况下货币市场上的金融产品期限相对较短，资本市场上的产品期限相对较长。价格是金融产品的核心要素，具体分为票面价格和市场价格。票面价格是合同中规定的名义价格，市场价格是金融产品在市场上的成交价格，相当于认购者实付、发行者实收的价格。收益率是金融产品的另一个核心要素，表示金融产品给其持有者带来的收入占其投资的比率，包括金融产品持有期内获得的利息收入，以及所持证券价格的升降变动而带来的本金的升值或减值。金融产品的风险是由于对未来的不确定性而产生的预期收益损失的可能。对于投资者而言，收益以承担的风险作为代价，高收益必须要承受高风险，高收益必然伴随有高风险；反过来，即使承担了高风险，却不一定能确保高收益，可能是低收益，甚至是高损失。最后，流动性表示金融资产转换为货币的能力，是衡量金融产品的质量指标。如果某种资产转换为货币的交易费用很低且不承担本金的损失，该资产就具有较高的流动性；反之，该资产的流动性就较低。

(2) 房地产

土地是最早采用资本化方式进行定价的资产。早在19世纪人们就意识到，拥有土地的所有权相当于持有一笔收入固定的永久债券，土地的价格应当与该片土地未来产生的地租收入现值之和相等。实际上，在现代的房地产投资与融资实务中，根据房地产产生的现金流量进行估价的“收益资本化法”仍是决定房地产投资的最主要的估价方式，只是在估算现金流量时需要考虑更多的因素，以求达到更好的预测效果。

具体而言，虚拟经济理论将房地产分解为房产与地产，房产与地产具有不同的特性。如果将房地产的价格区分为房产价格和地产价格，那么可以认为房产的价格决定如下：新增房产的价格取决于相关的建筑成本，原有房产价格取决于建筑的重置成本，即在现有价格水平下建造相同建筑所需耗费的成本。因此，房产的建造应当属于实际经济中建筑业的范畴，其波动性较小。而现有房产作为存量资产也可以成为投资对象，具有一定的虚拟性。地产的价格决定与房产不同。从土地供给方面来讲，除去极少数填海造田的例子，一般情况下土地是自然形成的，不能通过任何的生产过程增加供给，因此，土地的价格不能由相关的建造或生产成本决定，而只能根据预期未来收入的现值决定。从土地的需求来看，地产的支出则主要受心理行为因素的影响，而宏观经济状况、人口总量与结构、租金水平甚至人们对经济的信心和态度都会对预期产生影响。因此，与房产相比，地产具有更强的虚拟资产特性，在房地产周期波动中，地产价格也往往体现出更强的波动性。总体来看，房地产作为一个整体进行出售时，其价格是采取资本化方式定价的。资本化定价是房地产具有虚拟性的根本原因。①

随着社会经济的不断发展，房地产的虚拟特性不断增强，具体表现在：第一，房地产价格的强波动性。正是因为价格变动强，房地产不仅仅是一般消费品或耐用消费品，而更多地成为一种投资工具，从而决定房地产价格的不只是由建筑及土地成本决定的供给和由消费者效用决定的需求，更重要的是投资于房地产所能带来的预期收益和资产升值的潜力，这正体现了房地产作为虚拟资产的特性。第二，房地产融资方式的变化。房地产开发需要大量资金的支持，与其他行业相比，传统上房地产资金需求更多地依靠商业银行提供的间接融资来满足，房地产贷款也因此与工商业贷款和消费者贷款构成了现代商业银行贷款的主要组成部分。

(3) 知识产品

知识产品主要是人类认识自然和社会的一种精神产物。知识产品的人性化特点使其以人为载体，与主体不可分割，强调产品的个性化和创造力的非继承性。知识产品实行资本化定价，资本化定价使知识产品价格往往会“价值连城”，而它们的成本却经常是微乎其微，意义很小。从会计核算的角度看，知识产品成本核算具有非完整性和弱对应性。一方面，知识产品的生产有大量的前期培训费用，这些基础开发费用或相关试验费用等往往无法计入该知识产品的成本，因为这些成本不是唯一对应于该知识产品的，它们往往是技术进步和

① 王千. 房地产的虚拟性与宏观经济稳定［J］. 中国工业经济，2006（12）：13—20.

教育累计的结果。另一方面，与这些成果有关的先行研究的研发费也不会逐一对应归算，这些成本可以被归为社会承担的成本而非知识产品在计算其成本时可以计入的成本。正因为如此，知识产品的会计成本有时几乎可以忽略不计。

（4）无形资产

无形资产是指为生产商品、提供劳务，出租给他人或者为管理目的而持有的没有实物形态的非货币性长期资产，包括专利权、非专利权、商标权、著作权、特许权和商誉等。无形资产与有形资产是相对应的，它的特点是不具实物形态。知识产品具有无形资产特征，在一定条件下，会计核算将知识产品作为无形资产的组成部分。例如：同样是知识产品的计算机软件，若它是计算机控制机车不可缺少的部分，应作为有形的固定资产核算；若不成为相关硬件不可缺少的部分，则作为无形资产确认。无形资产是以资本化方式定价。例如商标权，商标代表企业的商誉，商标的内涵标示商品内在质量信誉，这种资产实际上包括该商品使用的特种技术、配方和多年的经验积累；它带来的收入往往是持久的，它以高于其他同类产品的收入部分进行资本化，这就是无形资产定价的基本原则。但从会计角度看，其成本核算只涉及商标设计费用和登记注册费等。

（5）各类艺术品及其他收藏品

各类艺术品的资本化定价特征很明显。例如：一件艺术品在拍卖时卖出高价，是由于买主主观认为它会在将来卖出更高的价格，即预期收入折现值较高。其实艺术品带来的感官享受通常可以从复制品或博物馆中获得，它们带来的直接享受不足以成为其拍卖价格的基础，只是由于这些资产是不可再生的，供给永远固定，所以其价格也就与生产成本无关。这些资产除了人们对其在未来市场将要获得的市场价格预期外，在当前市场上没有什么价值来源。①

思考题

1. 论述马克思《资本论》中的虚拟资本与虚拟经济之间的联系。
2. 论述信用制度与虚拟资本的关系。
3. 论述虚拟资本与实体资本的关系。
4. 论述虚拟经济的利与弊。
5. 如何认识中国经济中的虚拟经济问题？

---

① 刘晓欣. 虚拟经济运行的行为基础——资本化定价［J］. 南开经济研究，2003（04）：42-45.

拓展阅读

知识经济是虚拟经济

知识成为资产，实际上是知识把物质和空间虚拟化的过程。与物质能源相比，知识是非对抗性的、无形的、非线性的、可编码的、易携带的、可压缩的、易泄漏的。这些特征，用一个词来总结就是虚拟性；虚拟性意味占据着更少的空间甚至不需要空间，意味着消耗了更少的物质能源甚至不需要物质能源，意味着脱离了空间接触的更紧密联系。知识经济是就内容而言的，是指以知识为资产的经济，虚拟经济是就形式而言的，是指通过虚拟的方式实现知识对物质能源的替代。

虚拟经济不仅仅是一种经济现象，它塑造了新的社会和新的时代。在理论层面，虚拟经济首先是一种思想的经济，知识成为一种稀缺的资源，创造可操作性的知识成为创造财富的一种手段。虚拟经济是软的，权利不再依附于暴力和资本，更多的是依靠知识获取，人与人的关系更加平等。虚拟经济是网络经济，这主要体现在人的流动性和相互联系的方式及概率上，在网络社会中，人与人之间的关系更紧密了。虚拟经济在社会方面表现为碎片化的过程，文化认同渗入社会的方方面面，过往坚固的东西在被融化、打碎。虚拟经济是信用经济，信用是一种文化，文化认同的亲近感可以降低信用成本。

在操作层面，虚拟经济改变了工业社会的劳动、管理、交换和资本的基本形式。劳动不仅是个人谋生的手段，也是实现个人价值的途径。管理不是管制，而是合作和协作。交换的不再是占用空间的物质，而是消耗时间的数字。资本不再是容纳物质的空间，而是承载知识和服务的时间。

实际上，虚拟经济是对工业社会弊病的系统纠正，是在总结人类所有知识基础上的一次生活方式创新，是对人类固有生存方式的总体反思和创造性突破，从而找到人在自然和社会中的真正价值、意义和位置。

——摘自林永青，《金融博览》，2016 年第 5 期。

第 2 章　虚拟经济的理论基础

［教学目标］

1. 了解虚拟经济中的市场特征与市场主体行为特征，及其与实体经济的联系和区别；理解虚拟经济中的虚拟资产问题、虚拟资产的分类与财富积累效应。

2. 从马克思主义经济学的角度理解虚拟经济中的虚拟价值与虚拟价格，包括虚拟价值的提出与界定、性质与计量，虚拟价格的本质与运动特征等。

3. 理解并掌握虚拟经济的市场机制，包括基本假设；市场供求分析、市场均衡及与实体经济中市场供求的关系；垄断与反垄断理论，明确政府应制定的反垄断政策。

［教学基本内容］

1. 虚拟经济的基本要素分析：市场分析、市场主体行为分析、虚拟资产。

2. 虚拟经济中的虚拟价值与虚拟价格问题。

3. 虚拟经济下的市场机制：微观基本假设、市场供求与市场均衡、垄断与反垄断、政府的反垄断政策及其评价。

本章主要介绍虚拟经济的理论基础。需要特别指出的是，虚拟经济尚没有发展成为某种确定层次的经济理论，虽然全球经济界、学术界都认同虚拟经济或许更多源于虚拟金融载体。虚拟经济是由于异常的市场机制表现而出现的，它是一种全新的、与实体经济相区别的经济模式。传统的虚拟经济理论主要产生于马克思关于虚拟资本的论述，以后的研究大致从狭义和广义两个角度进行拓展。前者继续深化研究各种生息资本和信用制度，后者结合经济发展过程拓展虚拟资本的内涵。显然，在内涵的拓展上，广义角度的弹性较大，可能比较适合对实体经济虚拟化和虚拟经济实体化同时进行研究。

虚拟经济的理论基础框架基本上由三部分组成：①虚拟经济的基本要素，

包括虚拟经济中市场及市场主体行为、虚拟资产问题；②虚拟经济中的虚拟价值与虚拟价格；③虚拟经济下的市场机制，包括虚拟经济微观经济学的基本假设、虚拟经济下的市场均衡、垄断与反垄断问题。

2.1 虚拟经济的基本要素

2.1.1 虚拟经济中的市场主体行为分析

市场主体行为分析贯穿经济研究全过程。市场主体是指在市场上带着明确目的参与经济活动、享受权利并承担一定义务的个人和组织，他们在满足社会需要的同时追求自身利益最大化。现实经济中的市场主体各自以不同的方式参与社会经济活动。

2.1.1.1 虚拟经济中的市场主体行为探讨

（1）市场经济梗概

计划和市场是两种基本的资源配置手段。在计划经济下，经济活动一般由国家所引导，而市场经济体系并不是由中央协调的体制指引其运作，产品和服务的生产和销售完全由自由价格机制引导，是市场自身通过产品和服务的供求产生复杂的相互作用达成自我组织的结果。

在市场经济中，人们以价格为基本尺度自愿交换商品和服务，从而进行资源配置、做出生产决策。市场经济具有一些特点，是其有效运作的主要动力和源泉。

①“理性人”假设。

只有满足这个假设，才能让市场这只“看不见的手”既促进个人的经济活动，又促进个人和社会财富增值。亚当·斯密指出，由于自由市场经济中个体的目的在于使生产物的价值最大化，他们所考虑的只是自己的利益，而不打算促进公共利益。在这种情况下，受一只“看不见的手”引导，尽力达到出于本意的目的，往往能更有效地促进社会利益。亚当·斯密的结论是：每个人为改善自己状况的持续努力是社会财富、国民财富及私人财富赖以产生的重要基础。这种经济主体体现的正是人类的利己本性，即“理性人”假设，又称“经济人”假设。

②市场机制产生竞争。

市场经济中指挥生产的不是命令而是选择，并且是在竞争中做出的选择。独立的经济主体发挥作用的主要方式是进入可自由出入的市场，依靠价格手段参与竞争。在这一过程中，价格主要发挥以下功能：传递情报，迅速广泛地使人们知道各种资源和商品的供需情况；提供刺激，促使人们改进生产方法以节约成本，实现资源的最优化配置；分配收入，决定每个人可以得到的产品数量。价格和市场解决了经济主体生产什么、为何生产和为谁生产的问题，并使经济主体的才智、积极性和创造性得到最大限度的利用，在优胜劣汰中提升了全社会的经济效益。这种方式优于所有政府行政命令和安排，因为它以价格指标促使当事人行动，阻止了任何人以非经济手段对落后和低效率实行保护。

③按效益分配。

市场经济不是单一纯粹地进行分配，并且通常不是依据个人劳动业绩，而是依据各种要素的市场交换收益进行分配。由于投入要素的报酬与收益相关，这迫使企业努力提高效益。与计划经济相比，市场经济的最大特点正是“看不见的手”，它并不提供任何有形的强制方式来指挥经济主体的活动，而主要依靠人们的自愿交换来配置资源。①

④市场失灵。

市场失灵是指市场不能有效率地对商品和劳务进行分配，造成市场发展畸形化，不能正常发挥其积极功能，难以实现资源的最佳配置。第一，垄断。优胜劣汰能够改善企业效率，但如果少数占优势的企业违反自由竞争的市场规范，以不正当方式联合、吞并和侵蚀竞争对手，最终垄断市场，则将对市场秩序造成破坏。垄断违背了公平竞争的原则，使市场竞争不足，阻碍发明创造、技术革新与资源配置优化，市场机制无法发挥作用，带来低效益甚至无效益。第二，道德风险。如果行为主体漠视市场机制和商业道德，利用不正当手段谋利，则会出现人为的非经济行为，如偷工减料、以次充好、强买强卖、巧取豪夺、行贿受贿、高比销售回扣和侵犯专利商标等各种知识产权。这些非经济行为扭曲市场价格机制，可能使资源向效益差的部门转移，破坏社会资源的优化配置，出现人为的浪费，从而加速市场秩序的崩溃。第三，外部性。个体如果只追求自身利益最大化，完全无视社会整体利益和公共利益，虽然能够在某些方面实现高效率，但却可能降低社会总福利，如环境污染、生态破坏、公共事业无人问津。健全的市场经济秩序可以兼顾经济效益与社会效益，实现两者的

① 林珏．市场经济中的主体行为规范［J］．财经问题研究，1995（02）：3－7.

统一。但在现实中，市场失灵通常会出现只顾眼前与局部、不看长远与全局的现象。

（2）市场经济中政府的作用

政府干预经济活动是因为存在市场失灵，但政府干预的规模和范围却是一个很难准确回答的问题。因为社会对政府干预的“需求”是有弹性的，不仅取决于市场的不足，而且取决于社会的政治架构、公众意识及各种利益团体的选择等多种因素。这种不确定性和复杂性导致了多种政府干预形式，并使其成为现代政治经济学关注的一个理论焦点。一般认为，政府应该适度干预，即在资源配置过程中，对于本来应该由市场完成且能够做好的事情，政府应该减少干预。政府对经济的干预应遵循以下三个基本原则：首先，政府干预的目的是弥补市场的缺陷。因此，政府不能插手市场机制能够优化资源配置的领域，只有在市场机制不能有效配置资源时才需要借助政府的力量。其次，政府干预不是为了代替市场，而是促使其恢复功能。根据这个原则，政府不是以固定不变的方式和力度干预经济。最后，政府干预必须要取得比干预前更好的结果，否则干预就失去了意义。在这一原则下，政府必须明确自身的不完善之处，以尽可能降低干预成本和副作用，增加有效性。

2.1.1.2 虚拟经济中经济主体行为的特征分析

传统的微观经济学都是基于微观个体是理性经济人的假设对实体经济进行分析，即微观个体的决策是完全理性的。在实践中，这些理论对实际经济运行有一定的指导意义。但对于虚拟经济系统，现代金融理论在这种假设基础上推导出来的一些理论与现实存在着明显的偏离，主要体现在：①无法验证现代金融投资理论基石——资本资产定价模型；②β系数与股票投资收益缺乏明显联系；③股票价格波动剧烈。针对这些问题，一些学者开始从行为金融学等角度重视虚拟经济下微观个体非理性行为的研究。

虚拟经济下的市场主体主要是投资并交易虚拟资本的自然人和法人，主要分为个体投资者和机构投资者。

首先，虚拟经济中市场主体作为经济人，会核算成本收益以谋取最大化利益。他们的收益包括筹资收益、转换收益和信息传递收益等。筹资收益是指企业可以通过发行股票和债券来筹集企业生产经营所需的巨额资本，其规模和速度优于其他筹资方式，降低了交易成本。转换收益指提供渠道和平台使各种长、短期资金能够相互转化以及融通横向资金。信息传递收益则指人们能够从虚拟经济的运行中获得所需信息。就成本而言，个体投资者最大的成本来自股票价格的涨跌及时间成本；对企业来说，成本包括定期公布财务状况的成本、股价与企业经营的相互影响、社会的监督与制约等。基于这样的成本—收益分析，虚拟经济中的市场主体从事虚拟经济活动，谋取最大化的利益。

其次，虚拟经济中市场主体具有非理性的一面。现代行为金融学家借鉴行为学、心理学和社会学研究了虚拟经济投资主体的心理和决策，发现投资者存在以下几种非理性心理：①自负情结。投资者往往高估自己的判断力，在股市中表现出倾向忽视盈利的偶然性与普遍性，将盈利归功于自己的准确判断，并用“经验”进一步指导自己的投资。②避损情结。投资者对利害的权衡并不平衡，往往对避害因素考虑更多，遇到风险纷纷撤资或挤兑银行。③从众心理。投资者的观念和行为极易受投资群体行为的影响。这种从众性随群体规模的增大而增强。如在泡沫经济时期，大量投资者从虚拟经济中获利会吸引更多投资者投资虚拟资本，从而使泡沫越来越大，而当一些投资者从股市中抽逃资金时，会带动更多的投资者逃离股市①。④后悔与谨慎心理。即使投资结果相同，如果某种投资方式可以减少投资者的后悔心理，那么对投资者来说，这种投资方式仍然优于其他投资方式②。⑤买涨不买跌心理。当虚拟资产价格上涨时投资者认为还会上涨，所以大量持有以赚取资本溢价；当虚拟资产价格下降时，投资者认为还会持续下降，于是持等待观望的态度而不购入。

由此，我们可推导出投资者决策行为的主要特征。首先，他们通常在决策中形成自己多样可变的偏好；其次，他们的决策程序和技术随决策性质和环境的变化而变化；最后，决策者偏好让自己满意的方案，而不一定是最佳的方案。虽然这些结论只是初步研究成果，但已得到一些实证分析结果的支持。从中我们可以发现，这些市场主体存在非理性行为。

2.1.2 虚拟经济中的市场分析

2.1.2.1 对市场内涵的界定

亚当·斯密在《国富论》中指出，交换是市场的内涵，是本身具有自利性的人所进行的互惠和等价交易行为。美国新古典综合派经济学家萨缪尔森认为，市场是买方和卖方进行交换的机制，可能是集中化的交换（如股票、债券

---

① 李多全. 虚拟经济基本问题研究［D］. 中共中央党校博士论文，2003：55.

② 李多全. 虚拟经济基本问题研究［D］. 中共中央党校博士论文，2003：55.

和小麦的交易)，也可能是分散化的交换（如住宅、旧汽车的交易)，甚至可能是电子市场，它是一种商品的买卖双方相互影响以决定其价格和数量的机制。奥地利经济学家弗里德里希·冯·哈耶克则将市场理解为一个能够有效整理分散信息的通信系统。萨缪尔森进一步认为市场是通过价格机制发挥作用得以出清，市场体制受各国政治文化的影响，这使得市场本身不仅是组织制度，而且是文化制度。

亚当·斯密从个人追求利益最大化的行为将促进社会福利这一角度出发，认为市场是自由放任的，政府完全不能对个人追求利益最大化的行为进行干预，“看不见的手”将会安排个人经济活动。亚当·斯密的市场概念重点强调限制政府干预，对干预个人经济活动、限制个人产权的重商主义进行了抨击。以后的古典经济学家一直坚持这种观点。

新古典经济学引入了边际概念和数学论证，以一般均衡的数学模型论证了“自由放任秩序”。他们认为价格是最重要的自变量，社会资源在价格机制调节下的流动过程即为达到一般均衡的过程。新古典经济学的市场概念实质上依然是古典的自由放任秩序，只是形式上更完美，但牺牲了思想深度，其一般均衡模型舍掉了“个人追求私欲的行为将促进社会福利”的逻辑支撑。

20 世纪 30 年代的经济“大萧条”迫使西方经济学家开始对古典理论的市场定义进行反思。英国经济学家凯恩斯认为不能完全放任市场自由，市场失灵，“看不见的手”难以发挥作用，此时政府应该用“看得见的手”从“总量”角度干预经济活动，由此诞生了宏观经济学。但是同样面对市场失灵，美国经济学家科斯的回答截然相反，他认为外部性问题可以通过明确产权来解决，而不需要政府介入。中国经济学家张五常也认为外部效用只是因为产权状态不明晰。如果说古典经济学家阐释了市场“自由放任”的概念，那么科斯明确了怎么去实现的问题。

2.1.2.2 虚拟经济中的市场分析

(1) 虚拟经济中影响供求的因素分析

与实体经济相比，虚拟经济中供求的影响因素不同。首先，实体经济中供给的影响因素有生产函数、自然资源和需求等，而虚拟经济中不生产虚拟资本，自然也无须考虑生产函数和生产成本，只有机会成本和需求影响供给。其次，实体经济的需求由供给、人们的实际需要和收入水平决定，而且消费者会将收入在当前和未来消费之间合理分摊，同时生活必需品的需求价格弹性较小，同一种商品存在边际效用递减。而虚拟经济中的情况则不同，由于存在买空、卖空交易，投资者对虚拟资本的投资可以远超过其自身财富积累量；虚拟资本非必需品，存在比较大的需求价格弹性；由于人们无限性的财富欲望，存在更明显的边际效用递减。另外，由于投资者的投资有可能在未来转换为货币，投资者倾向于将全部资金投入虚拟资本。因此，投资者主观因素对虚拟资本的供求有很大影响，投资者的信心对虚拟经济的运行举足轻重。

（2）虚拟经济中的市场特征

由于供求的约束因素不同，虚拟经济中的市场具有以下特点：

①内在复杂性。由于单个主体的决策都是根据自己的预测独立自主进行，因此微观市场具有随机性波动和混沌特征。但同时每个主体的决策又必然会受环境和其他主体的影响，从而会产生自组织效果。因此，宏观市场发展又展现出确定性片段和模糊性规律。

②投机性。价值理论认为，商品价格围绕价值波动，价格超过价值时，价格就会下降，反之会上涨。但在虚拟经济中，由于虚拟资本本身并没有价值，因此不再适用价值规律，但供求规律仍可发挥作用，供不应求导致价格上涨，供大于求时价格又会下降。这种表现并不是价格偏离价值，而是经济主体非理性行为的结果，因为他们交易虚拟资本的目的主要不是投资收益，而是投机收益和资本利得。

③相对实体经济而言的高度风险性。虚拟经济中市场高度风险性产生的主要原因：虚拟资产价格的影响因素众多且多变、无规律；虚拟资产持有者掌握信息有限、个人能力不足，对证券市场变化的预测不准确，容易决策失误；人类本身的冒险性使其甘愿为了高收益承担巨大的风险，加剧了虚拟经济的风险性①。

2.2 虚拟经济中的虚拟价值与虚拟价格

价格理论是经济学的核心，对虚拟经济学来说也是如此，而虚拟价格是虚拟价值的货币表现。因此，研究虚拟经济的运行必须考察虚拟价值理论。随着虚拟经济的各种研究成果不断涌现，对虚拟经济运行的有关概念的认识也呈现两种现象：一种是许多研究者在一些基本范畴的概念界定上存在冲突或不准确，比如很多研究者混淆了虚拟价值与虚拟价格，这种不准确容易给人们带来

① 张成昆. 对虚拟经济中市场的分析 [J]. 世纪桥，2011 (15)：54－55.

一些理解上的混乱，并造成一些误解；另一种是在根本的理论观点上存在分歧。这两种现象的出现都与虚拟经济、虚拟价值和价格的理解与认知存在很大的联系。因此，深入研究虚拟经济，就需要对虚拟经济及虚拟价值和价格进行界定，才能分析虚拟经济的运行机制与市场机理，对于促进实体经济增长与预防泡沫经济具有一定的理论意义和现实意义。

2.2.1 虚拟价值

2.2.1.1 虚拟价值的提出与界定

(1) 虚拟价值提出的背景

虚拟经济是典型的价值运动领域，产生于商品经济的高度发展，各种虚拟资产在此进行交换流通，而不涉及人类劳动产品的使用价值。因此，虚拟经济的价值规律与实体经济有所不同。从形式上来看，虚拟经济市场活动与实体经济市场活动并没有区别，都是货币与某种“使用价值”进行交换。但二者被交换的“使用价值”存在性质差异，虚拟经济市场的价值与劳动价值论所论及的价值属性及形成、运动等有着巨大差别。在虚拟经济领域，价值脱离了它的实体，即无差别的人类劳动，成为只有形式没有实体的“价值”。

劳动价值论是基于19世纪初期资本主义经济发展的现实而建立起来的。在那个时期，生产性劳动价值产品非常广泛，占社会全部商品的比重很大，非生产性劳动产品范围相对来说非常小。马克思在《资本论》中将商品定义为“用来交换的劳动产品”，并且提到“资本主义生产方式占统治地位的社会的财富，表现为庞大的商品堆积，单个的商品表现为这种财富的元素形式”[①]。基于此，马克思用劳动价值论着重分析了商品的生产、流通、交换和分配等问题。对于虚拟资产，他虽指出了这些资产“没有价值”“价格是虚拟的”，但这不是他研究的重点。

随着经济的发展，非生产性劳动产品在整个经济当中所占的比重越来越大，对社会经济发展的影响越来越大。

首先，虚拟经济相对于实体经济的重要性和规模迅速增大。20世纪70年代以来，随着经济全球化和金融自由化进程的加快，各类虚拟资产的总市值都在以远超同期全球国内生产总值和国际贸易、国际投资的速度迅猛增长，虚拟

① 马克思．资本论（第1卷）[M]．北京：人民出版社，2004：123.

经济对实体经济的影响日益增加。一方面，虚拟经济的发展在一定程度上推动了世界各国的经济发展，但另一方面其非理性发展也加剧了各国经济发展的波动性，从英国巴林银行的倒闭到东南亚金融危机再到美国次贷危机，都与虚拟经济的快速发展密切相关。

其次，第三产业在整个社会经济中的作用越来越重要。根据世界银行的统计，从 1997 年开始，全球的服务业占国内生产总值的比例已经超过 60%，在 2016 年达到了 65.1%。而建筑业和农业的增加值占国内生产总值的比重进入 21 世纪后一直下降，在 2016 年分别为 15.665%和 3.548%，全球工业增加值虽然在 2002—2008 年以及 2009—2011 年出现了上升，但总体也呈下降趋势，在 2016 年为 25.395%（数据来源：世界银行官方网站 https://data.worldbank.org.cn）。

最后，某些自然资源（古董、地产等）也是虚拟资产的一种。自然资源具有稀缺性，资源耗竭、环境破坏如今已成为人类面临的难题。如果对资源和环境等建立价值基础，并且在价值基础上建立资源、环境市场，就有利于资源合理有效地配置和使用这些经济要素，而且也能为人类对环境的污染和自然条件的损害提供估价的理论基础。

因此，研究虚拟价值对人类有效使用自然资源、保持生态环境、维持经济可持续发展以及防范经济金融危机具有重要的现实意义。

（2）虚拟价值的界定

林左鸣在《广义虚拟经济——二元价值容介态的经济》一书中提出：“从更关心人的感受出发，把人的需求抽象简约为最贴近人的生理需求和心理需求应该是无可厚非的。而它的实质是人的物质需求和信息需求，正是这两种需求不断推动了经济价值的进化。这种进化的结果就是物质和信息二元价值容介态……虚拟价值是信息态在社会经济生活中的衍射。”①

我们以马克思的劳动价值论为基础来理解虚拟价值。马克思认为商品的价值实体是劳动，那么非劳动产品的价值是虚拟价值，这并没有违背马克思主义经济学的基本逻辑②。马克思主义政治经济学原理告诉我们，价值属于劳动价值，而创造价值的劳动是生产性劳动，生产性劳动产品的价值必须依托物质载体，因此这个价值只在实体经济中有意义。但在虚拟经济中，我们界定劳动产品以外的非劳动产品的价值时，可以定义那些非生产性或非劳动产品的价值为

---

① 林左鸣．广义虚拟经济——二元价值容介态的经济［M］．北京：人民出版社，2010：134.

② 马艳，李韵．虚拟价值理论及现代性分析［J］．复旦学报社会科学版，2012（1）：103-110.

广义虚拟价值，劳动价值和广义虚拟价值同属于广义价值范畴。①

随着社会经济的发展进步，价值理论也在不断完善。如今，只具有虚拟价值的商品进入市场，产生使用价值与虚拟价值的对立，同时这些商品进入交换领域，又分别构成物质财富与非物质财富的内容。对此，要准确定义虚拟经济，就要遵循历史与逻辑相统一的研究方法，从历史起点和逻辑起点出发，回到马克思主义对价值理论的一般论述探求虚拟价值问题。

关于非劳动产品，马克思在《资本论》中提出，无价值的东西可以具有虚幻的价格表现，这种虚幻的价格形式又能掩盖实在的价值关系②。这里马克思虽然没有给出虚拟价值的定义，但提到以虚拟价值为基础的“虚幻的价格形式”，由此可以明确虚拟价值的概念。

马克思也曾多次论述虚拟资本，他认为资本是在再生产过程中依靠工人的剩余劳动实现增值的。但生息资本产生后，不管收入是否由资本带来，货币收入首先转化为利息，人们按平均利息率计算收入，并将它当作按这个利息率贷出资本的收入，这就是收入的资本化过程。马克思认为，带来收入的资本是幻想和虚拟的，其价值额的变动和所代表的现实资本的价值涨跌没有关系。显然，马克思首先将虚拟资本视为一种虚拟价值；在明确了虚拟资本概念的基础上，马克思研究了土地等自然资源的价值。

马克思首先从地租开始分析。土地所有权在经济上的表现形式就是地租，资本主义社会的土地所有者不仅可以出租土地获得地租，还可以出卖土地获得收益。土地本身不是劳动产品，不具有价值，但在商品关系普遍化的情况下，土地也可以具备价格进行买卖。马克思认为，土地价格并非土地价值的货币表现，而是地租的资本化。具体来说，土地价格可以直观地理解为，如果一笔资本存入银行，每年的利息收入与这块土地的地租相当，这笔资本的价值就代表土地价格。如果把土地的未来地租视为预期收益，土地价格的确定也是预期收入的资本化。因此，以土地所有权为基础买卖土地形成的价格具有虚拟性。由于土地定价是未来收益的折现，代表了等同的虚拟资本数量，即本无价值的土地的“价值”即是虚拟价值。

根据以上论述，可以发现：对于非生产性劳动产品，虽然没有价值，在一定的商品经济关系中人们赋予它们一定的价值，但是这个价值不是劳动创造的价值，而是一种虚拟价值。这个虚拟价值就是这类产品的价格基础。

---

① 马艳．虚拟价值的理论与宏观模型及其应用［J］．政治经济学评论，2015（6）：46－76.

② 马克思．资本论（第1卷）［M］．北京：人民出版社，2004：123.

2.2.1.2 虚拟价值的形成与性质

劳动产品的价值是一种社会形式的人类劳动，商品生产者以此为载体进行劳动交换，是真实的价值；非劳动产品的价值即虚拟价值，不是由人类生产劳动创造的价值，这种价值是以生产领域内执行职能的资本为载体的。

虚拟价值产生于价值的货币形式①。在生产资料私有制和社会化大分工下，生产者的经济利益既相互独立又彼此联系。在分工条件下，生产者并不生产自己需要的产品，他们的产品只是用作交换别人产品的工具。这样就产生了自己的产品"值"多少别人产品的问题。但是，用别人的商品最终体现自己的劳动，就可能使商品价格偏离其价值。当货币成为一般等价物，并用价格表示商品价值时，任何商品只要转换为货币，就代表价值的实现。价格形式不仅导致价格和价值量的偏离，而且会出现价格与价值质的背离这种情况，即货币虽然代表价值形式，但价格完全不体现价值。或者说"没有价值的东西在形式上可以具有价格"，即虚拟价值。由于货币执行价值尺度职能时体现的是观念上的货币，这进一步强化了虚拟价值的概念。人们可以凭借想象赋予任何一种没有价值的客体一定的价值，这样价值的货币形式中实际已经蕴含了虚拟价值的萌芽。

虚拟价值的本质是交换关系极度扩展而产生的经济范畴，它体现了复杂的经济关系，是商品经济发展的必然逻辑与结果。虚拟价值是不依赖于物质生产过程的，它具有以下性质：①虚假性。虚拟价值作为资本关系的多层折射产物，建立于人们的心理预期与想象，而没有物质基础。这决定了它不依赖客观物质生产过程，具有超越生产技术规律的扩张能力。但因为没有实际使用价值，它的膨胀并不增加社会财富。②客观性。在成熟的资本市场中，它不是价格对价值的偶然背离，也不是对市场经济正常运行的偏离和歪曲，而是具有价格经常偏离价值的常态关系。这种常态关系决定了虚拟价值是稳定存在的客观范畴。它与劳动价值有着共同的价值形式，即货币形式。不管是凝结了无差别人类劳动的劳动价值还是资本市场的虚拟价值，只要转变为货币，就被承认为社会的真正财富。

2.2.1.3 虚拟价值的计量——资本化定价

所谓资本化定价，是指非生产资本的定价参考对生产资本的定价方式，在

① 张俊山．论虚拟经济中虚假价值的形成及运动规律［J］．河北师范大学学报（哲学社会科学版），2007（06）：5−9.

实体经济中生产资本的定价方式被应用于其他资产定价时，就成为资本化定价。[①] 简单来讲，就是将未来的预期收入进行折现后来定价。

需要说明的是，这里资本化定价中的“价”，即虚拟资产的收益按利率进行资本化所得到的数值，指的是虚拟资产的虚拟价值，并非虚拟资产的价格，它是虚拟价格的基础。[②] 具体来讲，虚拟资产的持有者在持有期内预期可以得到的全部现金流的现值即为虚拟资产的价值，用公式表示为：

$$P = \sum_{t=1}^{n} \frac{CF_t}{(1+r)^t}$$

P 表示虚拟资产的虚拟价值，CF_t 表示虚拟资产在第 t 年所获得收益或现金流，r 表示市场或投资者要求的一般收益率。

2.2.2 虚拟价格

2.2.2.1 虚拟价格的本质

在虚拟经济中，虚拟资产的价格并不像实体经济中的价格那样确定，是以其内在价值为基础在供求关系的作用下形成。相反，大部分虚拟资产本身既无使用价值也无价值。以股票、债券为例，它们只是一种纸质凭证，本身没有价值，只是拥有这一凭证就有了一种在未来获得发行股票、债券公司收益的权利，因此，它们才会被买卖，并且具有价格。显然，这些虚拟资产的价格的决定基础并不是其价值，而是虚拟价值。因此，虚拟价格就是虚拟资产预期收入资本化得到的虚拟价值的一种货币表现。

此外，实体经济以如何依托社会物质体系创造价值为核心，虚拟经济则以引导预期、拉动虚拟价格和分配价值作为核心。从整体上看，一方增加的货币数量其实就是另一方减少的货币数量，虚拟价格的变动并不会带来真实财富的增加，社会真实的财富只来自实体经济中人类劳动的创造。但是从利用虚拟资产增值的个体来看，确实表现为货币量的增减。因此，虚拟价格不会引起社会总财富的增减，它是利用各项虚拟资产进行利润再分配的一种手段。

2.2.2.2 虚拟价格的运动特征

虚拟价格是虚拟价值的货币表现形式。

---

① 刘晓欣. 虚拟经济运行的行为基础——资本化定价［J］. 南开经济研究，2003（4）：42-45.

② 牟新森. 虚拟资本与虚拟经济理论研究［D］. 西南财经大学，2010：11.

$$P = \sum_{t=1}^{n} \frac{EC_t}{(1+r)^t}$$

虚拟价格的计量与虚拟价值的计算方法类似，不同点在于 EC_t 与 CF_t 不同。在虚拟价值计算中，CF_t 代表的是资产在未来获得的真实收益，是基于过去的财务状况对未来收益的预期；而在虚拟价格计算中，EC_t 代表的是人们根据自己获得的信息而对未来的现金流做出的预测，这种预测通常会因为信息不对称、人们行为不理性而与真实的现金流之间存在很大的偏差。因此，当 $CFt=ECt$ 时，虚拟价值与虚拟价格在量上等同。基于虚拟价格的计算，虚拟价格运动有以下特征①：

（1）基于预期和信心

虚拟价格是虚拟价值的货币表现，虚拟价值通过预期收入资本化得以确定。而在预期收入资本化的过程中，不论是预期收入还是折现率，都跟人们的心理预期有很大的关系，具有极大的不确定性。由于对未来的经济状况存在严重的信息不足，人们很难对未来的预期收益进行准确判断。并且虚拟经济中的参与主体通常会存在一些非理性行为，比如过分自信、回避损失等，这些都给预期收益带来了更大的不确定性。在现实经济中，大部分经济学者认为经济存在一种“总体理性”，就是说，大部分参与者是理性的，少数不理性的参与者之间的行为对经济造成的影响会相互抵消。在“总体理性”存在的情况下，预期收益就建立在总体的市场信心基础之上。当人们对未来的经济增长有信心时，预期收入水平会上升；相反，当人们对未来经济发展前景持悲观态度，那么就意味着预期收入水平会下降。

（2）投机性

由于难以度量预期收益，市场信心不一定能主观判断未来收入，且与未来的真实收益通常存在较大的差距，因此，市场产生了投机机会。

虚拟价格是虚拟价值的货币表现，因而理论上虚拟价格（等同于虚拟价值）应该就是真实未来预期收入的折现值。然而，当这种预期收入被市场信心所形成的具有极大不确定的预期收入所代替时，市场中的虚拟价格就会与理论上的虚拟价值产生偏差。而这种预期收益的判断与实际预期收益之间的差距导致的市场上的虚拟价格与理论上的虚拟价值之间的差额就是虚拟资产的投机空间。

投机是指利用商品价差获利的经济行为。当预期收入水平可以准确预测

① 马淮．虚拟价格研究［J］．理论月刊，2009（12）：50—54.

时，虚拟价格就不会出现频繁的变动，进而就不会存在投机机会。在虚拟经济当中，市场主体购买虚拟资产之后，可以长期持有，并按照未来真实的预期收入获取利益，这属于投资行为。而如果他们持有是为了在虚拟资产出现价格波动之后迅速卖出或买入以获利，那么这种行为就属于投机。投机是有风险的，投机者选择“卖空”还是“买空”，取决于他对未来价格走势的判断，即对未来预期收益的判断。判断正确则投机获利，反之就会亏损，并且这个亏损有时候是巨大的。

（3）波动性

当未来预期的收益率水平主要由市场信心这一主观心理因素决定时，虚拟价格运动通常会呈现出极大的波动性与不稳定性，虚拟价格与市场信心呈同方向变动。市场信心增强，则虚拟价格上升。

由于购买虚拟资本的货币增量可以衡量市场信心，因此货币存量的变动就表示了市场信心的变化。如果市场信心增强，则虚拟价格上升，虚拟经济领域将得到更多的货币流入；反之则货币流出虚拟经济领域。当市场信心削弱到极低点时，则意味着市场信心崩溃，大量货币会从虚拟经济领域抽走。

市场信心不仅受到经济的影响，也受一国政治、文化以及国际因素的影响，甚至会受到看似与虚拟经济运行无关的因素的影响。正是因为市场信心受到这些不确定因素的影响，稍微的变动都会通过复杂的心理机制使人们对预期收益的预测产生很大变动，从而引起整个虚拟价格的波动。

（4）泡沫性

当市场的虚拟价格与理论的虚拟价值出现较大的差异（前者大于后者）时，我们就认为存在经济泡沫。虚拟经济泡沫不仅表示虚拟价格远高于虚拟资产在未来真实收益水平折现形成的虚拟价值，而且也表示虚拟经济与实体经济之间的脱离。

虚拟经济中普遍存在着盲目从众现象，交易个体在信心不足的情况下，会根据其他人的买卖行为来指导自己的行为。因为在虚拟经济中，大部分主体一方面缺少未来收益水平的信息，另一方面对预期未来收益水平存在技术不足，他们无法准确地判断未来收益，因而盲目跟从其他投机者。这种盲目从众的现象在享有信息量越少的投机者身上越能体现。当虚拟经济市场中盲目从众现象普遍，并错误地提升市场信心时，市场中的虚拟价格会越来越高，当超出其虚拟价值的时候，泡沫就开始形成。

但是无论这个泡沫发展到多大，虚拟价格最终还是要回归到其理论值上，即与虚拟价值相匹配。因为，随着时间的推移，虚拟资产的未来收益水平会逐渐清晰，之前盲目从众形成的毫无根据的市场信心就会崩溃，这时候虚拟价格迅速跌落到虚拟价值的水平。因此，泡沫越大，虚拟价格的波动也越大。

2.2.2.3 虚拟价格运行的发展阶段

根据虚拟经济对实体经济产生的影响和虚拟价格的作用范围，按照历史和逻辑相统一的原则，我们可以把虚拟价格划分为两个发展阶段。

(1) 第一阶段：虚拟价格运行的国内阶段

这一阶段是20世纪80年代前，虚拟价格主要在一国国内依附于实体经济，国内实体经济的增长限制了其规模、扩张幅度，虚拟资产种类少，主体市场是证券市场。由于各国的产业独立，经济的内在耦合度较低，虽然在国际市场上也有虚拟资产及其虚拟价格，但其发展水平较低，虚拟经济的国内化特征明显。当某国虚拟价格异常上涨时，往往表现为货币异常流动，大量资金流入虚拟经济，但境外资金参与度较低；当一国虚拟经济泡沫破裂导致金融危机时，对其他国家的直接影响也较小，并且是通过影响本国实体经济从而影响其他国家实体经济的间接方式，直接传染性不强。布雷顿森林体系崩溃之前，各国货币发行量都与黄金存量挂钩，流动性较低，市场信心所能拉动的货币有限，因此一国虚拟经济泡沫在一定程度上能够得到控制。

当虚拟价格的变化被限制在一国内部时，它的涨跌会影响财富的再分配。若虚拟价格急剧上升，短期内货币大量转移，将导致正常的市场秩序混乱甚至社会动荡；再者货币大量流入虚拟经济领域引起虚拟价格的上涨，这往往导致实体经济领域的流动性不足，影响其正常运转和盈利水平。在这两方面的共同作用下，理论界在20世纪80年代之前对虚拟经济总体上持消极态度，认为需要严加控制虚拟经济的发展。同时，由于实体经济是物质财富的真正来源，各国主要研究实体经济，对虚拟经济的认识不够深入。

(2) 第二阶段：虚拟价格运行的国际阶段

20世纪80年代之后，虚拟价格的发展在下列因素作用下进入第二阶段。首先，信息技术的发展为虚拟经济及虚拟价格的运行奠定了技术基础。其次，经济全球化趋势下形成世界产业结构链条，这成为虚拟价格国际化运行的内在根源。全球化一方面使发展中国家越发依赖发达国家的技术、资金，另一方面发达国家的价值增值主要靠从发展中国家转移新增价值，实施企业并购、进行资本化运作逐渐成为企业谋取价值增值的关键。此外，牙买加货币体系下的货币虚拟化也为虚拟价格的国际运行提供了支持。最后，这个阶段世界范围内的金融自由化为虚拟价格国际运行扫除了障碍，许多国家实施金融开放政策，促进资本自由流动，扩大了资本跨国流动的可能性。

在这些因素的推动下，虚拟价格由国内运行阶段发展到国际运行阶段。在这一阶段，一国虚拟价格的过度上涨不仅会引起本国的货币资本由实体经济领域流向虚拟经济领域，也会吸引境外的资金流入境内虚拟经济领域。因此，当一国的虚拟经济泡沫破灭的时候，会直接影响到其他国家，对世界经济产生较大的破坏。美国次贷危机所引起的全球金融危机就是一个典型的例子。

但是，不论是在哪一个阶段，虚拟价格都要依靠实体经济的未来收益支撑，这是虚拟经济运动的一般规律。在虚拟价格的国际阶段，由于一国在虚拟经济市场上获利是通过转移其他国家的利润，如果只局限于某一国就发现不了价值增值的来源，就会产生一种虚拟经济可以脱离实体经济发展的错觉。伴随着这种错觉以及虚拟经济对发展国家经济重要性的提高，人们对虚拟经济的认识由消极转为积极。

2.2.2.4 虚拟价格运动规律

第一，虚拟价格运动不仅会脱离虚拟资产的价值，甚至会脱离虚拟资产赖以存在的真实资产的价值。虚拟资产是没有价值的，其价格基础是虚拟价值，是其未来收益的折现值。而虚拟价值的基础又是虚拟资产所代表的某种实物资产的价值。在市场信心发生变化以及人们盲目从众心理的影响下，一旦人们预期的未来收益水平与真实资产实际的收益水平之间存在差距，虚拟价格就会脱离其虚拟价值以及真实资产价值。

实体经济中，价格是价值的货币表现，价格以价值为基础受市场上供求变动影响而波动。与实体经济不同，虚拟价格上升代表的是预期收益水平相对于折现率的提高。在实体经济中，商品价格上升对消费者来说意味着性价比降低，进而减少需求；而在虚拟经济中，价格上涨意味着相对于较低的折现率，未来的收益水平上升，人们预期未来收益增加就会增加需求。所以，在虚拟经济中出现了“价格上升、需求增加”这种与实体经济一般商品价格变动相反的规律。

第二，随着社会进步、生产力水平提高，虚拟价格不一定下降。只有社会总利润降低时，虚拟价格才呈现下降的运动趋势。在实体经济中，当生产力水平提高时，单位商品中凝结的社会必要劳动时间减少，单位商品价值量减少，价格会下降。但是在虚拟经济中，影响虚拟价格变动的是人们对未来收益水平的预期，当社会总利润增加时，人们对未来收益的预期上升，虚拟价格就会上涨，反之则下降。

第三，虚拟价格的运动会引起货币资金的流动并对实体经济的价格产生影响，造成其紧缩或膨胀的局面。由于市场信心是决定虚拟价格的关键因素，而市场信心的强弱会表现出购买虚拟资产的货币增量的多少，因此，虚拟价格的变动直接受货币量的影响，反过来虚拟价格的变动又会引起货币量的变动，二者呈相互推进的关系。当虚拟价格上升时，就会有大量的货币进入虚拟经济领域；当虚拟价格下降时，又会有大量资金流出虚拟经济领域。由于人们投入资金到虚拟经济并不是为了获得某种使用价值，而是为了投资或投机获利增值，因此，虚拟市场上的货币流动并不会在进行一次交易之后就退出，而是呈不断进入和退出的态势，从而影响虚拟价格的涨落。在货币总量一定时，虚拟经济中的货币量增加意味着实体经济中货币量减少，就会引起实体经济紧缩或萧条。当虚拟经济中货币持续长时间流出，影响到厂商的资本量时，实体经济又会出现膨胀或过热。

第四，虚拟价格运动会对社会货币流通产生巨大影响，宏观经济政策的制定必须考虑虚拟价格的浮动。货币进出虚拟经济会导致货币数量在整个经济体系内的重新分配，因此虚拟价格的运动会影响实体经济中的货币数量和货币当局货币政策的实施效果。20 世纪中期以后，很多国家的真实货币余额小于货币需求方程的结果，说明在虚拟经济和实体经济并行的格局下，通货膨胀或通货紧缩是商品和服务、虚拟资本和货币共同作用的结果，单纯考虑一方面无法有效把握宏观经济走势和有效运用宏观调控手段。

第五，虚拟价格的崩溃仅仅阻止了个体对他人财富的转移，已经形成的增值却不受影响。虚拟经济中，当市场信心狂跌之后，货币资金急剧外流，虚拟价格暴跌甚至崩溃的结果减弱了货币资本再分配利润的能力。但虚拟价格的崩溃并不意味着财富的消失，只是改变了财富格局，并不影响价值总量。并且随着泡沫的破灭，新的价值分配格局随之形成。①

【专栏】　马克思对虚拟资本的两种分析思路

许多学者认为，在《资本论》第三卷中，马克思分别从“资本化”和“派生化”两种思路分析了虚拟资本。所谓资本化，是指虚拟资本主要是由货币经过一系列的非生产性的增值运动所带来的收入形成的，而派生化是指虚拟资本是由金融系统派生或创造出来的。整体而言，这种观点是有积极意义的，马克思正是基于资本主义信用体系，在对货币资本到生息资本的转化过程研究的基

① 马淮．虚拟价格研究［J］．理论月刊，2009（12）：50—54．

础上，将虚拟资本的形成归因于资本主义生产过程中生息资本所带来的收入的资本化；即这种生息资本运动之后所获得的收入经过资本化过程后能够带来的新资本就是虚拟资本，而虚拟资本借助于现有的资本主义金融体系会不断增值派生，带来了单个虚拟资本的集聚和多个资本的集中，大型垄断资本产生，资本主义经济长周期与波动得以形成与发展……

从这两种思路对虚拟资本进行分析，其结论也是不同的。首先，资本化思路是从个别资本是否创造价值的角度来界定虚拟资本的，派生化资本是从整个金融体系的资本的角度界定虚拟资本的。其次，两种分析思路导致对虚拟资本的外延理解也有所不同。从资本化思路来看，能创造价值的货币资本就是实体资本，反之则是虚拟资本；从派生化思路来看，凡是由金融系统派生或创造出来的资本都是虚拟资本。最后，两种思路都认同有价证券就是虚拟资本，但资本化思路是从资本化定价方式探讨有价证券，而派生化思路是从信用创造角度出发。对实体经济的分析，马克思从生产过程理论出发，认为实体经济的循环过程是先用货币资本购买具有特定使用价值的商品劳动力和生产资料，经过生产过程变成了产品，资本家将含有剩余价值的商品拿到市场上出售，转化为货币（G—W…P…W’—G’）。

因此，从马克思“资本化”和“派生化”两种思路出发来理解虚拟资本、虚拟经济到实体经济的内涵，一方面具有重要的理论意义，另一方面更有助于我们跳出资本主义制度的范畴来理解我国虚拟经济和实体经济的现实内涵，也使得运用本部分对虚拟经济和实体经济内涵的分析来重新界定我国虚拟经济和实体经济关系的相关工作愈发充满意义。

——摘自《以虚拟经济促进我国实体经济发展研究》，王守义，陆振豪，《经济学家》，2017 年第 8 期。

2.3 虚拟经济下的市场机制

虚拟经济之所以区别于传统的实体经济，就是因为它有着特殊的市场运行规律。这一层面的研究可以分为虚拟经济下的市场运行机制及其作用下的企业竞争策略。

2.3.1 虚拟经济微观经济学的基本假设

关于虚拟经济微观经济理论的研究，学界已经有了很多的研究成果，但是也存在一些不足。一个重要的不足之处在于仍然沿用传统的经济范式对虚拟经济进行研究，并未表现虚拟经济的理论特征，“物本经济”的理论方法并不适合研究“人本经济”。

2.3.1.1 基本假设提出的背景

人的需求分为生理需求和心理需求两个方面。满足心理需求的产品的需求量是由心理偏好、相对价格和收入水平共同决定的。主流微观经济学并不划分生理需求和心理需求，但虚拟微观经济主要是建立在心理需求上的理论，生理需求并不重要。因此，虚拟微观经济与主流微观经济的效用理论存在着根本性的差异。

但是，虚拟微观经济学并没有完全抛弃主流微观经济学，而是通过突出心理需求来对现有的效用论进行改进，解释主流微观经济学无法解释的经济行为。

2.3.1.2 基本假设的内容

假设1：人的偏好是不稳定的。偏好稳定是主流微观经济学的基础假设，这样才能够从稳定的效用函数中得到不变的需求函数和供给函数，并且得到一般均衡理论。如果人们只有生理需求，由于生理进化缓慢，偏好就是稳定的。但是主要考虑心理需求时，由于人的心理并不稳定，人的偏好即是不稳定的，因而忽略人心理的变化会导致研究结论出现较大差错。

假设2：心理需求的收入弹性高于生理需求。随着人们收入的增长，心理需求相对于生理需求成为越来越重要的内容，心理需求的收入弹性高于生理需求。我们在此做出一个假设：人们的生理需求已经得到了充分满足，于是新增的收入全部用于满足心理需求。虽然这个假设很极端，但一定程度上也是合理的，在中等收入以上的国家，人们的心理需求已经远远超过了生理需求。若以 x 表示满足心理需求的商品数，y 表示满足生理需求的商品数，两者关系可以用一个拟线性函数表示：

$$u(x, y) = x + v(y)$$

在这个函数中，$v(y)$ 仍具有边际效用递减的性质。

再假设消费者预算约束为：$px+qy=m$，其中，p 为产品 x 的价格，q 为产品 y 的价格，m 为消费者的收入。

求消费者信用最大化，可以解出 x 和 y 的需求函数：

$$v'(y)=q/p \tag{1}$$

$$x=m/p-(q/p)\bar{y} \tag{2}$$

式（1）表示生理需求，$v'(y)$ 是 v 的一阶导数，即 y 的边际效用。从式（1）中可以发现生理需求与收入无关，只要相对价格确定，生理需求就可以得出，假设为$\bar{y}$。式（2）则表示心理需求，由于$\bar{y}$一定，因此心理需求取决于收入水平 m，与收入水平正相关。

那么当收入水平 m 以及相对价格 q/p 都很低时，人们仍然会有心理需求，因为 x 不为 0。这就出现了一个矛盾：当收入水平很低，并且心理需求物品价格很高时，人们会优先满足生理需求。因此，假设生理需求必须达到一定水平，才会考虑心理需求，就能够解决这一矛盾。即有：

$$u(x,y)=\begin{cases} y, & y\leqslant y_0 \\ x+v(y), & y\geqslant y_0 \end{cases}$$

由此可以得出两个重要结论：

从微观角度我们发现，当一个国家的经济发展水平已经很高时，人们的心理需求决定了这个国家的经济特征，心理需求决定了高收入人群的市场性质。因此，我们研究虚拟价格的重点就是要研究人们的心理需求。

从宏观角度我们发现，收入增长时，人们的心理需求将增加。如果近似地将收入增长与经济增长等价，那么当经济发展到一定程度时，决定经济增长的是满足人们心理需求的产品增长。因此考察中等发达以上国家的经济增长时，出发点应该是如何创造和满足人们的心理需求。

假设 3：质量需求超越数量需求。生理需求的满足感随产品数量的增多而提高，但存在边际效用递减规律，具有上限。传统微观经济学就以此为基础建立了需求理论。但是人们的消费偏好在价格、收入影响因素之外还具有品质、外观、品种、心理体验、社会认可等质量方面的内容。虚拟经济中人们的心理需求特征：人们对质量偏好的边际效用不仅不变，甚至会递增。这是虚拟经济学与主流微观经济学的一个根本区别。

如果我们承认人们会无止境地追求消费质量，而对数量的追求存在上限，则可以得出心理需求是经济发展的动力这一推论。质量的增长才是优质的经济增长，那么“满足人民日益增长的物质文化需求”就不仅要满足数量需求，还要满足质量需求。

需要注意的是，虚拟经济理论并不否认数量需求，因为质量是以一定的数量存在为基础的，并且人口的增长也会导致对消费品数量需求的增长。

假设 4：心理需求存在累积效应。在假设 1 中，我们仅仅简单区分了心理需求与生理需求。我们将心理需求视为一个整体，并无任何细分。虽然随着收入的增加，心理需求在增长，但是严格地讲，不同的人之间有着不同的心理需求。因此心理需求不再是笼统的，而是特定的。若我们将心理需求视为特定的，意味着心理需求是具体稳定的。因为易于处理，我们提出心理需求特定性的假设，即通过累积效应产生特定的心理需求。

所谓累积效应，是指人们对某种物品的重复消费会形成心理习惯，如品牌忠诚度。实际上生理需求也有类似的累积效应，例如不同地区的人们口味存在很大差别。但两者的不同之处在于，心理需求强调人心理上的累积效应，更具有多样性、易变性与人的社会性。理解心理需求的累积效应，可以指导市场主体进行广告营销、产品开发等市场竞争活动。

从这一角度看，虚拟经济学与主流微观经济学有两个重要区别：首先，主流微观经济学的偏好是静态的，人们的偏好是外生的，完全由当前的相对价格决定商品选择，而虚拟经济学中的偏好是历史的。在累积效应下，人们过去的满足感会影响当前和未来。其次，累积效应意味着跨时效用递增机制的存在，对一种产品的偏好随其消费时间增加而增强（或减弱）。正的强累积效应可以淘汰弱累积效应，负的累积效应则也被淘汰，而主流微观经济学效用理论中只是用静态的边际效用递减来解释产品的多样性。

假设 5：心理需求存在社会相互作用。主流微观经济学为了回避复杂性，做出了人们的决策相互独立、完全理性两个极端假设。这使得人们的需求不受他人影响，是一种纯粹的个人行为。这种假设在生理需求下是可行的，但心理需求成为支配性因素以后，这两个假设在对经济现象进行解释时就存在很大局限性。人们复杂的心理活动一定会受到他人的影响，这个他人既包括消费者，也包括生产者。人们的决策不再是独立的，也不再是完全理性的了[①]。人们会在他人影响下最大化追求自身满足感，这就包含了非理性因素。因此，我们假设心理需求存在社会相互作用，是一种社会行为，而非个人行为，这也是与主流微观经济学的一个根本区别。

---

① 李小宁．论广义虚拟微观经济学的基本假设［J］．广义虚拟经济研究，2014（3）：5－12.

2.3.2 虚拟经济下的市场均衡

2.3.2.1 边际收益递增

(1) 边际收益递增思想

边际报酬递减规律最早是由英国经济学家马尔萨斯在1798年提出的。长期以来，经济学家都秉承边际报酬递减的思想。但是在虚拟经济下，边际报酬递增思想却逐渐成为主流。边际报酬递增这种思想在很早之前就有了，早在1776年，亚当·斯密在他的《国富论》里便分析了专业化分工可能带来边际报酬递增。

但是，边际报酬递增违背了正统经济学家的观念，即当其他因素均衡时，市场会自动产生最佳价格上的最佳产品，并且没有人会离开，因为你在获得利润的那一刻，其他人也会看到机遇并加入竞争。同时，对于边际收益递增，用数学的方法加以论证也是极其困难的。因此，由于技术和观念两方面的阻碍，边际收益递增思想一直被经济学家所回避。

威廉·布莱恩·亚瑟一直坚持报酬递增的研究，并在《经济中的正反馈》中充分体现了他的思想。从20世纪80年代起，威廉·布莱恩·亚瑟通过大量的实例以及一系列的数学模型说明了边际报酬递增机制以及在这种机制下竞争结果的不可预测性以及不灵活性、非有效性等。他的理论模型得到了广泛赞同①。并且随着新经济的出现，传统的边际收益递减规律并不能很好地解释一些经济现象，许多经济学家投入到边际收益递增的研究中。周卫民（2007）将管理作为种生产要素分析了它的边际收益递增性，并建立了新厂商理论解释在企业的发展过程当中，产量和利润的增长对劳动、资本和管理要素投入的依赖②。

(2) 边际收益递增理论

虚拟经济的出现，使边际收益递减规律面临巨大的挑战。在虚拟经济中的要素特征表现为边际收益递增：即制造商生产得越多或卖出得越多，产品价值就越高，他们获得的优势就越大，取得盈利也更加容易。

由于虚拟经济具有技术外溢性，当行为人没有影响到其他人的利益进行赔

---

① 杜云. 虚拟经济学［M］. 厦门：厦门大学出版社，2015：74—75.

② 周卫民. 一种基于管理要素边际报酬递增性的新厂商理论［J］. 经济问题探索，2007（6）：80—83.

偿或得到补偿时，就产生了外部性。虚拟经济的外部性体现在两个方面：一方面是虚拟经济中产品信息的学习效应和积累效应，另一方面则是技术外溢性。所谓学习和积累效应，就是消费者在使用这种虚拟产品时，并不是单纯消耗，而是一种积累性或学习性的消费，是可以产生外溢的价值或成本的。虚拟经济下的技术外溢性更显著，高科技部门随着兼并、收购、战略联盟，增加了成本优势和锁定效应，边际收益递增的作用也更大。

虚拟经济下的边际收益递增规律与传统经济学中的边际收益递减规律存在明显不同。传统经济学中的边际收益递减规律建立在供给分析基础上，而虚拟经济下的边际收益递增规律建立在需求分析基础上；传统经济学以供给方作为研究的出发点，是一种“供给方规模经济”，它强调供应方的收益随着生产要素的投入增加而递减，而虚拟经济下以需求方（消费者）为研究的出发点，是一种“需求方规模经济”，它强调供应方的收益随着需求方的需求量的增加而增加。

虚拟经济下的边际收益递增规律并非否定传统微观经济学，只不过在实体经济中，供给方角度的收益递减规律具有较强解释力，而在虚拟经济中，需求方角度的收益递增规律作用更明显。

2.3.2.2 正反馈和临界容量

（1）正反馈

虚拟经济下收益递增规律的具体表现就是反映和引发正反馈。正反馈描述了在边际收益递增的前提下，虚拟经济独有的局部自增强机制。产生原因通常是系统的建立成本高，以及学习效应、合作效应和适应性预期的作用，系统逐渐在这种状态中得到适应和强化。具体说来，就是系统在前期的影响下进入不一定最有效的均衡状态，并不断重复下去，从而形成选择优势，被锁定在这样的状态。要使系统进入新的均衡状态，只有积累充分的能量，克服锁定状态积累的“选择优势”[①]。

（2）临界容量

在正反馈机制中，系统从一个状态退出，就需要进行优势积累。积累到什么程度才能达到退出的目的呢？为此，引入临界容量的概念。

对临界容量的研究在方法和角度方面都是极为创新的。罗兰·阿尔特尔和克里斯蒂安·埃弗里斯（1973）在研究中利用相互需求建立了动态需求模型，

---

① 杜云. 虚拟经济学［M］. 厦门：厦门大学出版社，2015：56.

他们将外部性经济理论应用到通信业中，第一次较为系统地说明了具有外部性的商品之间存在相互依赖的需求关系。并且，这种相互依赖需求在固定的人口以及固定的所得中将会持续增长，以至于达到一定的临界点。杰弗里·罗尔夫斯在临界容量的研究上取得突破性进展，认为使市场驱动并达到非零均衡的最小市场规模就是临界容量。他提出了“均衡消费集”，并以此为基础对外部性下的需求曲线及社会福利增进过程中的临界容量进行了讨论，如图 2—1 所示。

在图 2—1 中，技术价格（或成本）既定的情况下，市场上存在三个均衡点。其中，均衡点 B 是稳定的和帕累托最优的，零均衡点与任何价格比都是稳定的，均衡点 E 是不稳定的。显然，市场的最终状态与技术的初始状态有关：如果初始状态为 f_A，均衡价格高于实际价格，不仅满足了既有消费者，还会有新消费者加入，价格不变时，市场规模最终扩张到稳定的均衡点 B；如果初始状态为 f_C，实际价格高于均衡价格，则市场规模将萎缩到 E 点；如果初始状态为 f_D，实际价格超过均衡价格，消费者不满并逐渐退出消费，市场规模将逐渐萎缩到零。

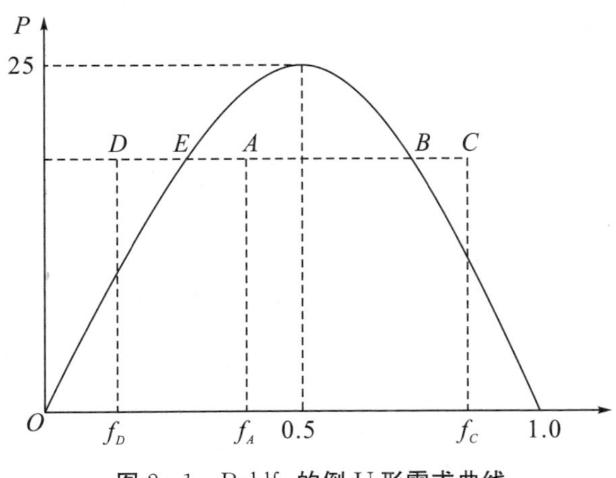

图 2—1 Rohlfs 的倒 U 形需求曲线

杰弗里·罗尔夫斯初步给出了定量计算临界容量的思路。在价格条件一定时，E 点对应的初始状态就是临界容量，市场的最终状态以此为界走向零均衡和非零均衡[①]。

2.3.2.3 虚拟经济下的需求与供给曲线：对均衡理论的修正

虚拟经济的出现和发展，挑战了新古典经济学中向下倾斜的需求曲线和向

① 杜云. 虚拟经济学 [M]. 厦门：厦门大学出版社，2015：77—78.

上倾斜的供给曲线相交时市场实现均衡的分析。在虚拟经济中，已经不存在这样的一般价格均衡，供求曲线并没有什么用，供给曲线不复存在，需求曲线也不是向下倾斜的。

（1）供给曲线不复存在

产品价格等于边际成本是供给曲线的逻辑前提。在不完全竞争市场中，价格与边际成本不等，就不存在供给曲线。而在虚拟经济中，数字产品具有低成本、可复制的经济特性，产品的成本结构通常表现为固定成本较高、边际成本较低。如图 2—2 所示：*D* 为假设存在的传统需求曲线，*MR* 为消费者的边际收益曲线，与需求曲线 *D* 重合，*AC* 表示平均成本，*MC* 表示边际成本，是一条贴近并与横轴平行的直线。

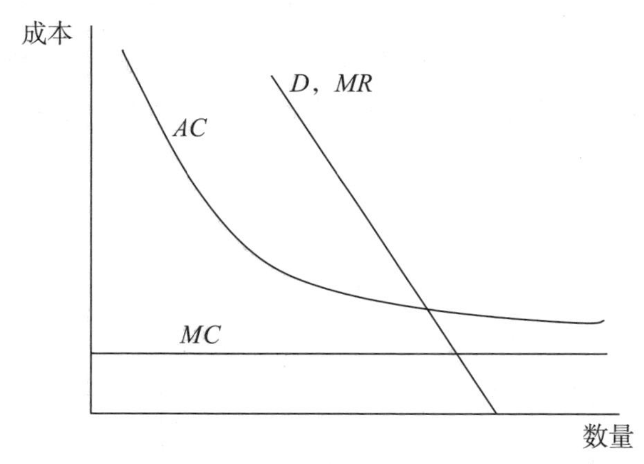

图 2—2　虚拟产品的成本结构

虚拟产品的成本结构从根本上否定了供给曲线的存在：当边际成本为零时，应该如何定价？难道价格也接近零吗？那么前期投入的大量的沉没成本怎么来弥补？当产品的价格不能由边际成本确定时，也就无法按边际成本曲线向上攀升来对定价加以说明。由此传统的供给曲线不再存在，传统的均衡分析失灵。因此，在虚拟经济下我们必须在需求方寻找定价依据，即按照客户对产品的评价来进行定价。

当然也有学者认为虚拟经济下存在供给曲线。诺贝尔奖获得者保罗·克鲁格曼指出，虚拟经济的供给曲线向下而不是向上倾斜，他描述的是随着产量的增加，数字产品可以以越来越低的价格提供给消费者，当然也不能认为厂商愿意以越来越低的价格提供越来越多的产品。

总之，数字产品特殊的成本结构使得行业在供给方面存在巨大的规模经济，一个企业的生产能力就几乎足以满足市场需求，这一结论普遍适用于虚拟经济下的产品供给。行业内单个企业的供给曲线就能表现整个行业的供给曲线。

（2）向上的需求曲线

定价分析从供给方转到需求方时，同样出现与传统经济学冲突或矛盾的情况：在虚拟经济中往往并不存在高价少买、低价多卖的需求规律。网络、软件、知识、信息的消费也有规模效应：需求越多，口碑越好，需求者出价越高。关键在于达到临界容量。一旦有了一个足够大的顾客基础，市场就会自己建立起来。但是没达到这个临界容量之前，需求曲线存在的话也是向上倾斜的①。

虚拟经济下的外部性与传统经济下的外部性不同。由于技术外溢性的存在导致收益递增，即一个具有技术外溢性的商品的价值随其销售量的增加呈指数增长，人们的出价也随需求量增加而上升。传统需求曲线反映价格对需求量的影响，而技术外溢性则强调预期的影响，反映预期数量对价格的作用。因此，虚拟经济中的需求曲线如果存在，就是向上倾斜的。

综合分析来看，数字产品的特殊成本结构使单个企业也具有规模经济；但另一方面，这种规模经济特征并不能构成单个企业垄断整个市场的充分条件，并且在虚拟经济下，数字产品在生产方面的规模经济的实现更多地依赖于消费者的选择。传统经济理论难以完美解释供求曲线的这种异常表现，并且在虚拟经济下，数字产品供给者仍然积极进行竞争来实现市场均衡。

（3）主要结论

主流微观经济学的假设主要包括人的偏好稳定不变、边际效用递减、个人的效用特别是供求决策独立、价格机制联系供求关系等，但是在虚拟经济中这些假设并不成立。虚拟经济中，心理偏好并不稳定，积累效应作用下边际效益可能递增，人们的决策受他人影响较大，并且虚拟经济中的供求曲线与传统经济中的供需曲线存在显著区别：供给曲线不存在，需求曲线存在的话则向上倾斜。由于存在这些不同，我们可以得到以下主要结论②。

①价格均衡往往不存在。偏好稳定、收益递减、效用独立是一般均衡理论成立的前提，信息完全的市场仅依靠均衡价格和政府管制实现市场出清，并且是稳定的均衡状态。而在虚拟经济中，这些假设都不成立。甚至由于虚拟产品特殊的成本结构和需求规律，在虚拟经济中不存在供给曲线和向下的需求曲线，这种价格均衡也将不存在。

---

① 平新乔. “新经济”的经济学：从《信息规则》谈起［J］. 国际经济评论，2000（4）：19－24.

② 李小宁. 论广义虚拟微观经济学的基本假设［J］. 广义虚拟经济研究，2014（3）：5－12.

②市场的内在不稳定性。在主流微观经济学中，不论是信息完全、充分竞争下的一般均衡理论，还是信息不完全、竞争不充分下的非一般均衡理论，都认为均衡状态是稳定的。但在虚拟经济中，由于复杂多变的心理需求、偏好不稳定、收益递增，以及决策的相互影响，虚拟经济市场呈现不稳定性。

③基于心理需求的非价格机制的重要性。市场经济是由一系列复杂的交易组成的，而交易的稳定性就成为市场经济正常运转的必要条件。为了保证交易的正常运行，需要相应的交易合约，最简单的就是价格合约。但由于信息不对称，通常还需要其他比较复杂的非价格合约进行补充。

主流微观经济学强调信息不完全条件下处理信息问题时非价格机制的重要性。但在虚拟经济中，非价格机制的重要性主要缘于人们复杂心的理需求。虚拟经济参与者及群体间的心理预期同方向的相互强化（即羊群效应）会造成虚拟资产价格的剧烈变化，严重的时候还会引起经济泡沫的破灭以及经济危机。因此，为了防控经济泡沫和经济危机，信息的透明性就尤为重要，防止人们对一些信息误判。

④帕累托最优效率准则不再成立。主流微观经济学的效率标准是帕累托最优，指经济达到一种状态时，如果再改变资源配置会使得一部分人的情况变好，但必然会使另一部分人的状态变坏，或者整个社会福利水平下降。简单来说，帕累托最优就是不存在帕累托改进的状态。

人们对自身状态的评价是独立的、不依赖于他人的，这是帕累托最优标准的一个重要前提。而在虚拟经济中这一假设不再成立，人们的决策存在社会相互作用，比如嫉妒心的存在，别人的情况变好会使某些人的情况变坏，人们对自身的评价依赖于他人的评价。

因此，由于虚拟经济中的基本假设与主流微观经济学中有所差别，主流微观经济学的许多重要结论对建立在心理需求基础上的虚拟经济也就不再适用，当然我们也要肯定其在解释其他许多经济现象时仍然适用。理解这些结论有助于虚拟经济市场机制、经济理论的研究突破主流界限，另辟蹊径。

2.3.3 垄断与反垄断

2.3.3.1 垄断理论

（1）垄断的实质

在经济学界，垄断有多种定义，其内涵和外延不尽相同。常见的定义有：

马克思主义政治经济学认为垄断是指少数资本主义大企业，为获取高额垄断利润而联合起来，控制和独占一个或几个部门的产品生产和销售市场①。这个定义主要从企业角度解释垄断，没有涵盖以政府或其他非营利组织为主体的垄断，也未包含区域市场的垄断。

西方微观经济学认为垄断就是独家控制市场上某一商品或劳务的供给，这是一种理论的抽象，在现实情况中比较少。

产业组织学从市场结构及行为角度进行解释。从市场结构看，根据厂商数量及其市场份额，分为完全垄断、寡头垄断、双头垄断等多种类型。从市场行为看，垄断指市场主体串通合谋、制定垄断价格以谋求垄断利润的一致行动。这种定义并没有明确企业形成垄断的具体市场份额，仅列举了表现形式，也没有讨论是否会出现新的形式及这些行为的共同特征。正因为缺乏对垄断实质的明确界定，才有哈佛学派和芝加哥学派的长期论争。

综合各种观点和反垄断实践，垄断的实质可以表述为对市场控制力的滥用。理解这一点需要明确以下两个问题：

第一，市场控制力。它是指在特定的市场范围内，经济主体或其联合组织能够控制某一种或几种商品或服务的生产、定价和销售。经济主体或其联合组织可能指生产者、销售者、购买者及其联合体，也可能指政府部门、社会团体。特定的市场包括世界市场、全国市场、某一区域市场。控制力可以是经济力量、行政力量、某种特权或其他超经济力量。根据控制能力的强弱，可以分为完全垄断、绝对优势、寡头垄断等。完全垄断指一个经济主体作为某种商品或服务的供应或需求主体，没有竞争者或没有实质上的竞争。绝对优势指一个经济主体因占有的市场份额、进入采购或销售市场的渠道及主体联合等因素，相对于其他竞争者而言在参与经济活动时有绝对的优势地位和影响力。寡头垄断是指一个市场内两个或多个企业没有真正地竞争，可能表现为各寡头的力量加在一起，在一定市场范围内具有绝对的自由决策权和绝对影响力。

第二，市场控制力不代表垄断。对市场控制力量的滥用才导致垄断，即经济主体或其联合体凭借对市场的控制力，限制竞争，违背公共利益，损害其他主体和消费者利益。这些滥用行为的类型可以概括为以下三类。

一是掠夺行为，指拥有市场控制力的经济主体为攫取高额利润，强加给交易者不公平的价格和商业条件、义务，如暴利价格、滥用条件、价格歧视、附加义务等。它使行为者不改变市场份额而直接获益，它存在于行为者与供应商

① 傅丽芬. 市场经济条件下的垄断与反垄断问题研究 [D]. 福建师范大学硕士论文，2002.

或销售者之间的纵向关系中。

二是阻碍行为，这是经济主体用以维持其市场控制地位、限制同业竞争者自由竞争的行为，其核心目的是设置进入壁垒，限制竞争，如低价或折价销售、独家供应和销售、不通过提高质量和效率扩大销售、取消或损害竞争等。它主要是针对同业竞争者的行动，本质上是为了维持市场控制地位。

三是歧视、强制行为，这既可用来抵制横向同业竞争者，又可用来削弱纵向交易者，属于前两种行为的组合，如拒绝供应和非法强制。拒绝供应是针对纵向交易者的阻碍行为，目的在于将对手挤出市场。非法强制则是针对横向竞争者的掠夺性行为，如强制竞争者加入贸易组织，接受一定的条件以从竞争者处攫取利润。

垄断的实质是对市场控制力的滥用，这不仅损害了其他交易者的利益，降低资源配置效率，还是对市场秩序和自由企业制度的破坏，因此是自由竞争的市场经济的宿敌①。

（2）垄断的认定

重新审视对垄断的认定时应该注意，相关市场包括产品市场、地理市场，以此确定市场竞争情况和企业的市场力量；要证明企业的市场份额是否持续扩大，并证明没有实际或潜在的竞争对手威胁企业的优势地位。

判断企业在所处市场中的经济力量时，可以从市场结构、企业行为、企业绩效三个方面进行。市场结构方面，主要考虑企业产品在相关市场中的占有率，目前各国对垄断标准的规定不一。实证研究表明，一个产业集中度越高，厂商间竞争越不激烈，价格—成本比率也就越高。随着厂商数量的减少，他们之间更容易达成共谋。这就意味着要打破垄断就要打破行业的高集中度，这是反垄断政策的依据。但市场占有率指标只关注实际存在的竞争，未考虑潜在的竞争。当存在潜在进入者的威胁时，在位厂商将更加激烈地竞争。只有存在很高的进入壁垒，既有厂商的垄断地位才能得到保障。因此，消除进入壁垒将有助于克服垄断，并增进社会福利，这是反垄断政策的又一个依据。企业行为方面，从外部看，国际资本并购成为企业跨国直接投资和获取利润的首选方式，它带来了规模效应，但也可能造成垄断，出现排挤民族产业、扭曲市场机制、威胁经济安全等问题。从内部看，从企业自身的市场行为也可判断出企业是否处于垄断地位。处于垄断地位的企业会不考虑其他企业而单独行动，进行价格歧视、掠夺性定价或拒绝交易等，这些行为都是企业垄断的最突出表现。但对

① 傅丽芬．市场经济下的垄断与反垄断问题研究［D］．福建师范大学，2002.

这些行为的把握与程度度量在实践中存在困难。从绩效方面判断企业是否处于垄断地位，是一种由果推因的方法。处于垄断地位的企业通常能获得较好的经营绩效。但垄断地位并不是优秀绩效的必要条件，企业绩效受多方面因素的影响；并且垄断也不是企业获得优秀绩效的充分条件。此外，企业绩效的确认与评估存在困难，其衡量标准也存在很多争议。

在实践中，我们通常将市场结构、企业行为、企业绩效三个方面的标准结合起来使用，多角度判断企业是否处于垄断地位。

（3）垄断的危害

首先，垄断损害了其他市场参与者的正当利益。如果垄断者抬高出售价格或压低购买价格、搭配销售、强制交易等，将会对相关交易者造成经济损失。

其次，垄断是对自由竞争的市场秩序的破坏。垄断通过限制自由交易、限定销售区域等行为对市场秩序造成破坏。市场秩序良好不仅是经济成熟的标志，也是市场经济健康发展的前提。如果市场秩序混乱，运行无章无法，市场机制就失去作用，企业也无法灵活调节生产经营。

再次，垄断破坏了现代企业制度。现代企业制度的特征是产权明晰、职能分开、责权明确、管理科学，其实质就是市场主体人格完全独立，具有自主参与市场活动、选择经济行为的权利。现代企业制度的确立与竞争机制是市场经济发挥作用的基础。在这一制度下，企业才能在平等的基础上展开公平竞争，实现优胜劣汰。垄断通过设置进入壁垒、打击和排挤中小企业等行为，对自由企业制度造成破坏。

最后，垄断降低资源配置效率。垄断价格被人为扭曲，不能客观真实地反映市场供求状况，提供虚假的市场信号，误导生产和消费，从而导致资源浪费。垄断企业往往通过限产来提价，造成生产能力闲置。垄断企业在垄断利润保护下，无须参与市场竞争，缺乏技术革新、降低成本和提高产品与服务质量的动力，这势必妨碍科学技术的发展与进步。垄断企业疏于内部管理、人浮于事，造成管理成本增加和资源浪费。

2.3.3.2 反垄断理论

（1）反垄断的理论基础

①市场竞争理论。

反垄断的目的是保持市场的良性竞争，以取得良好的经济绩效，因此竞争理论的产生和发展就是反垄断的理论源头。以亚当·斯密为代表的古典经济学家尝试证明，通过完全竞争的市场机制，可最优化资源配置。他们认为自由竞争下商品的市场价格由实际供求支配，两者相互作用，最终使市场价格与自然价格保持一致。

②垄断的福利分析。

垄断遭到谴责主要是因为它导致定价高于边际成本，垄断者以低产量控制较高的价格，从而降低消费者福利并使社会总福利遭受损失。这可以通过图 2－3 得知。

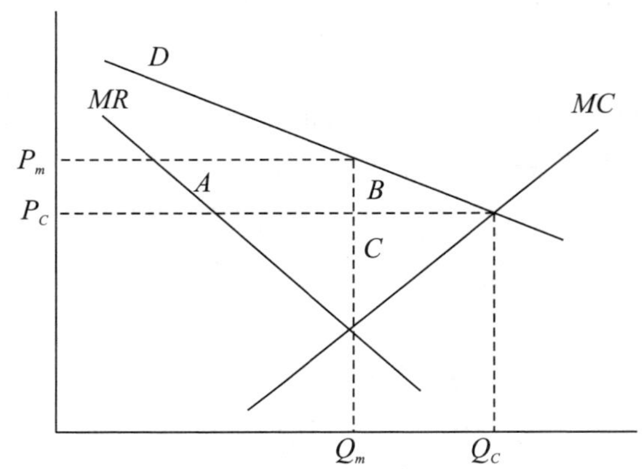

图 2－3　垄断造成的无谓损失

为了使利润最大化，厂商在边际收益等于边际成本时生产，此时价格与产量分别为 P_m 与 Q_m。在竞争性市场中，价格与边际成本相等，因此平均收益曲线与边际成本曲线的交点处，价格与产量分别为 P_c 和 Q_c。在垄断状态下，由于价格较高，购买的消费者丧失了四边形 A 代表的消费者剩余，并且那些在价格 P_m 不购买而在价格 P_c 购买的消费者也损失了消费者剩余，由三角形 B 表示，因而总共损失的消费者剩余为 $A+B$。垄断厂商却通过以较高的价格出售获得四边形 A，损失三角形 C，即它以价格 P_c 销售 Q_c-Q_m 能获得的额外利润，因而垄断厂商的总收益为 $A-C$。$(A-C)-(A+B)=-(B+C)$，即社会总体福利损失为 $B+C$，这是一种无谓损失，是非效率的社会成本。按照帕累托最优的标准，垄断不能实现资源配置的最优化。

(2) 反垄断的趋势

1890 年，美国颁布首部反垄断法《谢尔曼法》，后来很多国家都颁布了相应的反垄断法律。一百多年来，反垄断法在各国法律体系中越来越重要，并成为各国的“经济宪法”。尽管各国的反垄断立法、执法、司法实践存在差异，但是都遵循相同的经济学原理，因此在实践上基本趋向一致。

①反垄断由“结构主义”到“行为主义”。19 世纪下半叶，美国经历了第

一次合并，托拉斯几乎不受控制，日益扩大的垄断地位严重阻碍了自由竞争，损害了中小企业和消费者的利益。1890 年通过的《谢尔曼法》顺应这一现实情况，结构主义的司法实践得以推行。哈佛学派的 SCP 产业组织理论是结构主义的理论依据，许多重要判定以及 1968 年的合并指南均充分体现了反对垄断结构的浓厚色彩。

然而，哈佛学派的理论从 20 世纪 70 年代开始遭到了芝加哥学派的猛烈抨击。同时随着经济全球化的趋势增强，过分对企业规模施加限制不利于企业增强国际竞争力。哈佛学派的结构主义影响日渐微弱，行为主义立法取而代之兴盛起来。

②注重通过反垄断促进技术创新。消除垄断对创新的阻碍是反垄断的重要目标之一，是保持企业活力和竞争力的关键手段。垄断利润并不是长期稳定的，因为在位垄断企业获取超额利润必然促进新的企业加入，新进入厂商进行技术创新会削弱原有厂商的垄断地位。如果市场进入不受限制，那么政府就不必采取反垄断措施；如果原厂商利用市场控制力阻碍新进入者，反垄断机构就要采取相关政策来破除这种垄断行为。

③实施反垄断政策应相机决策。作为一种社会和政府的综合行为，反垄断必然受主导理论和外部环境的综合影响。因此，反垄断应根据经济周期和现实经济情况动态调整、相机决策。正是由于符合当时政治经济发展的实际需要，不同时期反垄断的主流经济理论能够发挥作用并影响反垄断决策。如 20 世纪 70 年代后，芝加哥学派的反垄断理论顺应了当时放松管制和私有化的经济形势，因而得以盛行。

2008 年国际金融危机以后，学术界重新重视虚拟经济的反垄断和再管制问题，这再次凸显了经济学理论对反垄断实践的重要作用[①]。

2.3.3.3 虚拟经济下的垄断与反垄断

(1) 虚拟经济下的垄断概述

银行以信用为基础开展各项业务，增强了自身的实力，积聚了更多的资本，同时通过大量的兼并，资本越来越集中于少数银行。随着资本主义从自由资本主义过渡到垄断资本主义，金融资本与产业资本融合与相互渗透日趋明显。

进入 21 世纪，在企业同业同地并购向跨业跨境并购发展的背景下，全球

---

① 陈甬军，胡德宝. 反垄断理论的经济学基础 [J]. 中国物价，2013 (10)：23-28.

范围内银行间的并购浪潮也日益高涨。金融业的并购大大改变了金融机构的组织结构和经营方式，促进了金融资产结构的调整，推动了银行的规模扩张。但金融机构的并购风潮是一把双刃剑，一方面市场竞争优胜劣汰的结果可以让陷入危机的困境银行退出市场，在一定程度上保持金融稳定；另一方面随之而来的垄断又会给金融市场带来一系列新的问题。[①] 总体上说，金融垄断形成的金融业进入壁垒，限制了社会资源的自由流动，导致经济效率的下降。

（2）虚拟经济下的垄断模式

虚拟经济下的垄断有别于传统经济下的垄断，主要表现在三个方面：首先，虚拟经济下特有的技术外溢性所导致的正反馈效应对企业间的竞争产生重大影响。寡头垄断可能是虚拟经济下各个产业中某些市场均衡过程中的固有特征。其次，虚拟经济下的垄断还体现在技术锁定上。企业不断增加消费者的转移成本使得消费者被锁定在某种状态下，很难转移。最后，外部性的存在改变了常规的福利结果，总剩余在垄断下可能达到最大，其他厂商进入时反而下降。

虚拟经济下，垄断者遵循三级价格歧视原则（即垄断厂商根据不同市场上的需求价格弹性实施不同的价格，对需求价格弹性大的消费者索取低价，对需求价格弹性小的消费者索取高价）制定生产和定价策略以保证利润最大化，倾向于将产量扩大到极限，获取最大的规模经济效应，并按照最后一个边际消费者的保留价格确定产品价格。因此，生产者没有限产提价的动机，因为一旦减少产量，产品的网络规模随之减少，消费者的支付意愿就会减弱，生产者利润减少。此外，虚拟经济下的垄断以技术垄断形式为主，垄断者同时面临潜在竞争者进入威胁及潜在新技术威胁，他们在定价上会有自我抑制机制，同时不断投入资本进行创新和研发。总之，静态维度下虚拟经济的垄断不会损失效率，是技术外溢性和供给方规模经济共同作用的结果。并且，这种垄断是短暂的，在日益激烈的技术竞争下新技术取代落后技术也意味着新垄断不断替代旧垄断。如果政府对这样的垄断企业施加反垄断措施，反而会造成效率损失。从动态看，消费者“群”规模使得市场可能出现动态均衡，存在偏离效率的可能性。

（3）管制和反垄断

金融反垄断管制指为维护金融业自由竞争制度，通过立法管制妨碍竞争的行为的制度，一般包括市场的准入控制和退出控制、业务范围和地域的限制以

---

① 邓秋艳．我国金融业反垄断问题研究［D］．厦门大学，2008：23.

及金融机构并购控制等。

金融业具有高风险、高负债、外部性较强等特点，竞争过于激烈会导致中小金融机构破产，破坏金融体系的稳定，并可能导致金融危机的爆发。同时，垄断具有规模经济、促进金融创新等效应，但是并不能完全放任金融垄断力量发展壮大。金融垄断同样存在低效率、妨碍竞争、损害消费者利益等危害，还会导致货币政策传导受阻、削弱货币政策效率、聚集金融风险等。为了避免这些问题，应实施金融反垄断管制。政府在市场失效和政府失效之间权衡时，往往选择干预，管制机构促进竞争往往是出于竞争促进创新的直觉，而不刻意追求严格的经济学分析意义。

（4）政府反垄断政策

从制度设计原则方面来看，促使市场朝着更高效率的方向发展是反垄断政策的目的，但并不能保证市场的状态最优。反垄断政策包括进入、数量、设备和价格几个方面的管制，价格管制是最基本的核心内容。政府实施价格管制是为了达到以下目标：增加分配效率、通过阻止厂商制定掠夺性价格来确保公平竞争、提高技术效率。具体实施方法包括自由定价、回报率和最高限价管制，其中最高限价管制比较常用，它是通过一定的公式来定量测算并决定受监管厂商的产品价格在特定时间内的最高增幅。

目前在公用事业领域，美国出现了放松对垄断的管制的新动向。随着技术进步、生产成本降低、成本结构变化，一些原本的自然垄断部门转变为竞争部门。在这样的背景下，放松对自然垄断行业和其他领域的管制，正成为世界范围内公共政策改革的潮流。

促进和保护竞争，将竞争作为最基本的手段配置资源，维持公众对市场体制的信心，提高消费者福利，促进创新和技术进步是反垄断政策的根本目标。创新反映了动态的效率，是提高社会福利的重要途径。反垄断政策应该基于社会利益，鼓励企业进行技术创新。反垄断政策的出台基础是保护企业利益的公平和公正，主要通过保证公平竞争，防止垄断企业损害中小企业。这些目标都与效率挂钩，效率是反垄断政策的基本出发点。

本身违法原则与合理原则是反垄断的两个公认原则。前者指不管其后果如何，企业的某些限制竞争行为均要受到法律的惩罚。后者指市场上某些企业限制竞争行为的正面效果超过负面效果，则该行为被视为合法。这两个基本原则各有侧重，哪个占主导地位要视不同时期及政府政策取向而定。

规模经济和技术创新是我国经济快速发展的核心，政府实施管制、制定反垄断政策，应淡化市场结构，重视消费者福利最大化和技术进步。2004 年欧盟确立的垄断判定原则，对于我国政府区分垄断暴利和规模经济收益、区分经济发展和管制、调和反垄断与宏观调控的矛盾，乃至制定我国市场经济框架下的反垄断政策都具有重要的指导意义。

思考题

1. 简述马克思虚拟资本理论及其当代价值。
2. 简述虚拟经济的界定及其理论框架，并与实体经济比较。
3. 阐述广义虚拟经济理论关于价值的主要观点。
4. 试述马克思论述虚拟资本的双重思路及其对界定虚拟经济的启示。
5. 讨论虚拟经济与经济的虚拟性。
6. 简述虚拟经济下市场供求与均衡的形成机理。
7. 什么是金融垄断？虚拟经济下反垄断的理论基础是什么？政府应从哪些方面应对垄断？

拓展阅读

虚拟经济发展方式的核心要素

在广义虚拟经济发展方式之下，土地、劳动、资本、技术、管理仍旧是主要的价值创造要素，但不同于农业经济时代和工业经济时代，不但这些要素创造价值的方式发生了变化，而且在二元价值容介态的作用下，这些元素已经转变为广义虚拟经济形态下的价值创造新元素。

一、人力资本

20世纪60年代，美国经济学家舒尔茨和贝克尔创立了人力资本理论。该理论有两个核心观点：一是在经济增长中，人力资本的作用大于物质资本的作用；二是人力资本的核心是提高人口质量，教育投资是人力投资的主要部分。……随着人力资本对“价值增值”重要性的增强，人力资本的主体已不满足工资奖金所得，纷纷以“股权”“期权”等形式获得更高回报，这更加凸显了人力的资本属性。当创造虚拟价值成为企业的重要使命时，人力资本往往发挥着决定性作用。

二、知识产权

与人力资本不同，知识产权资本是将文化“产权化”“客体化”，知识产权一旦获得受法律保护的地位，不但可以投入生产中创造文化知识价值，而且知识产权自身的运营（买卖、授权使用等）还可以产生新的虚拟价值。目前，随着知识产权的发展，其已经成为典型的财富标志。

三、品牌价值

品牌价值的内涵可以界定为被消费者认可的品牌所赋予产品的物理功能之上的情感和体验附加值，具有虚拟价值的品牌已经成为企业最宝贵的资产。品牌价值形成的过程是一个典型的二元价值容介态过程。品牌价值是虚拟价值的聚焦，消费者购买并消费产品之后并不是虚拟价值的结束，而是以二元价值容介态的形式不断发展，最终形成品牌价值资产。

四、商业模式

林左鸣研究员认为，传统的商业模式是“G—W—G′”，而广义虚拟经济商业模式是“G—X—G′”，其中W是指物质商品，X可能是物质商品，也可能是包含虚拟价值的商品，也可能是非物质货币、服务等。从广义虚拟经济视角看，商业模式的重心在于虚拟价值的实现，即低成本生产提供高品质的产品和服务、品牌价值不断积累和提升、顺利实现顾客价值并做到企业利润最大化、商业模式快速复制、以商业模式的资本化创造新的更大的虚拟价值等。

五、价值网络

20世纪80年代以来，西方企业尤其是跨国企业开始对价值创造流程和企业竞争关系进行战略性调整，从一体化经营模式转向在全球范围内与供应商、销售商和客户建立合作伙伴关系，从企业间的对立竞争走向大规模的合作竞争，通过合资合作、战略联盟、供应链伙伴关系等形式实现资源和战略共享，逐步形成了价值创造的新形式——价值网络。价值网络是企业生产组织领域的“物质态”和“信息态”二元容介态发展的结果，从形式上表现为相关企业的自组织行为。价值网络的构建往往是由核心企业凭借核心要素主导和驱动的，而虚拟价值要素逐渐主导了价值网络的构建。

——摘自尹国平，《广义虚拟经济发展方式初论》，广义虚拟经济研究，2017年第8卷第3期。

第 3 章　虚拟经济的运行和发展

[教学目标]

1. 理解和掌握虚拟经济产生和发展的动因、制度基础、物质载体和作为其助推器的金融创新以及虚拟经济发展的历史轨迹。

2. 了解美国虚拟经济发展的历程，特别是美国股票市场和债券市场的发展历程。了解什么是美国次贷危机、引发的原因以及对中国的启示。

3. 了解中国虚拟经济的发展进程，特别是证券市场、房地产市场以及互联网金融的发展。理解和掌握中国虚拟经济中存在的问题以及对策。

[教学基本内容]

1. 虚拟经济产生和发展的内生机制：初始动因、制度基础、物质载体、助推器。

2. 虚拟经济产生和发展的历史轨迹，包括萌芽阶段、初始阶段、扩张阶段、加速膨胀阶段。

3. 虚拟经济发展的新趋势分析：加速发展趋势、内部结构日益复杂化发展趋势、全球化发展趋势、更加脱离实体经济的发展趋势。

4. 美国虚拟经济的发展：美国债券市场的发展、美国股票市场的发展。美国次贷危机分析：次贷危机的定义、美国次贷危机产生的原因以及我国从中得到的经验和启示。

5. 中国虚拟经济的发展：中国证券市场的发展、中国房地产市场的发展、中国互联网金融的发展。分析中国虚拟经济发展中存在的问题并得出对策建议。

本章主要从虚拟经济产生的内生机制入手，涉及货币的起源、信用制度的产生等问题，指出虚拟经济产生和发展的制度基础是信用制度，推动器是金融创新。另外，从虚拟经济产生和发展的历史轨迹和各个阶段的特征入手，分析美国虚拟经济发展的历程以及美国次贷危机爆发的经过，进而探讨中国虚拟经济发展的过程和应该吸取的经验教训，并指出中国虚拟经济发展中存在的问题和相关的对策建议。

3.1 虚拟经济产生和发展的内生机制

虚拟经济伴随着货币虚拟化而产生，以信用制度作为制度基础。在当下金融创新和经济全球化的大背景下，虚拟经济的发展空前迅速。

3.1.1 货币及其虚拟化是虚拟经济产生和发展的初始动因

价值和使用价值是商品的两种属性。劳动创造价值，这一过程无法虚拟化；而使用价值也无法虚拟化。那么，可能虚拟化的只有商品的价值形式了。一件商品的价值形式只是人们赋予的观念或想象形式，与其物理性状不同，存在符号化或者虚拟化的可能性。这便是一切虚拟资本的基础。虚拟经济的产生也依赖于此。

货币在发展过程中，从最开始的天然贵金属货币，慢慢演化成了信用货币，又逐渐在信用货币的基础上产生了现代的电子货币以及信用卡等形式。也就是说，随着商品经济的不断发展，货币形式经历了如下变化：天然金属→铸造金属→主币和辅币→纸币→信用货币→电子货币。另一方面，早期虚拟货币只在商品流通区域出现，随着“布雷顿森林体系”解体，世界上各个国家的外汇储备所占的比重日益增大，虚拟货币出现在各国的货币储备中。

根据马克思关于价格与价值的关系描述可知，价值规律的表现形式是价格围绕价值上下波动。价格与价值的偏离在足够长的时间段里是可以相互抵消的，商品的价格与价值在总体上还是相等的。同时，马克思认为价格与价值之间是可以出现质上的背离的，即没有价值的东西可以有价格。货币是商品价格的客观反映，只是执行了自己的符号职能，因此也能够被符号所代替。在历史进程中，由于贵金属制成的货币固有的缺陷，纸币渐渐受到人们的青睐。纸币也正是虚拟资本的原始形态。

随着纸币的出现，商品经济迈出了虚拟化的第一步——商品价值的虚拟化。货币国际意义上的虚拟化是在 1973 年的布雷顿森林体系崩溃后才实现的。彼时，世界各国开始盛行浮动汇率制，纸币与黄金脱离了关系，货币在国际范围内虚拟化。

布雷顿森林体系关于建立以美元为中心的国际金本位制的建议对国际金融市场的稳定起着至关重要的作用。第二次世界大战之后各个国家的货币体系能够保持稳定也归功于这个建议。布雷顿森林体系有两大支柱，一是美元与黄金挂钩，二是美元与各国货币挂钩。这为美元成为世界货币奠定了基础。美元开始被各国作为外汇储备，甚至逐渐和黄金等同。这就意味着储备货币当中包含着纸币或其他信用货币了。

随着各国经济的发展，资本主义的不平衡性日益显露，各大资本主义巨头国家地位多次发生变化，以单一货币（美元）为核心的国际货币制度引发了一系列矛盾，某些时候美元无法保持与黄金的可兑换性。1971 年，美国宣称不再用黄金兑美元，这标志着布雷顿森林体系崩溃，由此，世界进入到浮动汇率制度时代，货币彻底虚拟化。

随着现代科学技术的快速发展，电子货币受到越来越多人的关注，货币与实体经济之间的关系若即若离，这也是虚拟经济形成的基础。

3.1.2 信用制度是虚拟经济产生和发展的制度基础

货币的虚拟化提供了虚拟经济产生的条件，信用制度的建立则提供了虚拟经济发展的制度基础。

信用制度的建立和有效执行可以规范市场个体的交易行为，有助于交易主体之间的信息流通，从而有利于形成新的市场秩序，优化信用环境。随着近代银行业的兴起，各类信用工具不断出现，这其中，“货币创造”功能的出现是一个极为重要的转折点。银行不断的存款贷款过程，放大了货币供应量，进一步推动了虚拟资本的发展。

而让资本进一步虚拟化的关键，则是股份制度的建立。股份制是指通过某种形式集中或分散在不同人手中、不同形式的生产要素一并使用，自负盈亏，按给付的生产要素比例来进行红利的分配。股份制的最大特征就是分离了各个生产要素的所有权与使用权，集中了原本分散的使用权。股份制不仅使资本的所有权和使用权分离，还让资本的所有权逐渐演化成剩余索取权。事实上，这种证明股东持有股份公司净资产所有权的证书纸面上价值额的涨跌，完全脱离了其代表的真实资本。

虚拟经济的最终形成是在资本市场产生之后。股票等有价证券在资本市场上自由流通的过程中，其纸质复本已经可以随时转换成货币形式。因此，对于股东来说，只要持有有价证券可以为他带来实实在在的收益，他便不会去在意这个纸质复本所代表的资产的实际价值，只关心它的交易价格。股票和债券反映着预期的资本收入，这使其价格可能偏离实际价值。

总之，虚拟成分伴随着信用制度和股份制度的发展迅速扩张，整个经济中的虚拟比重越来越大，虚拟经济最终形成。

3.1.3 信息网络技术是虚拟经济产生和发展的物质载体

进入 21 世纪以来，全球开始进入大数据时代，信息技术高速发展，科技进步和科技创新以及互联网快速普及和发展为虚拟经济的进一步发展奠定了基础。除了实物产品交易以外，信息产品也开始进入商品交易之列，并迅速发展起来。信息也成为商品市场上非常有价值的存在。就这样，在交易市场上出现了两种市场：实体市场和虚拟市场。可以说，计算机技术的兴起、智能手机的出现和互联网的普及都对虚拟资本大规模迅速扩张起到了关键作用。

随着互联网技术的日益成熟，大笔资金的划转、清算可以在几秒内完成。诸如此类的技术发展为虚拟经济的迅速扩张创造了物质条件。近年来，各类金融交易逐渐趋于高度自动化，依靠计算机就能完成所有操作。这不仅推动了国际范围内的金融交易，还对传统的证券交易方式产生了巨大的冲击，使得市场的信息透明度以及运行效率得到提升，而且使各国证券市场之间的联系加强，有助于全球证券市场的一体化进程。

而智能手机的出现，更是打破了传统交易所时代形成的有形场地交易模式，形成了新型的分散交易网络。获益于网络的互通，交易成本大大降低，包括交易中涉及的时间、精力等成本。例如，现在人们再也不用到证券交易市场，直接通过手机相关应用软件便可以完成股票市场的交易，投资理财产品的购买在手机上就可以完成。这些都进一步地促进了虚拟经济的扩张。

3.1.4 金融创新、全球化等是虚拟经济产生和发展的助推器

目前，金融已经成为经济运行的核心，而金融创新与金融全球化更是虚拟经济发展的有力助推器。

金融创新概念最早是由熊彼特提出的。在当时，金融创新的含义比较狭隘，只是指应用新的技术或者生产方法。今天金融创新的概念在不断深化。从历史的进程来看，创新对于虚拟经济的发展而言极其重要。当旧的形式无

法适应市场产生的新需求时，就会产生矛盾与冲突。当量的变化不足以改变矛盾与冲突时，创新就会出现，引导其发生质的变化，推动经济进入一个新的层次。

20 世纪 70 年代以来，金融业高速发展，金融创新（包括金融衍生品的创新、交易方式的创新等）也发展到巅峰时期，新市场的出现、新技术的不断研发、新工具的不断采用都起着助推器的作用，不仅推动了虚拟经济的发展，也对传统金融业产生了冲击。比如，网络理财的出现为财务的虚拟化提供了理论依据。其最大特点是理财行为和过程都是在虚拟状态中实现的，虚拟企业之间的交易、虚拟社区的建立、网上电子货币的使用与储存、网上虚拟银行的交易等都以虚拟性为基础。在网络状态下，企业放弃有形的市场概念，突破企业组织功能，建立虚拟的市场网络和交易行为，从而进行虚拟理财活动，达到快捷、准确的目的。

至今金融创新仍处于一个空前活跃的时期，金融市场上的消费者有着不同的需求，如投资、融资、保值、投机等。而专业的金融工程师的工作就是服务于人们的这些需求。运用金融理论和目前的技术和工具，设计出种类繁多的金融组合产品和交易工具以及方式，满足投资者的需求。正是这种层出不穷的需求和多种多样的产品的出现为虚拟经济的发展注入了新的动力。总而言之，没有创新，便没有虚拟经济的发展。

金融全球化的概念比较广泛，一般来说是指世界各国在金融业务方面互相渗透和扩张到一定程度，使得全球金融市场形成了一个息息相关的整体，是贸易自由化在金融领域的体现，有力地推动了虚拟经济的发展。

在金融全球化的环境下，面对强大的国际市场竞争，商业银行的相关金融机构必须进行改革。而改革的前提就是金融创新。当下经济发展迅猛，金融竞争越来越激烈，商业银行的市场份额屡屡遭到国内外竞争对手的侵蚀。这一切都在倒逼金融机构进行金融创新，从而为这些国家虚拟经济的发展注入了新的动力。

3.2 虚拟经济产生和发展的历史轨迹

生产活动是人类最基本的经济活动，人类通过生产活动创造了社会财富，以维持人类的生存和发展。随着生产力水平的逐渐提高，人们逐渐拥有了满足自身需要以外的剩余产品，从而开始了产品的交换活动，进而产生了作为交换中介的货币，也出现了满足人们各种消费需求的服务业。当手中有闲钱时，人们创造了借贷活动，这是虚拟经济的起源。

3.2.1 萌芽阶段：闲置货币资本化与生息资本社会化

在虚拟经济的发展过程中，最先出现的是闲置货币的资本化。所谓资本化，是指人们利用已取得的货币财富中的一部分或者全部进行增值，从而带来更多财富的过程。在现代学者看来，货币的资本化过程实际上是将货币转化成了有增值能力的金融资产。根据学者的考证，最早的民间借贷活动是在寺庙或者教堂中开始的。僧侣或者传教士把贮藏的财物借给需求者，规定一定期限，收取一定费用——即利息。民间借贷在我国至少有三千年以上的历史。早在战国时期，七君子之一的孟尝君就在自己的封地上放债，赚取利息，收入足以奉养三千门客，可见规模之巨。

第二个阶段则是生息资本的社会化。能产生利息的资本就是马克思所提到的生息资本。在经济发展过程中，银行开始充当生息资本借贷的中介这一角色。银行把存款人的闲置资本储存起来，付给存款人定期利息。这部分原始存款是存款人的生息资本。银行再将部分闲置资本借给需要资金的企业和个人，从那里获取高于银行利息的贷款利息，这部分钱又成为银行的生息资本。这个借入、贷出的过程就是生息资本的社会化。银行的设立推动了生息资本的社会化，把不从事经济活动的人们手中的钱调配到能将其用于经济活动的人们手中，将不同人的不同渠道的闲置资本聚集在一起，运用在更大规模和利益的商务事业上，合理地分配和高效地利用了资源。优化资源配置，也就是金融产生的初衷。18 世纪末和 19 世纪初银行业得以发展，银行信用的建立进一步推动了虚拟资本的发展，因为其具有创造货币和集聚社会资本的功能，为虚拟经济活动的进行提供了资金支持。

总之，虚拟资本是从生息资本逐渐发展起来的，这便是虚拟经济萌芽的土壤。

3.2.2 初始阶段：有价证券社会化

这一阶段以股票、债券的市场化为主要标志。现代经济的发展要求企业融资方式多样化，股票、债券便应运而生了。

首先介绍一下国债。资本主义国家一般会通过发行国债来募集专项资金或者调节国内外经济状况。购买国债的人会获得一张书面凭证，即国债券。这一张薄薄的纸片本身是没有任何价值的，但它能代表一定的资本价值。用马克思的话来说，这是一种幻想意义上的资本。受国债启发，一些企业为了筹集到扩大再生产所需要的资金，也会发行一些企业债券。债券的发行者定期支付利息给债券购买者，到期还本付息，这是一种债券债务关系。投资者作为债权人不仅可以凭借手中的纸质复本，获得定期的利息收入，而且到期可以凭证向债券发行者要回本金。这种企业债券虽然与股票和国库券不同，但能为持有者带来实实在在的收入，也被划归为虚拟资本。

随着工业革命的发展，社会生产力迅速提升。资本家为了扩大再生产，急需大量的资本注入，公司股票大量出现了。当时股东既无法从公司将投入的资本抽回，也无法通过出售股票的方式来获取所需的资金，他们对于现有的股票运行机制极为不满，于是催生了股票交易所。早在 1611 年，荷兰的阿姆斯特丹就出现了最早的股票交易所：一部分持有海外贸易公司股票的商人在那儿进行交易，形成了股票交易所的原始形态。在此后的一百年里，全球各大证券交易所陆续出现，证券交易风靡全球。

股票和债券具有更明显的虚拟性，因为它们并不是实物资产，而只是一定资产价值的符号凭证。随着股票和债券的发行以及流通，虚拟经济也迈入了下一个发展阶段。

3.2.3 扩张阶段：虚拟经济国际化

当国内的虚拟经济发展到一定程度后，就会向国际扩张。这便是虚拟经济国际化的过程。金融衍生工具的出现及发展是这一阶段的主要标志。随着布雷顿森林体系的崩溃，世界各国在金融领域都放松了管制，金融业竞争非常激烈。为了满足各类消费者的需求，在国际范围内出现了种类繁多的金融衍生品，金融市场呈欣欣向荣之态。金融衍生品是依赖杠杆和信用进行交易的新型金融工具，它是在传统金融工具的基础上衍化或派生出来的。金融衍生品市场催生了保证金制度，也被称为资金杠杆，“以小博大”的可行性造成了虚拟交易的巨大膨胀，导致这一阶段的虚拟经济规模远远超过之前的阶段。

另一方面，从金融衍生品的交易对象来看，它的虚拟化分为两步。第一步，交易对象的虚拟化，如指向实体商品的远期、期货、期权等衍生品；第二步，虚拟化持有凭证，如利率、指数衍生品。虚拟经济快速扩张（见表 3−1）。

表 3-1　金融衍生品出现的顺序表

出现时间	金融衍生品种类
1972	货币期货
1973	股票期权、抵押债券期货、国库券期货
1977	长期政府债券期货、场外货币期货、货币互换
1981	股指期货、中期政府债券期货、银行存款单期货、欧洲美元期货、利率互换、长期政府债券期货期权
1983	利率上限和下限期权、中期政府债券期货期权、货币期货期权、股票指数期货期权
1985	欧洲美元期权、互换期权、美元及市政债券指数期货
1987	平均期权、商品互换、长期债券期货和期权、复合期权
1989	三月期欧洲马克期货、上限期权、欧洲货币单位利率期货、利率互换期货
1990	股票指数互换
1991	证券组合互换
1992	特种互换

另外，虚拟资本在此阶段还完成了交易的国际化。1920 年之后，开始出现比较大规模的跨国证券投资。1945 年后，在科学技术的推动下，世界经济迅速发展，国家间的经济交往和联系也日趋活跃，颇具规模的国际金融市场才算真正形成。金融市场的国际化不仅使资金的利用效率得到提高，还使外汇市场最终形成。

3.2.4　加速膨胀阶段：金融工具创新化

1980 年之后，信息革命席卷全球，电脑的诞生和网络技术的发展彻底改变了全球的经济、政治和社会生活结构。数据和软件成为这个时代的产物和标志。随着经济全球化不断深化，金融不断创新，虚拟经济的发展上了一个全新的台阶。它提高了交易效率，降低了交易成本，交易更加便捷轻松，人人都有了参与金融的意愿和资格。

纸币发展到今天，确实已经“有名无实”了，只不过是一种货币载体。这种载体可以是贝壳、银行券、纸币、支票，甚至就是一套记账符号。货币仅仅代表了财富和价值，少有人去关注它的物理载体。近代以来，各种形式的虚拟资本相继出现，令人眼花缭乱。2009 年，一位名叫中本聪的软件工程师提出了一类 P2P 网络的构想，提倡建立一个去中心化的支付体系。由此衍生出来的 P2P 形式的数字货币即比特币，它是通过大量的运算——“挖矿”形式产生，在 2016 至 2017 年曾经引发热潮。这种形式的虚拟货币已经变成虚拟的价值形式，成为纯粹的价值符号，它的购买力价值完全是社会赋予的。因此，它只剩下了社会性，再无其他属性。

另一方面，资本和互联网的结合运行，衍生出了新型的虚拟资本以及新的运行方式，比如支付方式上，第三方支付网络平台（类似支付宝、微信支付）的诞生方便了支付、便捷了交易方式。再比如，在金融服务和信贷上也有创新。蚂蚁金服和花呗等平台的推出使新型虚拟资本更加完整。它的风险性和虚拟性比之前的虚拟资本都要高，但由于它的收益率极高，操作的时间成本和效率都相对高，从而也获得了大量投资者的关注。

3.3 虚拟经济发展的新趋势

目前，全球虚拟经济的发展已经进入一个成熟的阶段。在这样一个阶段里，虚拟经济的内部结构将会更加复杂。另外，进入 20 世纪 90 年代后，金融业的大力发展也为虚拟经济全球化发展奠定了基础。互联网金融的推广，让虚拟经济走上一个新的平台，同时，证券业的加速发展也让虚拟经济呈现越发脱离实体的趋势。

3.3.1 加速发展趋势

当前虚拟经济的发展处于加速阶段。近现代以来，发达国家开始倡导金融自由化，发展中国家也逐渐开放了本国的金融市场。全球信息网络日益成熟，上亿美元的资金可以在一瞬间转移到世界上任意一个被互联网覆盖的角落，而人们只需要在键盘上敲下几个简单的按键。人们逐渐开始融合新型信息处理技术和新兴金融分析理论，从而开放和设计出创新金融产品和交易策略。另一方面，运用电子指令进行交易的系统和清算方式日益流行，降低了交易成本，提高了金融交易的速度。学者普遍认为，一个高效运转的金融体系能够促使企业家奋进，将资金从低效率部门运转到高效率部门，促进了经济增长。随着互联网开始向不同领域渗透，各国金融市场之间的联系也日益密切，金融交易突破了时间和地域的双重限制。另外，金融脱实向虚是现代经济的重要特点之一，金融业整体的脱实向虚也加速了虚拟经济扩张的速度。虚拟经济规模迅速膨胀。

3.3.2 内部结构日益复杂的发展趋势

相比过去而言，当前虚拟经济的内部结构日益复杂，发展方向也日渐多元化。

融资是虚拟资本最基本的功能。即使是同类经济主体，由于面临不同的条件，对资金的需求也有相当大的差别。甚至同一企业，也因时间与条件的变化而有不同的筹资目的。从投资者的情况看，不同的投资者购买证券的目的不同。即使是同一投资者也因时间与条件的变化而有不同的要求。需求的差异性势必倒逼虚拟资本的多样性，以满足市场主体的众多要求。因此，逐渐出现了以资产证券化为首的新型融资方式并迅速得到推广应用。资产的证券化不仅使得银行资产的流动性与安全性增强，还为相关产业融资提供了充裕的资金。

改革开放之后，股份制改革在我国日益深化，证券市场逐渐成熟，我国证券市场上的股票数量也迅速增多。沪、深两市的A股数量从最开始的10家发展到近3 000家，只用了7年不到的时间，证券交易的品种也从最开始的A股衍生出了B股、国债、企业债券、基金等多个品种，极大地促进了证券交易市场的成熟和完善，拓宽了投资者和融资者可供选择的范围。

另一方面，金融产品的衍生发展方兴未艾。受益于金融理论的发展、高新技术的进步以及自然科学领域对金融业的渗透，经济学家开始利用计量的方式分析风险的本质、进行资产定价和风险管理，虚拟经济的规模因此不断扩大。

3.3.3 全球化的发展趋势

西方国家自20世纪70年代以来，就开始放松金融管制，主要是对存贷款利率实行自由化。90年代后，伴随着世界维度的金融体制变革，金融创新的速度大大加快，很多新兴的金融市场迅速兴起，瓜分市场份额。金融技术以及金融创新工具不断被迅速地开发出来。金融中介机构间的竞争乃至国际争夺资本市场的竞争日益激烈。通过全球性的利息率自由化和市场化、机构设置的自由化，以及90年代以来金融业务范围的自由化和综合化的加强等，金融管制的放松在促进金融市场国际化的基础上推动了金融的全球化。21世纪以来，世界经济格局再次发生了翻天覆地的变化，经济实力的顺位不断变化，虚拟经济在此阶段开始往全球化方向发展，伴随着全球贸易的增长，虚拟资本在全球范围内开始流动。

如今，融资者可以选择不同的金融市场，以较低的成本获取资金，而投资者则可以将市场差异考虑在内，利用投资组合，分散风险，寻求更大的收益。近年来，国际金融市场融资总额飞速扩张，同时，跨国证券交易也迅速增长。金融全球化的浪潮已经不可逆转。

3.3.4 更加脱离实体经济的发展趋势

从理论上分析，虚拟经济系统脱胎于实体经济系统，与实体经济密不可分，又以特殊的方式反作用于实体经济系统。但是，从目前的情况来看，虚拟经济呈现出越来越偏离实体经济的发展趋势，开始以自己独特的运动规律运行。这便是虚拟经济的独立性，虽然它是以实体经济为依托的，但是一旦它发展成熟之后，便会形成自己的一套运行方式，反过来对实体经济产生一定的影响。虚拟经济的高阶段产物——各类期权，甚至都已经不是某种实体经济物品的凭证，但却拥有自己的市场，其价格可以自行上涨下跌。使虚拟经济越发背离实体经济而存在。

随着新兴金融产品的出现，以及资产定价技术的成熟，人的非理性行为渐渐凸显，投资者应对外部冲击的承受力开始降低。另外，各个金融市场之间的联系更加紧密，某一笔金融交易的损失不仅会影响单一机构的系统稳定性，甚至可能冲击整个金融市场，引发系统性风险。如果无法准确理解到产品的风险特质，并且利用风险管理技术进行恰当的管理，极有可能引发实体经济的危机。

3.4 美国虚拟经济的发展

美国作为世界上最大的经济体，其国际地位很大程度上取决于它的经济实力。美国经济发展中最具代表性和影响力的便是虚拟经济。这与其证券市场悠久的发展历史密切相关。美国经济市场拥有规范化的评级流程、完备的法律体系、灵活的交易方式和优化的市场结构等。这一切都成为其市场利率化和虚拟经济高度发展的基础。但是，虚拟经济一旦脱离实体经济，就会出现泡沫经济，过度繁荣的虚拟经济也会带来负面影响。2007 年下半年开始，美国爆发了次贷危机，从泡沫化严重的房地产市场开始，逐渐蔓延。这场波及全球的金融风暴给美国虚拟经济的肆意发展和政府的“放手监管”敲响了警钟。当前中国的虚拟经济发展势头正劲，但也存在着监管不足的问题。中国今后虚拟经济的发展必须以史为鉴，吸取经验和教训。因此，这里我们有必要对美国虚拟经济的发展进行剖析。

3.4.1 美国债券市场的发展

美国的债券市场是世界上历史最悠久的债券市场之一，经历了跨越式发展道路后，很快成为最有影响力的市场。美国真正的债券市场形成于独立战争时期，战争经费通过发行短期债券如信用券、公债券和国库券筹集，这些债券的发行催生了早期的债券交易市场。独立战争后的西进运动与殖民开发所需资金也由政府通过发行巨额国债筹集，因此早期美国的债券市场以国债为主，且国债发行规模受战争影响较大。但 1813 年后，联邦政府开始利用盈余偿还债券，逐步退出债券市场。

19 世纪中期是美国工业化大发展时期，重工业渐渐变成生产中的主导产业。在此期间，美国加工工业的产值翻了 18 倍，公司组织结构迎来变革，股份制有限公司成为主流，融资方式也逐步由内源融资转向外源性融资，直接融资的比例越来越高，发行债券成为极为重要的资金来源。受此推动，美国的银行、保险公司等金融机构也纷纷开始发行金融债券，美国的债券市场因此也十分活跃，债券种类繁多。蓬勃发展的美国经济吸引了大量外国投资者，他们纷纷开始持有美国债券，美国的债券市场兴盛一时。1853 年，美国财务部长在提交给国会的一份报告中提到，外国投资者手中持有的美国本土债券达 2 亿多美元，占债券总额的 18%左右。

1920 年开始，美国实体经济快速增长，美国企业选择融资的方式和渠道逐渐变多，一种新型的融资方式——股票开始进入人们的视线。大多数投资者购买债券的目的主要是到期获得稳定的收益，而债券所带来的收益逐渐无法满足人们的需求，交易活跃度也由于交易意愿的下降而逐步下降。再者，由于股票的出现，原本由债券独占的交易空间也被股票慢慢侵吞，债券交易被迫离开交易所场内，转向场外交易，但仍然无法改变其交易不活跃的状况。之后，受到大危机影响，联邦政府财政收入骤降，第二次世界大战爆发进一步扩大了财政赤字，政府因此又恢复国债的发行。1945 年，联邦政府债券总额为 2 587 亿美元，占当年国内生产总值的 122%。同时期的公司债券相对于发达的政府债券来说，市场规模增幅较小，1945 年发行净值仅为 275 亿美元，为政府债券总额的 14.3%。

第二次世界大战后至 20 世纪 60 年代，美国经济稳定，经济增长速度较快，带动了证券市场的发展。美国证券市场的透明度、活跃度均很高。公司债券受益于经济稳定的利好，其规模在 1945 年至 1965 年间增长了 1.83 倍，超过股票发行增长幅度。这一时期的美国债券市场发行规模急剧增加，募集资金数额远超股票市场，成为资本市场的主体。受战后重建需要，政府债券发行量超长增加，仍占主体地位。从持有者的角度来看，商业银行仍然占据主要地位，其持有比例高达 40%。

20 世纪 70 年代的石油危机与经济衰退使得联邦政府通过发行国债弥补赤字，国债规模进一步上升，1993 年国债占国内生产总值的 71.5%。此后美国政府财政赤字减少，开始收购已发行的长期国债，使得可交易国债存量减少。与此对应的是政府公共机构增加了债券发行量，公司债券的地位也日渐突出。此时，一种具有“两高一低”（高收益、高回报，低面值）的垃圾债券应运而生。垃圾债券原名高收益公司债券，在 80 年代中期，企业管理层以及金融资产购买方通过大量发行此类债券筹集资金，进行企业的并购重组。数据统计发现，垃圾债券的关注度非常高，在 1960 至 1980 年这短短 20 年间，美国公司债券的数额就翻了将近 5 倍，1980 至 1990 年这十年间又翻了 4 倍，这是一种惊人的扩张速度。其中，新兴衍生的抵押贷款债券和资产支持债券成为发展较快的品种。20 世纪后期以来的债券市场中，结构债券[①]又成为债券市场新宠，公司债券规模增幅也较快，政府债券发行量虽持续增加，所占比重却日益下降。

20 世纪 80 年代以来，美国债券市场取得了快速发展，1980 至 2012 年美国债券市场存量规模年均增速达到 8.84%，远超同期国内生产总值年均增速 5.55%的水平。当前，美国债券市场已成为种类齐全、汇聚全球资金的最重要的资本市场，也是美国政府和企业最重要的融资场所之一。截至 2012 年末，美国债券市场存量达到 38.14 万亿美元，约相当于美国股票市值的 1.2 倍[②]（见图 3-1）。

---

① 结构债券是期权或者远期合约同债券的混合工具。它的本金偿还一般包括固定支付部分和变动部分，后者的数额随着某种商品的价格波动而变动。

② 温济聪，李晨阳，郭子源. 美国债券市场发展的阶段性特征及主要作用［N］. 经济日报，2017.

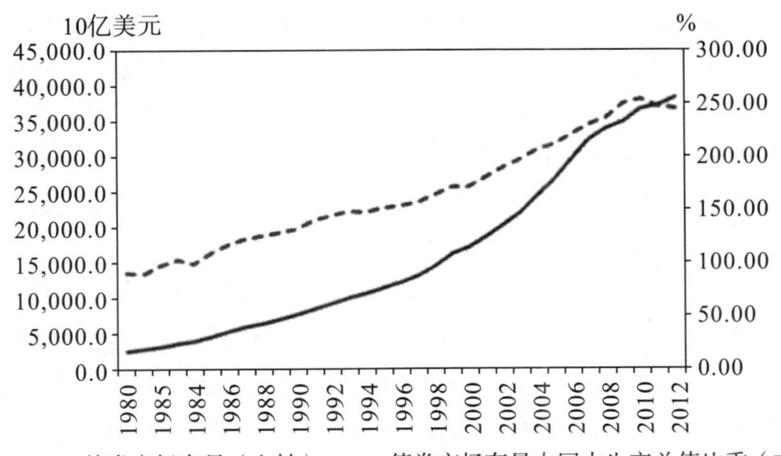

图 3－1　1980—2012 年美国债券市场规模变动情况

数据来源：证券业与金融市场协会（SIFMA）（www.sifma.org）；美国国民经济研究局（NBER）：2013 Economic Report of the President（www.nber.org）。

目前，美国债券市场在国际上仍具有代表性，是最发达的债券市场之一。由于其透明度较高，使得美国债券市场有更高的流动性和活跃度。另外，其监管模式比较先进，不少国家纷纷借鉴效仿。

另外，当前美国债券市场品种齐全，包括了公司债券、国债、联邦机构债券、市政债券、资产抵押债券等，丰富的品种能够同时满足投资者不同的风险规避及流动性需要。立法上的严密和强约束力、法律法规的齐全为有效监管、保障系统奠定了基础。后来追加设立了全国证券交易商协会。以上监管机构交叉监管，维护市场秩序，这也是美国债券市场如此发达的机构基础。

3.4.2　美国股票市场的发展

美国的股票市场大概有 200 年左右的历史，一般将它划分为 4 个历史时期。

18 世纪末到 19 世纪末是美国股票市场的初期阶段。美国的股票市场是在 18 世纪末萌芽的。1811 年，几位经纪人签署了《梧桐树协议》，建立并开始运营一个简单粗糙的股票市场，这便是纽约证券交易所的前身。自此之后，美国的股票和证券市场蓬勃发展起来。到 1850 年，华尔街，这条曾经默默无闻的街道，在短短三十多年间一跃成为美国股票和证券交易的中心。南北战争时期，美国联邦政府采取一系列措施为军费融资，使得证券市场再一次发展，毋庸置疑，股票的发行量也逐渐增加。1860 至 1870 年，美国股票市场大量涌现了铁路股，大量的铁路股票泡沫就是在这一时期产生的。19 世中后期，越来越多的人开始关注和进行股票交易，这段时间，股票市场发展空前，逐渐站稳了华尔街主角的位置。但初期阶段的美国股市由于制度不完善，投机交易的比重很大。华尔街上时常发生没有硝烟的战争，有人一夜暴富，也有人倾家荡产。这时股票市场俨然已经成为投机市场，成立中央银行的意图也破灭，政府的腐败注定了当时美国股票市场的掠夺与操控。

1886 至 1929 年是美国股市发展的第二个历史时期，这一阶段延续了上一阶段的市场特征，股市迅速发展的同时伴随着大量的内幕交易和市场操纵。19 世纪末，各类企业纷纷发行股票为铁路、矿业和制造业融资，股票市场规模迅速膨胀。20 世纪初，工业类的股票占据市场的绝大部分份额，成为股市的主体，股票的发展进入了全新的时期。也正是在这个时候，美国超过英国，一举成为世界第一经济强国。在接下来的二十多年里，美国经济高速发展，股市也发展到巅峰时期，创造了纪录，许多股票的价格严重背离价值。大量泡沫的堆积、过于迅速的扩张，为日后的经济危机埋下了隐患。

美国股市真正进入规范化发展是在 1929 年大萧条以后，这也是美国股市发展的第三个历史时期。这种大萧条的环境下，各国货币都开始贬值。1931 年英国放弃金本位，两年后，美国也被迫放弃金本位。经济危机逐渐蔓延至世界各国，成为世界性的金融危机。此后，美国政府认识到美国股票市场的问题所在，开始对股票市场进行调整，规范股票市场交易行为，禁止金融操控。同时，为保护投资人的利益，将信息尽量透明化。终于，1933 年开始，美国股票市场开始逐步恢复，又经过了 20 多年的努力，股票的平均价格才恢复到 1929 年的高点。

第四个历史时期是从 1954 年至今，机构投资者的参与数量和交易金额都多了起来，这个历史时期也被称为现代投资时代。这一发展阶段经历了“成长年代”（1954—1973 年）、“动荡年代”（1974—1981 年）和 1982 年至今的走向国际、引领全球的阶段。

美国股票市场发展至今，已成为一个具有多个层次的证券市场，它包括四个全国性的股票交易市场：纽约证券交易所（NYSE）、全美证券交易所（AMEX）、纳斯达克市场（NASDAQ）和招示板市场（OTCBB）。无论公司的规模如何，在投资银行的包装下，都能参与上市融资。美国对于货币管制一向放松，且政策也鼓励外商来美进行投资，这一切直接导致了美国金融业的快速发展。美国的股票市场也因此拥有了充足的资金和良好的流通性，还有众多的基金、机构和个人投资者活跃其中，从而使得美国股市的交易极为活跃，融资活动相对频繁（见图 3-2）。

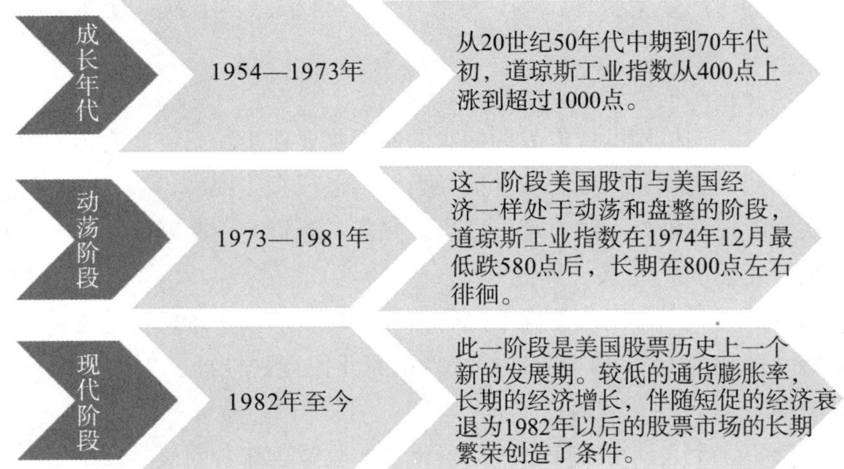

图 3—2 现代投资时代阶段图

3.4.3 美国虚拟经济发展的教训——美国次贷危机的启示

美国虚拟经济高度发展，金融市场成为全球之最的同时，逐渐脱离了实体经济的发展轨道，这种虚拟经济膨胀就会产生泡沫，导向危机。

(1) 什么是美国次贷危机

美国次贷危机（subprime crisis）是指一场席卷全美的金融风暴，其表现形式就是美国房地产十多年的繁荣和大量次级抵押贷款的产生。从根本上说，这次危机是由于虚拟经济发展过快，不能如实反映实体经济发展，从而引发的市场经济的自我调整。在 2006 年之前的 5 年里，美国的次级抵押贷款市场迅速发展。次级住房贷款的年度规模在短短十年内从仅占所有贷款的 5%攀升到了 20%。这一时期的房地产市场有大量资金涌入，很多商业银行为了分一杯羹，也纷纷加入次级房贷的业务。各类机构竞相下调房贷门槛，导致风险大大增加。

金融机构为了追求高额利息，用高收益、低风险为噱头吸引投资者，让这些金融产品在资本市场上流动，在银行、投资公司和保险公司之间辗转转手，从而控制风险和稳定收益。为了应对国际评级机构的评审要求，多种金融衍生产品应运而生，如担保债务凭证、抵押贷款支持证券等。从信贷公司出发，借由中介机构打包上市，经投资银行、投资基金之手流通到市场，这就带来了无法控制的风险。而那些购房企业和个人一旦由于自身资金问题宣告破产，银行就会出现很多坏账，甚至有小银行因为这些收不回来的贷款而倒闭，而大量破产者所购买的房产聚集售房市场，导致房地产价格急剧下跌，逐渐影响整个经济。

(2) 次贷危机传染途径分析

资产缩水——机构的资产大幅缩水的原因主要在于：第一，直接发放次贷的机构无法回收贷款，抵押房屋价值又大跌，造成直接损失；第二，金融机构持有的次贷类证券价格大跌，难以抛售，只能看着资产不断减值，甚至导致净资产不足引发破产危机。

流动性趋紧——市场流动性下降，信贷市场萎缩。金融机构抛售高风险资产，秉持“现金为王”，市场流动性减少；商业银行去杠杆、“惜贷”，导致信贷市场萎缩。

固定投资、个人消费下降——信贷市场的收紧意味着间接融资供给的资金减少；市场对风险资产的违约恐慌使得直接融资的利率居高不下；企业和个人融资成本大幅上升；加上市场信心不足、悲观预期的自我实现，消费需求与投资需求下降。

实体经济受波及——“投资疲软→就业减少→消费下滑→企业业绩不佳”，造成恶性循环；房地产泡沫破灭后，住宅投资成为经济的拖累因素；实际国内生产总值增速回落，新增非农就业人数和失业率数据均发生恶化（见图3－3）。

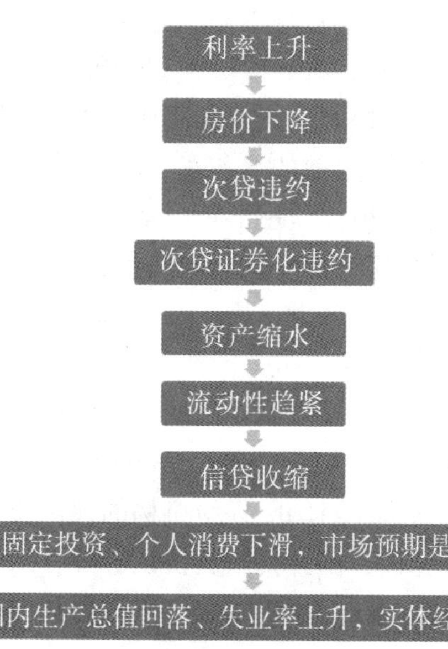

图3－3　次贷危机的传染途径

(3) 美国次贷危机对我们的启示

美国次贷危机的经验教训，能够为当前中国避免系统性金融危机爆发提供重要的经验借鉴。

①对于中国金融体系爆发系统性风险的可能性，应该予以高度重视。到目前为止，仍然有很多学者认为中国爆发系统性金融危机的可能性很小。他们的主要观点：中国居民储蓄率很高，中国政府具有很强的调配资源能力，中国经济发展潜力巨大等。但是，美国的次贷危机爆发之前，也有学者认为防范危机是杞人忧天。结果当危机来临之际，所有人都措手不及。盲目乐观是不可取的，未雨绸缪才是长期稳定发展的关键。

②应该逐渐改变一行三会分业监管的模式。增强各个监管机构之间的协调性，构建符合中国国情的宏观审慎监管体系。近年来，影子银行、金融控股公司等混业金融机构活跃于金融市场，而分业监管的模式难以应对。这对跨行业监管提出了客观要求。2018 年 3 月，国务院机构改革方案提请十三届全国人大一次会议审议，中国银行业监督管理委员会和中国保险监督管理委员会的职责将进行整合，组建中国银行保险监督管理委员会，作为国务院直属事业单位。此次合并银监会和保监会的考虑主要是为了深化金融监体制改革，解决现在体制存在的监管职责不清晰、交叉监管和监管空白等问题，强化综合监管，优化监管资源配置，防范系统性金融风险的发生。

③应该尽量简化交易结构和产品结构。目前，许多金融机构为了规避金融监管，进行大量各类同业业务（银行同业业务是指以金融同业客户为服务与合作对象，以同业资金融通为核心的各项业务，是商业银行近年来兴起并蓬勃发展的一项新业务。具体包括代理同业资金清算、同业存放、债券投资、同业拆借、外汇买卖、衍生产品交易、代客资金交易和同业资产买卖回购、票据转贴现和再贴现等业务），并且为了满足投资者追逐高收益率的需求，通过分级基金、质押债券等方式来放大杠杆，形成了业务与产品层层嵌套、相互关联的格局。一旦面临冲击，牵一发而动全身，很容易造成投资者集体抛售资产的局面。因此，应该汲取美国次贷危机的教训，应用“穿透式监管”，看清金融业务的实质，连接资金来源和最终投向，实施全流程监管。

④应该逐渐帮助企业有序去杠杆。当前中国企业的杠杆率位居全球前列，企业去杠杆无疑是大势所趋。但是在企业去杠杆的过程中，会加剧商业银行不良贷款的压力。近年来，我们试图通过股市和房地产市场来诱导居民增加杠杆，从而帮助企业去杠杆。这个做法其实与次贷危机前美国政府通过鼓励低收入群体贷款买房的做法有相似之处，是很不可取的。因为它会导致资产价格过

度膨胀。一旦泡沫破裂，不但会引发系统性金融危机，甚至可能损害中国经济的长期健康发展。因此，我们必须谨慎考虑这一行为。

⑤应该加强信贷管理和立法。为了追求更高利益，许多金融机构降低了自己的贷款门槛，尽量吸引借款人借款，扩大贷款规模，然而这些借款人一旦破产，银行将出现许多呆账、坏账，无法平衡，最后势必走上倒闭之路。因此，重视住房抵押贷款背后隐藏的风险成为我国商业银行的首要任务。高度关注房地产经济周期波动的潜在风险。随着中国近年来房地产市场价格持续上涨，宏观经济面流动性过剩不断增加，货币政策必然趋紧。2017 年 12 月 20 日，中央经济工作会议公报发布，提出在今后三年重点防控金融风险，促进形成“金融和房地产”的良性循环。另外，透过美国次级债危机，我们看到金融机构只顾眼前利益而忽视金融市场的风险，是危机爆发的重要原因。在中国也存在流动性过剩、金融机构为逐利而忽视风险的情况。因此，必须加强风险管理和失信情况下的法律约束。

首先，国家应成立风险评估机构，对各个商业银行的风险进行评级，对风险评级较高的商业银行予以提醒和查看；其次，商业银行内部应设立风险预警系统，对潜在的风险和问题加以预测；最后，对失信行为应出台相应的法律进行约束。

3.5 中国虚拟经济的发展

改革开放以来，中国的实体经济保持了持续健康稳定的发展。同时，中国的虚拟经济也获得一定的发展。虚拟经济的占比逐渐提升，并越来越多地影响到实体经济。虽然虚拟经济的发展对推动整个国民经济的发展有很大帮助，但虚拟经济运行与实体经济的背离加大，运行缺乏监管使金融风险不断累积，并加剧了经济的不合理状态。

3.5.1 中国证券市场的发展

改革开放以来，中国证券业的发展主要经历了以下阶段。

第一阶段：初期成立阶段。1986 年 9 月，为方便虚拟经济交易的进行，第一个证券交易点在上海成立，从此，我国证券市场交易开始往正规化发展。而 1990 年 12 月，上海证券交易所正式成立，进一步约束了交易的行为，成为中国第一家经审批的证券交易所。1991 年 4 月，中国在深圳成立了深圳证券交易所，成为上交所的补充，共同服务整个证券市场。沪深两个交易所的成立打开了中国证券市场发展的入口。

第二阶段：统一监管市场成型阶段。1992 年，为推动证券市场的规范性和法制化，成立了国务院证券委员会和中国证券监督委员会，使中国证券市场的监管框架更加完善。另外，相关法规、规章政策等应运而生。1998 年，中国证券、期货市场的监管部门正式确定为中国证券监管委员会。

第三阶段：完善立法阶段。1999 年 7 月《中华人民共和国证券法》（以下简称《证券法》）正式实施，从法律层面上肯定了证券市场，也为证券市场的规范化运作提供了法律依据，成为我国证券市场法律框架的基础。2000 年以后，我们又制定了一系列的法律法规，作为《证券法》的补充法律，如《中华人民共和国证券投资基金法》。另外，我们还要求机构投资者参与培训，并整治上市公司的内部治理结构，在规范交易制度的基础上，进一步规范证券市场的发展。

第四阶段：深化改革阶段。2004 年至 2008 年，我们主要确立了证券市场的发展目标和途径，加大了券商综合治理，并进行股权分置改革。而股权分置改革试点工作开始的标志是中小企业板的设立。随后，修订和补充了《证券法》等重要法律法规。同年，中国期货市场建立，中国金融衍生品市场得到发展。

第五阶段：建立多层次资本市场和创新发展阶段。随着金融市场的不断发展完善，投资者的类型和层次呈现多样化。投资者对交易的灵活度要求越来越高。更多人开始追求更高风险、更高回报的金融产品。因此，2009 年 10 月，创业板的推出标志着我国多层次资本市场已经形成。随后，融资融券业务也得到批准。凡是资金账户满足条件的人，都可进行融资来购买证券，填补资金空缺。当然，也承受着更大风险。

根据中国报告大厅数据显示：截至 2016 年 9 月 30 日，我国证券行业共有 127 家证券公司，其总资产为 5.5 万亿元，净资产超过 1.56 万亿元，托管证券市值超过 30 万亿元，有超过 100 家证券公司实现了盈利。可见中国证券市场发展迅速，交易日渐活跃，配套监管设施也在逐渐完善。在当前围绕促进实体经济发展，激发市场创新活力，拓展市场广度深度，扩大市场双向开放等政策的积极引导下，我国证券行业面临巨大的发展机遇（见图 3-4）。

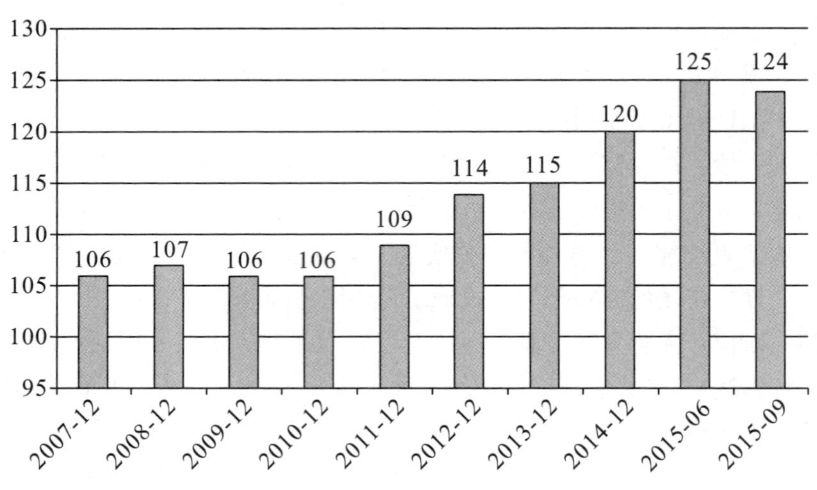

图 3－4　2007—2015 年证券公司总数

3.5.2　中国房地产市场的发展

中国房地产发展是从 1978 年的改革开放开始的，已经走过了 40 多年的时间，房地产业也成为无数企业发展的动力和大众投资的对象。中国房地产发展经历了以下几个阶段。

第一阶段：1978—1991 年的试点起步阶段。这个阶段最关键的是实施了《中华人民共和国土地法》（以下简称《土地法》），这为房地产市场的健康发展保驾护航。1982 年我们选取了 4 个先进城市作为试点城市（郑州、沙市、常州、四平），开展销售房产工作。土地开始公开招标出让，使得土地与商品房的开发变得合法合理。房地产不再只满足福利功能，开始成为商品，在市场上流通。上海市在 1990 年实施房改政策，推出了住房公积金制度。

第二阶段：1991—1995 年的炒房牟利和调整市场阶段。深圳作为开放的窗口，带动了中国南方房地产开发的热潮，海南、北海等成为炒作最为严重的代表。出于预防风险的考虑，政府开始进行调控，控制房产的开发、销售数量和商品房价格，使这些炒房过热地区的投资趋势开始下降。

第三阶段：1995—2003 年的相对稳定发展阶段。总的来说，这阶段是中国房地产市场发展的黄金阶段。由于人们的生活水平提高，房地产市场供需两旺，量价齐升，也使相关投资平稳快速增长，房地产业就这样逐步地成为中国经济发展的支柱之一。其间，经过政府的调控制约，房地产市场处于低位运行状态。但是后来全面启动商品房市场的做法达到了刺激房地产行业发展的目的。2000 年初，中国政府终止了福利住房分配制度，即使分房也必须要求相应的货币支付，这直接刺激了商品房市场的快速发展。

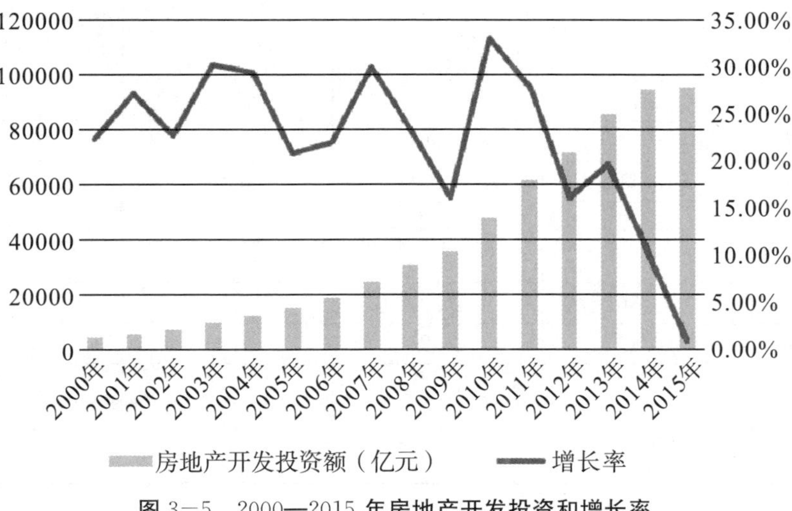

图 3—5　2000—2015 年房地产开发投资和增长率

第四阶段：2003 年以后的房价持续上涨与政府频繁调控并行的阶段。总的来说，2003 年开始，伴随着国家政策的改善和住房供需关系的市场化进程，房地产资金来源不再单一，但房地产的增速明显放缓。2008 年中国房地产市场受到美国次贷危机的影响，房价甚至整个房地产行业都受到相当大的冲击。2009 年房地产投资的增长率有明显回落，增长率下降到 16.15%，为这十年发展的最低。但是整体来说，房价仍然在稳步增长，伴随着房地产行业的逐步成熟，在给企业、个人投资者带来机遇的同时也面临着巨大的系统性风险（见图 3—5，表 3—2）。

表 3—2　2000—2015 年房地产开发投资额对占国民经济比重

年份	房地产投资占固定资产形成额比例（扣除土地购置费用）（%）	固定资本形成额占支出法生产总值比例（%）	房地产投资占支出法国民总值比重（%）	房地产行业增加值占国内生产总值比重（%）
2000	13.21	33.34	4.40	4.14
2001	14.67	34.21	5.02	4.25
2002	15.09	35.81	5.40	4.39
2003	15.13	39.02	5.90	4.49
2004	15.59	40.35	6.29	4.43
2005	15.14	40.07	6.07	4.55

续表3－2

年份	房地产投资占固定资产形成额比例（扣除土地购置费用）（%）	固定资本形成额占支出法生产总值比例（%）	房地产投资占支出法国民总值比重（%）	房地产行业增加值占国内生产总值比重（%）
2006	14.70	39.43	5.80	4.73
2007	15.41	38.66	5.96	5.11
2008	15.11	40.01	6.05	4.61
2009	13.83	44.80	6.19	5.43
2010	15.83	45.25	7.16	5.71
2011	16.76	45.20	7.57	5.76
2012	16.47	45.21	7.44	5.78
2013	16.75	45.38	7.60	6.05
2014	15.69	44.82	7.03	5.90
2015	14.39	43.35	6.24	6.05

总之，发展至今，中国房地产市场出现过下降的趋势，也出现过炒房导致房产价格虚高的现象。但最近几年，房产价格仍然在稳定上升。根据国家统计局的数据，2015 年中国的商品房的平均售价为每平方米 6 793 元，相比 2014 年增长了 7.4%。商品房销售面积为 12.85 亿平方米，创下 1998 年以来的第二高值，比 2014 年增长 6.5%（见图 3－6）。①

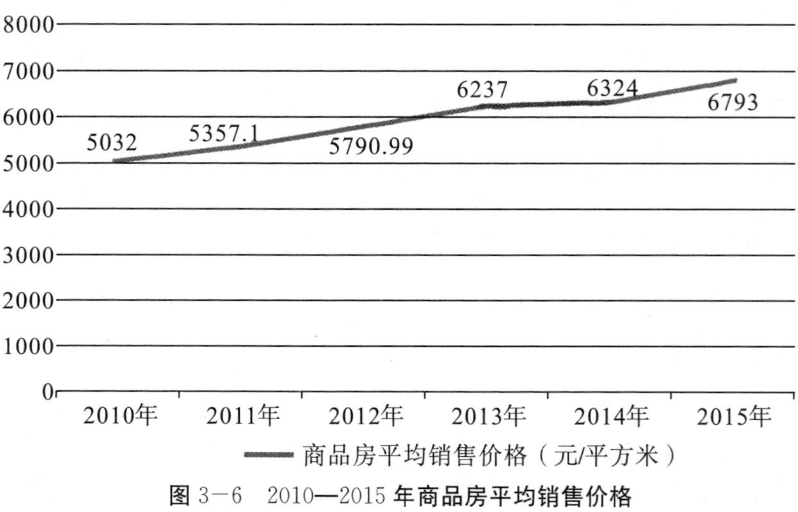

图 3－6　2010—2015 年商品房平均销售价格

① 数据来源：国家数据/地区数据/主要城市数据/房地产，http://data.stats.gov.cn/easyquery.htm? cn=Eo105。

然而，2015 年之后的房地产市场出现了结构性问题。主要表现在住房供给结构不平衡。由于工作调动和投资等因素，一线城市的住房需求总量增大，但是可利用开发的土地面积减少，造成一线城市房产供给赶不上需求的局面。而二、三、四线城市的房产出现供给过剩、需求不足的情况。房地产资源在小城市里库存严重过剩，造成结构性失衡。习近平同志在中央经济会议中也指出，当前经济工作中最重要的任务之一就是要解决二、三、四线小城市过剩的房产。另一方面，小户型、经济适用房、保障房、廉租房供应不足，好的开发商开发的品质商品房由于价格较高，让中、低收入者和年轻人望而却步。

3.5.3 中国互联网金融的发展

伴随着全球网络时代的到来，中国的互联网金融开始了快速发展。自互联网金融出现以来，运营模式的多元化、多样化发展，并没有统一严格划分。简单来说，互联网金融也是金融的一种，所以也是对资源进行配置的一种方式。这种方式比起传统金融来说要依靠信息技术和网络发展，它的主要运营方式包括第三方支付、P2P 网贷、众筹、互联网保险、互联网货币基金、互联网银行和互联网券商等模式。中国互联网金融的发展主要表现在：

（1）第三方支付迅速崛起。互联网金融发展得以实现的关键在于第三方支付的成功诞生。第三方支付是指具备一定实力和信誉保障的独立机构，通过与网联对接而促成交易双方进行交易的网络支付模式。经历十几年的发展，第三方支付已经发展成为比较成熟的平台，存在于金融产业的各个环节，为网络支付提供方便。比较有名的支付平台包括支付宝、财付通和银联电子支付快钱、易宝支付和汇付天下等。互联网第三方支付总金额逐年快速递增，2013 年中国第三方互联网支付市场交易规模达 53 729.8 亿，同比增长 46.8%。在目前国民经济增速开始减缓，进入新常态时期时，第三方互联网支付市场仍然表现突出。

（2）产品种类丰富和竞争度高的互联网金融市场正在形成。相对于传统金融理财产品，互联网理财产品具自己不可或缺的优势，例如投资门槛低、流动性号、收益率高。互联网理财产品起投门槛低至 10 000 元，使更多人可以参与。用参与者庞大基数来对“门槛低”的情况进行“取长补短”，类似产品批发市场的“薄利多销”。同时，只要有连接互联网的条件，就可以进行操作，不受时间和地域的限制，流动性极佳。

（3）互联网货币基金发展迅猛。2013 年下半年开始，互联网金融以超乎想象的速度使金融市场的竞争格局发生改变。互联网货币基金是传统金融理财产品通过互联网信息技术的升华，让传统货币数字化，无论男女老少，只要稍微掌握互联网知识和网络技术，都可以参与。例如余额宝具有高收益、高流动性、支持购物支付等优点，既满足了人们购物与理财的需要，又升华了淘宝的支付平台的功能，逐渐成为互联网金融理财产品市场的新宠，也为阿里巴巴带来很大的利润空间。正是由于余额宝的巨大成功，其他的电商平台（包括苏宁易购、京东商城、国美在线、网易考拉等）都推出了自己的第三方支付方式，在利用互联网金融为自己公司带来巨大利益的同时，也反过来推动了互联网金融往更加健康的轨道快速发展（见图 3－7）。

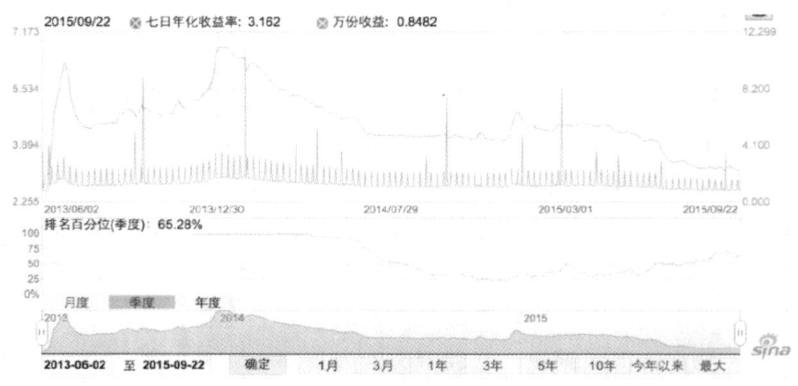

图 3－7　余额宝线上收益率波动表①

（4）互联网金融对中国金融业的影响。中国互联网金融的崛起具有两面性。有利的一面在于：提高了大众对金融行业的参与度；第三方支付的出现方便了人们的支付方式，人们不必将更多“笨重”的货币带在身上，使消费更加数字化；刺激人们消费和理财。不利的一面在于：首先，互联网金融的诞生严重打击了传统金融行业。当今是信息技术的纪元，掌握最前沿信息技术的企业成为最大获利者。他们利用自己的优势借助互联网技术使传统商业银行利用物理柜台开展业务的优势越来越弱；其次，互联网金融的快速发展，使人们越来越忽视金融中介这一机构，加剧了金融脱媒化；最后，互联网金融的兴起加大了金融监管的难度。互联网金融比传统金融更不容易被监管和制裁。P2P、众筹模式的兴起，阿里巴巴、百度等互联网企业等的联合发展都使金融监管更加困难。

① 资料来源：新浪财经网。

3.6 中国虚拟经济发展中存在的问题

3.6.1 虚拟经济和实体经济的发展不相匹配

首先，虚拟经济的产生是在实体经济之后，并以实体经济为依托，依附于实体经济系统。实体经济和虚拟经济是一对作用力和反作用力，二者相辅相成、互相作用。虚拟经济是反映实体经济的“晴雨表”，实体经济一旦发生崩塌，虚拟经济将会失衡。另一方面，不管虚拟经济发展的速度、规模达到了一个怎样的状态，也都会对实体经济产生反作用。然而，现阶段的中国在处理虚拟经济和实体经济发展的问题上还是与国外先进国家有很大差距。

其次，虚拟经济在规模上与实体经济不相匹配。作为发展中国家的中国，由于虚拟经济发展的初步性，虚拟经济还无法适应实体经济发展的规模，一旦脱离了实体经济这个基础，就容易出现系统性风险。同时虚拟经济的发展要把握适当扩容和总量控制的相互关系，寻求总供求内部的结构的合理，在现阶段，亟须供给侧结构性改革，夯实虚拟经济发展的实体经济基础。

最后，中国证券市场的发展与实体经济企业体直接融资的需要不契合。债券市场鱼龙混杂，投资者素质参差不齐，信息透明度低，呈现严重的信息不对称状态。对商品期货与金融期货等金融衍生品的监管力度也不够。金融市场风险不易控制，金融资产的科技含量不高。虽然几十年来，我国的科学技术、科技创新等获得了不小的发展，但技术进步的取得主要通过“引进”的方式，缺少自主创新能力，使得实体经济发展迟缓，不能为虚拟经济的发展奠定良好的基础。同时，我国国有企业的资本结构不合理，资产负债率居高不下，长期依赖银行贷款，低成本扩张使得产品质量低，产能过剩，高技术产品严重不足（见表3－3）。

表3－3 2002—2012年虚拟经济分布情况

年份	股票成交额	债券成交额	基金成交额	期货总成交额	虚拟经济成交额	股市市价总值	国内生产总值	虚拟经济成交额/国内生产总值
2002	279 900.46	33 249.53	1 166.58	39 490.28	101 896.85	38 329.12	120 332.7	0.85
2003	32 115.27	62 136.36	682.65	108 396.59	203 330.87	42 457.72	135 822.8	1.50

续表3－3

年份	股票成交额	债券成交额	基金成交额	期货总成交额	虚拟经济成交额	股市市价总值	国内生产总值	虚拟经济成交额/国内生产总值
2004	42 333.95	50 323.50	479.47	146 935.32	240 072.24	37 055.57	159 878.3	1.50
2005	31 664.78	28 367.85	773.15	134 463.38	195 269.16	32 430.28	183 867.9	1.06
2006	90 468.89	18 279.32	2 002.65	210 063.37	320 814.23	89 403.89	210871.0	1.52
2007	460 556.2	20 667.21	8 620.09	409 740.77	899 584.29	327 140.9	249 529.9	3.61
2008	267 113	28 601.49	5 831.06	719 173.33	1 020 718.9	121 366	314 045.4	3.25
2009	535 987	40 059.00	10 250.0	1 305 143.0	1 891 439	24 939	340 506.9	5.55
2010	545 634	76 206.00	8 996.00	2 959 480.0	3 590 316	265 423	401 512.8	8.94
2011	421 650	216 349.5	6 347.41	1 375 162.4	2 019 509.3	214 758	473 104.0	4.27
2012	314 667	403 426.5	8 667.36	1 711 269.4	2 438 030.3	230 358	518 942.1	4.70

资料来源：《中国统计年鉴 2013》《中国证券期货统计年鉴 2013》《中国金融年鉴 2013》。

3.6.2 经济交易中信用严重缺失

我国信息披露制度不够健全，信用体系的建设比较落后，对信息披露的立法和监管缺乏系统性，导致信息严重不对称。例如，我国证券市场上，股票的发行机构和股票投资者之间的信息掌握量差距过大，股票市场的投资者，特别是个人投资者，严重缺少股票发行机制的真实财务信息，发行机构可以通过盈余管理等手段虚增或虚减成本和利润，影响投资者的判断。这些都导致诚信原则在我国虚拟经济运行中的缺失，金融机构在市场化经营中无法全面了解授信对象的资信状况，从而增加了授信风险。而国家缺乏对失信者的判断标准和法律约束，使得这部分失信者在利益的驱使下更加猖狂，信用观念变得更加淡薄，社会信用水准下降，侵蚀了虚拟经济生存发展的基础。

3.6.3 经济泡沫化加剧了金融风险

经济泡沫主要表现为市场价格虚高，且远远高于均衡价格。一般来说，当实体经济与虚拟经济的关系发展不协调，导致虚拟经济的发展过度膨胀，脱离实体经济的时候，危机和泡沫就如期而至。经济泡沫的风险主要在于：一是股市泡沫。资本市场发展不够完善，股市被看作是圈钱的场所，导致股民投机心理增强。很多上市公司的市值偏低，甚至出现负数，但是股票价格却虚高，泡沫现象明显。二是房地产泡沫。以炒房团为代表的投机者大量出现，使很多人将投资目光完全转移到房地产市场，因而引得开发商高价拿地高价卖出的行为层出不穷，个人和机构投资者以投资为目的进行买房的行为越来越明显。最后导致房地产价格居高不下，远超过其真实价值。而银行的贷款猛增，贷款回收率较低，银行不良债权增加。三是因国有企业经营不善而造成的泡沫，主要反映在银行的不良贷款上。当大量银行资金流入国有企业，而国有企业若因经营不善造成资金链断层，在清算的时候，银行的坏账陡增，完全承担了风险后果，严重的时候甚至会使小银行破产，带来金融市场的系统性风险。

3.6.4 虚拟经济领域法律和监管滞后

《证券法》是我国最早出现的保障证券市场发展的法律，后来也出台了更多法律规章。但是，由于中国证券市场起步较晚，现有证券市场的法律法规远远不能支持证券市场规范。

同时，监管部门经验较少，监管人员素质参差不齐，缺乏相应培训和学习，监管水平有待提高。

3.7 促进我国虚拟经济健康发展的措施

3.7.1 加强对虚拟经济与实体经济的宏观调控

改革开放以来，随着实体经济体制改革的深化，我们的宏观调控力度、弹性都越来越大。但总的来说，我们的调控仍然是对实体经济与虚拟经济分别进行，导致实体经济难以获得所需资金，或获取自己成本较高，虚拟经济脱离于实体经济，金融资产越来越背离实体的生产，造成泡沫。为此，我们有必要对实体经济与虚拟经济进行综合宏观调控。

第一，为企业融资提供多层次的融资渠道。近几年，企业融资难的问题越来越明显，特别是中小企业，向银行贷款的可能性越来越低。因此企业债券市场、银行普通贷款以外的“小企业中心”、小额贷款公司、股票主板市场以外的创业板、中小板企业之间开展商业信用等成为企业重要的融资渠道。

第二，在沿革征信基础上逐渐放开企业债券的发行，公开企业债券发行前、发行时、发行后债券到期偿还债务的信息。

第三，进一步深化股票发行市场与流通市场的改革。首先，政府持有的国有股转为上市股票，可在股票市场流通；而剩下的政府控制的没有流通的股票，转给境外投资企业或者民营企业，或者将这部分股票资产进行拍卖。

第四，进一步规范借贷市场。近几年，国有企业改革逐渐取得效果，但是借贷市场的改革还有很大空白。因此，还需要进一步规范借贷市场。①扶持国有银行上市的同时，应针对银行借贷市场制定政策，让银行业走上国际惯例的轨道，约束国有银行的金融行为，为改善金融市场乱象做出表率。②对其他借贷中介进行整顿，如整顿小额借贷公司，审核其资质和风险控制部门，防范风险。③严厉打击非法集资和非法借贷现象。

3.7.2 建设完善的现代征信体系

第一，商业银行转换经营机制是保证信用制度建立的基础，商业银行强化信用制度必须遵循市场化经营的理念。我国目前已经形成了庞大的住房贷款规模，2002 年末，全国金融机构个人住房贷款余额是 5 597.96 亿元，商业银行个人住房贷款余额 5 567.71 亿元，占商业银行各项贷款余额的 6.9%。在这样的情况下，银行必须要开展应收款债权的证券化研究。

第二，推进金融和信用信息共享机制建设，提高征信行业标准化水平。针对金融市场征信发展现状，严格遵循相关法律法规，不得越界利用私人信息和数据。

第三，加强信用文化建设，提升互联网环境下的金融生态环境。目前，全球信息化时代背景下，我国的互联网金融发展十分迅速，通过网络平台进行金融交易变得更为普遍和方便。各种手机付款应用软件应运而生。而这些第三方支付平台大多要求提供个人完善信息。因此，必须要对这一块严格把关。对第三方支付的使用者严格把关，设置信用等级，对信用情况不良的人实行强制罚款和累计扣分制度，当信用惩罚记分达到一定区间时，可以限制此人进行互联网金融交易。

第四，加大诚信激励和惩戒力度。首先，要鼓励提高大数据环境下的信息披露水平，对披露的信息质量进行审查，尽可能地降低道德风险和逆向选择风险。其次，以传统文化为背景，坚持传承中国诚实守信的传统美德，在金融生态环境建设过程中，率先建设社会信用制度。营造良好的社会信用文化环境，以诚信为本形成和谐的社会环境，降低守信者信用成本，对守信行为进行赞美和奖励。与此同时，提高违信成本，建立信用评级制度，严格对失信者进行惩罚。禁止信用评分低的人参与金融交易。利用法律手段对严重失信并对社会和他人造成危害的人群进行惩戒。

3.7.3 优化虚拟经济的内部运行环境

第一，虚拟经济发展应与产业结构调整相协调。一是升级原有发展方式。目前我国的传统行业发展基本完善，但劳动力成分占比过高，技术含量成分偏低，因此虚拟经济的发展应该更加注重传统行业的技术成分领域。二是向高速增长产业倾斜，以有发展优势的产业和经济支柱产业为对象，为产业提供金融支持。三是对于科研成果和科技创新予以政策支持和资金支持，以鼓励科技创新和发明专利等为依托。

第二，建立虚拟经济市场协调机制，促进虚拟经济市场的协调发展。一是促进票据市场的发展，丰富票据的种类。二是针对债券市场与企业的协调性发展制定相应对策，尤其是鼓励企业债券的发展。对于大型企业的贷款，银行应更加严格，甚至针对其提高贷款利率水平。

3.7.4 改善虚拟经济发展的外部环境

对于日渐发展的虚拟经济，金融市场存在各种乱象，立法的不严密使一部分投机者钻了法律的空子。因此，完善法律体系，加强金融监管，防范金融风险成为当务之急。

在立法管理上，要完善当前的相关法律体系，制定和维护适合中国虚拟经济发展情况的法律。具体如下：一是制定保障国家金融安全的法律。在金融全球化的背景下，紧跟国际金融形势，务必先考虑本国自身金融安全。在法律上，一定要有保护本国金融安全的一系列法律法规。在加强金融国际合作的同时，必须严格把关。在处理风险的时候，借鉴国外法律经验或和国外合作。二是制定保障金融消费者的权益的法律。随着金融创新及混业经营的深化，金融机构的信息与金融产品之间形成严重的不对称。我国虽然有《消费者权益保护法》，但对金融消费者的保护措施几乎为空白。然而，对金融消费者权益的保护也很重要，不容忽视。因此，制定特定的保护金融消费者的法律，防范金融乱象变得十分重要。在保护金融消费者权益的同时，要求金融机构必须对消费者进行信息披露，提高信息的透明度，在一定程度上减少信息的不对称性。同时，在相关诉讼法和仲裁法里增加相关的规范条款。三是制定制裁金融失信行为的法律。我国在针对金融失信行为的法律制定上还有待完善。现行的法律没有明确对金融失信行为提出惩戒措施。因此要先明确哪些行为满足金融失信的条件，然后对这些行为又如何采取法律严厉禁止。对举报失信行为的做法予以鼓励和奖励。首先，政府要先树立一个良好的守信行为，因此在地方政府债券的发行和支付利息上，政府要做出表率；其次要建立信用评级部门，对金融机构和个人投资者进行信用评级；最后，新增法律，必要时对严重失信行为追究民事或刑事责任。

在金融监管方面：一是建立系统性风险预警机制。金融业一旦开始发展，不可避免地会有系统性金融风险，建立系统性风险预警机制十分必要。二是创新金融监管手段。我国对金融业的监管手段正在不断完善，传统监管方式已经逐渐跟不上金融产品和金融交易方式的日新月异。因此，在金融监管手段上必须创新。首先，建立综合性监管体系，针对各部门进行全面监管；其次，成立针对性监管小组，对于不同类型的金融机构和投资者进行监管；最后，对金融创新产品的风险系数进行评估，确定其投资价值。三是重点加强对互联网金融的监管。2016 年我国初步涉及对互联网金融的监管，但只是雏形，还不够深入。必须要先设立互联网风险评估系统和部门，对互联网金融风险进行实时监管；其次对互联网金融创新进行监管，评估其风险和投资收益比，防止过度创新带来的巨大风险；最后，研发监管软件，利用软件代替人工，省时省力。四是鼓励符合国情的金融创新。目前，中国金融市场的结构不合理，金融工具品种单一。虽然金融市场的创新发展有利于推动和促进中国未来金融的发展，但作为发展中国家，我们金融业起步较晚，其创新与监管相对发达国家还是有较大差距。因此，应对国外金融创新的成功经验进行筛选，参考并找到符合中国国情的金融创新方式与监管方式。另外，我们需要将虚拟经济市场更多地投向高新技术产业以及信息化大数据产业，来服务拥有创新成果的实体，让虚拟经济的扩张更好地契合实体经济的发展。

思考题

1. 简述虚拟经济产生和发展的动因、制度基础和物质载体。
2. 简述虚拟经济发展的各个历史阶段。
3. 简述美国证券市场的发展历程。
4. 简述中国房地产业的发展历程。

5. 简述金融创新的重要性。

6. 结合实际，谈谈你对次贷危机的理解以及如何防范这种全球性的金融风险。

7. 目前，信息技术高度发展，互联网金融盛行，参与者越来越多，请结合实际，举出你或者你的亲戚、朋友参与其中的例子。

8. 本章给出了针对我国虚拟经济中存在的问题的对策，请结合你的理解，进行补充。

拓展阅读（1）

广义虚拟经济是关于创新经济发展方式的理论

林左鸣、吴秀生2002年提出广义虚拟经济时代的概念，认为全世界都在创造和交换主要满足心理需求的虚拟价值。广义虚拟经济的基本特征是二元价值容介态，即传统商品价值由于不断容纳入旨在满足人的心理需求的信息介质而进化为更高级的商品价值口。广义虚拟经济的直接表现是消费品的功能属性逐渐从主要满足人的生理需求转向满足人的心理需求，人作为类存在物从“生存”到“发展”的进步正从哲学设想变成现实。归根到底，在广义虚拟经济时代，“价值”的概念内涵、创造手法及规律发生了根本性的变革，并深刻地影响着人类社会生活的方方面面。随着广义虚拟经济时代的到来，社会、国家、地区、企业和个人的发展方式都出现了很大的变化。正如林左鸣研究员所指出，人类社会已经从物质消费时代走向了物质消费和心理需求消费并重的时代，体验经济、创意经济、娱乐经济、文化休闲等消费比重日渐增高，在这个过程中也体现了人作为类存在物的发展和进步。国家发展战略发生显著变化，传统的电力、钢铁、交通等制约经济发展的瓶颈在发展中国家仍存在，但从世界经济未来发展的方向看，出现了较大的分化和调整，比如：欧美发达国家依托狭义的虚拟经济（金融）操纵世界经济并获取利润；通过操纵大宗资源商品的价格和汇率的变化，能够获取经济利益并实现特定国际政治目标；实施再工业化、工业4.0以实现实体经济与虚拟经济的再平衡；通过影视、文化等产品掌握制文化权，向他国和地区输出价值观、生活方式，实现不战而屈人之兵。个人的发展也呈现出颠覆性的变化，由于网络传播“放大”和资本市场“套现”，可以把一个人瞬间捧红，让其一夜暴富，当然也可能让其一夜之间面临失败的深渊。

广义虚拟经济发展方式以创造和实现满足人的心理需求的虚拟价值为核心，以实体经济（物质态）与虚拟经济（信息态）融合发展作为价值增值主线，依靠人力资本、知识产权、品牌、商业模式、价值网络等新的核心元素创造价值。产业融合是推动广义虚拟经济发展的重要战略措施。

——摘自《广义虚拟经济发展方式初论》，尹国平，《广义虚拟经济研究》，2017 年第 8 卷第 3 期。

拓展阅读（2）

揭开比特币的神秘面纱

1. 案例概述

比特币（Bit Coin）的概念最初由中本聪（化名）在 2009 年提出，它不依靠特定货币机构发行，仅依据特定算法，通过大量计算产生，使用整个 P2P 网络中众多节点构成的分布式数据库来确认和记录所有交易行为，并使用密码学设计来确保货币流通各个环节安全性，是一种实现了“用户自治、全球通用”的加密电子货币，也是一种对等网络支付系统和虚拟计价工具，被一些人称为“货币之王”，本质是一种虚拟货币。

2011 年 6 月比特币中国网开始运行，2013 年 4 月 16 日，中国市场比特币的价格首次超越国外价格，随后四川雅安地震中，壹基金宣布接受比特币捐赠，使得许多中国民众开始认识、了解比特币。比特币在中国迅速蹿红，由刚开始极客所玩的游戏迅速被许多民众所认知和接受，成为一个新兴的投资行业。比特币的价格也随交易量的放大而一路走高，本来一文不值的比特币，价格最高时近 8 000 元人民币一枚。相关行业也得到了迅速发展，许多民众开始挖矿，国内也出现了一些其他的虚拟货币，如莱特币、咸丰币等。

2. 比特币成功的原因

从一文不值的电子信号变身成全球闻名的电子货币，受到各国投资者热捧，比特币大幅超越自身价值，可谓完成了“鲤鱼跃龙门”式的飞跃。有需求才有市场，比特币的成功就在于它自身的特性很好地满足了人们的各种需求，获得了人们的信赖。

（1）稀缺性——满足通胀背景下人们保值增值的投资需求。

比特币诞生时，正值全球金融危机之时，世界主要经济体货币贬值、物价上涨，人民饱受通胀之苦。比特币与其他货币的最大不同是其总数量有限，具有极强的稀缺性。

一方面，比特币只能靠“挖矿”产生，参与者通过处理交易验证和记录来获取作为手续费的比特币，或取得新产出的比特币。依据计算机技术限制，该货币系统在 4 年内比特币数量只有不超过 1 050 万个，而之后的总数量将被永久限制在2100万个。

另一方面，比特币不依赖于特定中央发行机构，而是使用遍布整个P2P网络节点的分布式数据库来记录货币交易，并使用密码学的设计来确保货币流通各环节的安全性。比特币系统的设计决定了不存在货币超发的问题。

与国家货币陷入通胀困境形成鲜明对比，比特币总数量有限，需求火爆，这样的供求对比预示着其未来升值的广阔前景，因此受到全球很多投资者的青睐。2013年中国人开始了解比特币时，其价格正处于高位，大量中国投资者看到了比特币保值增值的潜力，大量投资，反过来促进了比特币国际市场的繁荣。

（2）去中心化特性——满足人们的“反叛”心理。

去中心化是互联网发展过程中形成的社会化关系形态和内容产生形态，是相对于中心化而言的新型网络内容生产过程。比特币是第一种分布式的虚拟货币，整个网络由用户构成，没有中央银行。去中心化是比特币安全与自由的保证。现实中国家垄断货币，各国中央银行超发货币引发经济通货膨胀的情况时有发生，以政府信用为支撑的货币体系令人不满。面对这种情况，比特币的创始人以去中心化为核心思想，创建了比特币，致力于建立一套新的全球金融体系，消除现有国际金融货币体系的不公平。

比特币P2P的去中心化特性与算法本身可以确保无法通过大量制造比特币来人为操控币值。基于密码学的设计可以使比特币只能被真实的拥有者转移或支付，确保了货币所有权与流通交易的匿名性。比特币这样的特性给人类似中国“屌丝逆袭”的诱惑，吸引了大量有些“反叛”心理的投资者。

（3）可流通性——降低投资者持币风险。

中本聪（化名）以公开对等、共识主动性的理念为基准，把密码学原理、对等网络技术和开源软件相结合，开发出能自我完善的、免费的比特币应用体系。经过比特币社区成员不懈地努力，其应用系统不断完善，从而使认可、使用、参与的个人、组织和企业在全球迅速增加；同时，重视它的国家和其权威机构也越来越多，使之成为一个适应于互联网时代的、独立于传统金融系统的新型金融生态体系。

比特币的专属所有权、低交易费用、无隐藏成本等优点也为其履行商品流通职能提供了可能。目前全球比特币交易平台的建设已较为成熟，只要有人接受，比特币可以用来兑现，使用者可以用比特币购买一些虚拟物品，比如网络游戏当中的服饰装备等，甚至可以使用比特币购买现实生活当中的物品。不仅如此，很多著名机构宣布接受比特币，比如：2014年1月，Overstock开始接受比特币，成为首家接受比特币的大型网络零售商。最近连苹果也宣布允许应用内虚拟货币交易，日后有望接受比特币。比特币的可流通性大大降低了投资者的持币风险。

(4) 知名度高、交易简便——满足中国人民的投资心理。

随着中国经济的发展，中国人民生活水平提高，民间闲散资金大量增加，人们喜欢追求具有投机性质、高收益的理财产品。而目前，中国投资渠道单一，可靠的金融理财产品品种较少，且大多涉及比较复杂的金融衍生品。同时，我国中小投资者大多文化水平不高，甚至缺乏金融常识，他们需要的是知名度高、交易简单易懂、方便操作的理财产品。

2013 年时，经过 4 年的发展，比特币在国际市场流通广泛，知名度高，二级市场趋于成熟，价格溢价高，投资门槛低，交易操作简便，恰好迎合了我国人民这样的投资心理，因此在中国迅速蹿红。

3. 发展中存在的问题

一是价格波动极大。由于大量炒家介入，导致比特币兑换现金的价格如过山车一般起伏。适合投机的特性为比特币吸引了大量投资者，促进了它的流通，但这一特性暴露了比特币的不稳定性，决定了其无法真正成为国家货币。

二是比特币交易平台很脆弱。世界最大规模的比特币交易所运营商 Mt. Gox 2014 年 2 月 28 日宣布，因交易平台的 85 万个比特币被盗一空，公司已经向日本东京地方法院申请破产保护。

三是交易确认时间长。比特币钱包初次安装时，会消耗大量时间下载历史交易数据块。比特币交易时，为了确认数据准确性，也会消耗一些时间，与 P2P 网络进行交互，得到全网确认后，交易才算完成。如不改善，长远来看，势必会影响比特币进一步在全球范围内的推广。

四是比特币受到了世界主要国家当局的严格管制，甚至封杀。在传统金融从业人员看来，比特币破坏国家货币体系，将扰乱国家宏观经济，对国家金融体制造成毁灭性打击。

4. 感悟与启迪

比特币去中心化思想受到人们普遍认可，说明人们渴望建立公平合理的国际货币体系，这警醒我们不得不再次审视全球经济通胀的严峻形势。各国央行应采取合理手段控制货币流通数量，避免因滥发纸币而使本应促进经济繁荣的商品流通工具变为拖累国家经济的恶魔。

比特币在中国的疯狂盛行远远地偏离了其创始人将其变为国际货币的初衷，而更像是一种对投资品的狂热投机。这再次说明了我国投资渠道单一这一问题，社会大量闲散资金缺乏有效利用。我国应加快国内金融体制改革步伐，为公众提供更多优质的投资渠道。

比特币为全球大量投资者和机构所接受，可兑换其他货币，购买实物商品。再次印证了一个真理：信用货币只是价值符号，人们对其本身是否有实际价值并不在意，只要能满足人们的交易需求，即使是虚拟货币也能用于实物交换。

虚拟货币投资有一定风险，投资者应谨慎考虑。政府应加强监管，避免有不法分子假借虚拟货币投资之名行非法集资之实，切实保护中小投资者的合法权益。

——百度文库，https：// menleu. baidu. com/view/c55a197b4431b90d6c85c7ae. html。

第 4 章　虚拟经济与实体经济

［教学目标］

1. 理清虚拟经济与实体经济的相互关系。
2. 理解并掌握虚拟经济对实体经济的作用机理。
3. 认识虚拟经济对实体经济产生的影响。

［教学基本内容］

1. 虚拟经济与实体经济之间的基本关系：实体经济处于基础性地位，虚拟经济具有相对独立性。
2. 虚拟经济对实体经济中投资支出、消费支出、进出口需求的影响过程。
3. 虚拟经济对实体经济的正效应和负效应。
4. 促进虚拟经济与实体经济协调发展的理论机制与政策举措。

本章着重分析虚拟经济与实体经济之间的相互关系。一方面，虚拟经济的产生和发展依赖实体经济的发展，其运行状况、周期性和发展规模均受到实体经济发展的影响；另一方面，虚拟经济的发展对实体经济的发展具有巨大的反作用，适度发展的虚拟经济推动实体经济更高效地运行，过度膨胀的虚拟经济易滋生经济泡沫，制约实体经济的发展。因此，本章首先明确虚拟经济与实体经济间的基本关系，进而分析虚拟经济对实体经济的作用机理以及作用的两重性，最后探讨虚拟经济与实体经济协调发展理论与机制，帮助我们更好地理解虚拟经济与实体经济协调发展的重要性。

4.1　虚拟经济与实体经济的差异性

实体经济是人类社会赖以生存和发展的基础，是经济增长的物质基础。虚拟经济是实体经济发展到一定水平的产物。总体来看，虚拟经济与实体经济具有很大的差异，不仅它们所涵盖的范畴不同，在整体经济中所处的地位不同，具有的功能和影响因素不同，而且它们的运行状况和发展轨迹也不同。

4.1.1 范畴与所处地位的不同

现行经济体系是虚拟经济与实体经济共同构成的有机统一体，缺一不可，但两者在整体经济中所处的地位却大有差异。实体经济为社会提供物质资料，主要涉及物质资料生产、销售以及为此提供劳务所形成的一系列经济活动，包括工业、建筑业、农业、邮电业、交通运输业、商业等产业部门，它们都是整体经济中关系到国计民生的带有实质性的组成部分，是现代经济运行和发展的最根本基础。而虚拟经济是以实体经济为基础而产生的以债券、股票及其衍生产品为主体的虚拟资本在金融市场运行、交易，配置实体资本，进而影响实体经济，形成特殊的经济活动领域。

虽然随着虚拟经济的发展，虚拟资本与虚拟经济活动已经渗透到经济生活的方方面面，但其最终的服务对象仍是实体经济，并且其发展规模要适应实体经济的需要才能推动实体经济的发展，才能使整体经济更加稳定、持续、健康地运行。总的来说，实体经济仍在整体经济中占据首要地位。

4.1.2 功能作用不同

虚拟经济与实体经济作为整体经济系统的构成部分，各自发挥着重要的功能以维持整体经济的运行。实体经济的功能主要是满足生产消费和生活消费的需要。虚拟经济的功能主要是服务于实体经济并反映实体经济运行的实际情况。虚拟经济的功能具体可以体现在三个方面：一是将闲置资金聚集以满足实体经济的需要，引导资金流向，调整各实体经济部门与企业间的资源配置，并提高资源的利用效率。二是迫使参与发行和交易相关票券的企业将其财务信息和其他重要信息透明化，促使企业完善组织制度与公司治理结构，提高企业价值。三是通过不断创新各种金融工具为实体经济主体提供降低风险的方法和工具。因此，如果说实体经济是整体经济运行的骨架，那么虚拟经济就是整体经济运行的血液。

4.1.3 影响因素的不同

实体经济的运行状况、规模和结构受到科技发展水平、资源条件、国家经济政策、劳动者素质、生产能力以及社会收入与消费水平等多方面因素的影响。由于虚拟经济的产生与发展依赖于实体经济并服务于实体经济，则上述因素也对虚拟经济的发展产生着影响。但是考虑到虚拟经济与实体经济的诸多差异与独立性，还有一些其他因素影响着虚拟经济的运行，这些因素包括国家对虚拟经济发展的政策、金融市场的发达与活跃程度、金融机构的信用情况以及国际资本流动等。

4.1.4 运行特征具有差异

虚拟经济与实体经济定价机制不同。在实体经济中，企业以成本定价机制为主，需求方服从边际效用递减规律，受心理因素的影响较小。因此，在一定期间内若产品的成本不发生极大变化，产品价格将围绕一个价值中心波动，其波动较小，实体经济的运行轨迹较为平稳。而虚拟经济以票券为主要形式，其定价取决于未来的现金流。未来的现金流由投资者对未来的收益与风险的预期决定，当市场出现引起关注的事件或宏观经济形式发生剧烈改变时，人们的心理预期可能发生很大变化，从而使虚拟资本的定价产生较大的波动，引起虚拟经济市场震荡。因此，实体经济的运行轨迹较为平稳，而虚拟经济的运行轨迹具有更大的波动性。

4.2 虚拟经济与实体经济的基本关系

虚拟经济与实体经济两者之间既相互联系又相对独立。虚拟经济不仅来源于实体经济，服务于实体经济，其运行周期和运行状况均受到实体经济发展的影响。同时，随着虚拟经济的不断扩大，其独立运行的程度越来越高。

4.2.1 实体经济的基础地位

虚拟经济是在实体经济的基础上产生并发展的。从成思危（2009）提出的虚拟经济演化过程来看，闲置货币的资本化是由于商品货币经济条件下财富分布不均衡而产生的个人借贷行为演化而来的。商品交换出现后，作为交换媒介的货币应运而生，在商品流通基础上产生了货币流通。然而在商品经济条件下，货币财富分布不均衡，资金有盈余的贷方需要通过让渡货币资金的使用权去获取利息，需要补充资金的借方也需要借入资金去维系和扩大实体经济的生产和经营。因此这种借贷行为成为最初的虚拟经济活动。虚拟经济与实体经济并非同步出现，而是在实体经济发展到一定阶段，为顺应实体经济的发展需要而产生的。可以看出，虚拟经济的物质基础是实体经济。当实体经济规模逐渐扩大，基于生产经营以及资本扩大的需要，拥有信用中介功能的银行等金融机构相继产生，虚拟经济进一步发展，在间接融资基础上有了股票、债券等直接融资。金融市场不断扩大，资本流动的跨国性增强，国际金融市场有了跨时空的巨量交易。同时，随着虚拟经济规模的逐渐扩大，经济运行中各种不确定因素增加，金融创新所带来的各种金融衍生工具应运而生。它们不仅可以套期保值以规避风险，也可以寻求风险，进行投机获利。

虚拟经济的发展决定于实体经济。虚拟经济的发展与实体经济有着密切的联系。首先，实体经济是虚拟经济规模扩大的基础。当构成实体经济主体的各种企业的扩大生产需要更多资金时，若银行贷款无法满足，便会产生对直接融资的需求，使得股票、债券等虚拟资本在金融市场上发行与交易。同时，这些有价证券的发行规模取决于实体经济中企业对资金的需要量，即是说其发行规模受到制约。其次，实体经济的发展促使虚拟经济工具创新。在实体经济中，经济主体常因诸多不确定因素的影响而面临较大的市场风险，因而他们迫切需要规避风险的工具和手段。因此，金融衍生工具也就顺应这一需要出现了。金融衍生工具可以用于套期保值、分散风险，也可以用于投机获利，这促进了资金的流动。金融衍生工具的价格取决于股票等基本有价证券，因此也依赖于实体经济的规模及需求。由此可见，虚拟经济的发展壮大与创新都以实体经济为基础，两者的发展息息相关。

虚拟经济与实体经济相互间的依存作用使虚拟经济的运行状况受到实体经济运行状况的影响。当实体经济健康良性运行时，虚拟经济的运行状况良好；若实体经济发展低迷或出现问题，那么虚拟经济运行将产生混乱。譬如，当工商企业经营状况持续恶化时资不抵债，使得银行体系的不良资产增加，从而对银行业良性运转的信用基础造成不利影响。若上市公司运营状况不佳，企业质量严重下降，经营问题与财务问题频出，宏观经济运行水平呈低迷状况，就会对股票稳定的基础产生负面影响，影响证券市场交易的活跃程度。因此，实体经济的良好发展是虚拟经济有序运行的前提条件，实体经济不仅为虚拟经济的运行提供基本的物质基础，还为虚拟经济的运行起到导向作用。

实体经济的运行周期对虚拟经济的周期性有重要影响。实体经济的发展具有周期性，经历繁荣、衰退、萧条、复苏四个阶段。而虚拟经济以实体经济为基础，其发展也呈现周期性的态势。两者的周期性表现在：若实体经济加速增长过程中受到不稳定因素的影响，逐渐聚集经济泡沫，刺激虚拟经济中金融资产的价格不断上涨，则虚拟经济的增速远超实体经济的增速。随之出现泡沫经济并不断膨胀，最后在外部冲击下泡沫破裂，致使虚拟经济的金融资产价格急剧下跌，实体经济遭受重创，增速减缓。比如，当实体经济系统中的企业由于经营状况恶化无法偿还负债，将给银行带来不良贷款率上升的压力，削弱银行业有序运转的信用基础。可见在上述周期性运转过程中，虚拟经济和实体经济是相互作用、互为因果的。不过，两者运行周期并非同步。在短期内，虚拟经济的发展既可能快于也可能慢于实体经济的增长，但长期来看实体经济的发展状况始终在虚拟经济的发展中起到决定作用，虚拟经济的发展状况始终围绕着实体经济的运行状况，并在经历繁荣或萧条后仍伴随实体经济的发展而变动。

4.2.2 虚拟经济具有相对的独立性

从虚拟经济的产生与发展来看，虚拟经济与实体经济共同构成整个经济系统，但二者有着不同的运行特征。虚拟经济具有一定的独立性。首先，虚拟经济的独立性体现在金融衍生品的产生与发展。金融衍生品可以在理论上无限量地被设计出来，其产生可以不依靠于实际资产而被“凭空”创造出来，甚至是头脑“想象”出来的。金融衍生品的交易有杠杆效应。从 20 世纪 80 年代以来，全球特别是发达国家的金融市场证券化急速发展，把金融杠杆效应推向各个领域。证券化是金融工程通过把可产生预见且稳定现金流但缺乏流动性的资产转化为证券的倾向或者过程，而金融杠杆则用较少的资金撬动巨大的货币收入和资产。随着新型金融产品的出现，定价技术日趋复杂，信息不完全性与人的非理性化日益凸显，投资者承受外部冲击的能力降低。各类金融衍生品种的发展使得跨市套利交易更加频繁，也促使金融市场联系更加密切，衍生金融商品和传统金融商品形成互动。金融交易的损失不仅会破坏单一结构的系统稳定性，而且会引起整个金融市场的系统性风险。如果我们不能精准识别这些产品的动态特征，充分运用风险管理技术，将可能造成金融系统的灾难，引起实体经济的危机。

虚拟经济的独立性还表现在虚拟经济的资金流不再仅服务于实体经济的资金配置。在铸币和贵重金属时代，货币具有价值和使用价值双重属性，它表明其所代表的实体经济和虚拟经济是一一对应的关系。然而在作为价值符号的纸币时代，特别是20世纪后期出现的金融符号，如证券、金融衍生品等使实体经济与虚拟经济间的对应关系产生了偏离。虚拟经济活动日益脱离物质生产、交换、消费，在某种程度上变成了以规避风险或获取利益为目的的电子交易。竞争不仅为实体经济间的行为，而且演变为通信或电脑符号代表的交易形式的竞争。王群勇、王国忠（2005）用DCC－MVGARCH模型研究了实体经济与虚拟经济的动态相关性，其结果表明虚拟经济与实体经济的相关性逐渐削弱，尤其在布雷顿森林体系解体后，金融创新发展与资本管制放松，大量的金融衍生品已不再为实体经济服务了，近期金融原生品与其期货在走势上并不能收敛。

此外，虚拟经济的发展轨迹也具有一定的独立性。虚拟经济从最初的闲置货币的资本化阶段，依次经历虚拟资本的社会化阶段、有价证券的市场化阶段、金融市场的国际化阶段到现在的国际金融的集成化阶段。在这一发展过程中，伴随着现代信息技术的推进，虚拟经济规模不断扩大，新的金融衍生工具不断出现，虚拟经济活动也变得越来越复杂，带来的风险也越来越高，虚拟资本交易的投机色彩进一步增强。根据IMF统计，1980年只有12万亿美元价值的全球金融资产，与当年的全球国内生产总值规模大体相当。1993年则以52万亿美元的价值达到当年全球国内生产总值的2倍。2003年又以124万亿美元价值超过当年全球国内生产总值的3倍。2007年更以230万亿美元价值高达当年全球国内生产总值的4.21倍。在经过2008年全球金融危机后，2014年全球金融资产总规模达到294万亿美元，仍然接近全球国内生产总值的4倍。由此可见，全球金融资产与国内生产总值的比例从1倍到2倍用了13年，从2倍到3倍用了10年，从3倍到4倍仅用了4年。虚拟经济规模扩张迅速，甚至时有出现因过度膨胀而产生经济泡沫的情况，说明虚拟经济的运行愈发脱离实体经济的发展轨迹，逐渐独立于实体经济的发展轨迹。

4.3 虚拟经济对实体经济的作用机理

实体经济的变化主要由投资、消费和国际贸易三个因素促成，它们均对总需求的变化产生影响。与之对应，虚拟经济与实体经济的传导链条中包括了投资、消费以及净出口这些传导因素的作用。

4.2.1 虚拟经济对实体经济中投资支出的影响

4.2.1.1 从托宾Q理论的角度分析

托宾的Q理论阐述的是股票价格如何影响投资支出的过程，对虚拟经济的发展向实体经济传导提供了有效的解释。在托宾Q理论中，Q比率值代表企业资产重置成本和企业市场价值的比值，其比值的高低会影响公司的投资意愿。同时，托宾Q比率还可以作为一个重要的指标来衡量公司在金融市场上的业绩表现与成长性以及投资者对公司的预期。

如果托宾Q比率很高，那么意味着企业的市场价值要高于资本的重置成本，或者说企业购买新厂房和设备所需要的资本要低于企业的市场价值，在这种情况下，企业可以通过发行较少的股票而得到更多的资金，从而使企业投资进一步扩张，促进实体经济的发展。其中，企业的市场价值由股票价格决定，股票价格越高，则托宾Q比率越高。因此，通过托宾Q效应，虚拟经济对实体经济的传导机制可以写成：股票价格上升→托宾Q比率上升→投资增加→实体经济产出增加①。

如果托宾Q比率很低，那么企业的市场价值要低于资本的重置成本，这时企业购买新厂房和设备就需要较多的资本，因而企业会减少对新投资品的购买，通过低价购买其他企业而获得已经存在的资本。例如美国大萧条时期，到1933年股票仅值1929年后期的十分之一，同时企业的投资支出率降到了极点，托宾Q比率降到了极低的水平，托宾Q理论对股价与投资的关联性做出了很好的解释。

---

① 周莹莹，刘传哲．虚拟经济与实体经济协调发展研究［M］．北京，经济管理出版社，2013：47.

4.2.1.2 从非对称信息理论的角度分析

非对称信息理论认为，企业在金融市场进行间接融资时，由于双方信息不对称使得逆向选择和道德风险发生，因而银行作为间接融资的资金提供者，对企业缺乏信任会降低其对企业的贷款意愿，企业因此也无法获得足够的资金支持来扩大投资，从而降低了企业的投资支出，也进一步阻碍了社会经济的发展。该理论指出，我们可以通过提高企业净值或企业贷款担保的价值来解决上述问题，即净值和贷款担保价值的增加可以减少企业进行间接融资过程中的逆向选择和道德风险。具体来说，企业相关资产价格上升，如债券、股票价格上升，会使企业净值增加，从而减少企业的逆向选择和道德风险。具体可以从两个角度进行分析。一是企业净值的增长使借款人的贷款实际上有更多的担保品，其贷款担保的价值上升，对银行来说贷款收回的保障性提高，风险选择的损失减少，逆向选择存在的概率降低，对投资支出的融资贷款起到鼓励作用。二是企业较高的净值意味着所有者向企业投入了更多的资本，当所有者从事风险投资时，其遭受损失时所承担的额度越大，因此所有者将不愿把公司的资金投资于对个人有利但对公司的利润增加不利的项目，减少了所有者从事风险投资的意愿，从而降低了道德风险。从这两个方面可以看出，企业净值的增长使得道德风险和逆向选择减少，增加了企业的融资，从而扩大了企业的投资支出，对实体经济起到刺激发展的作用。虚拟经济通过非对称信息效应对实体经济的传导机制可以写为：相关金融资产价格上升→企业净值增加→逆向选择、道德风险减少→企业贷款增加→投资支出增加→实体经济产出增加。

4.2.1.3 从资产负债表的角度分析

资产负债表效应是指金融资产价格的上升或下跌使得企业及银行的资产负债表状况好转或恶化，使银行对企业的贷款意愿增强或降低，从而影响企业的投资支出。当金融市场中资产价格上扬时，企业和银行依据当前的乐观形势对未来有良好的预期，银行扩张信贷额度，企业扩大投资支出，从而推动经济的发展。具体来说，当金融资产价格大幅上涨时，企业的金融资产价值上升，使企业的净值和贷款担保价值上升、偿债能力增强以及银行资产状况好转、不良资产的比率降低。因此，银行更愿意以较低的利率为企业提供贷款，企业也能因此以更低的融资成本获得资金。因此，虚拟经济通过资产负债表效应对实体经济的传导机制可见图 4-1 所示。

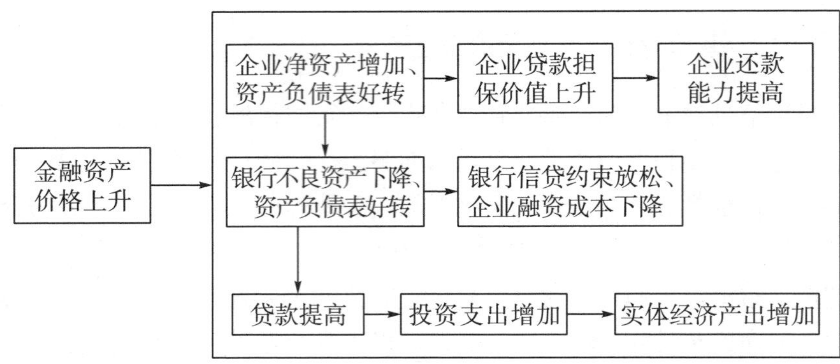

图 4－1　资产负债表效应中虚拟经济对实体经济的传导路径影响

4.2.1.4　从金融加速器理论的角度分析

金融加速器（Financial Accelerator）理论在 1996 年由 Bernanke 等学者提出，主要探讨宏观经济波动在信贷市场信息不对称的重要作用。该理论阐述了信贷市场的不完美性造成最初的反向冲击通过信贷市场状态的改变被加剧和传递的机理——金融加速器，说明了信贷市场在“小冲击，大波动”现象中的重要作用。其中，信贷市场状态可以用信贷约束程度来表示，而信贷约束主要指企业无法从银行获得所需信贷的现象。同时，金融加速器理论还指出，不同的信贷市场状态对于经济产出的影响是不对称的，即“紧缩”的信贷市场状态下冲击对于实体经济产出的影响比“放松”信贷市场状态下的影响更大，从而可能加剧宏观经济波动，加剧经济衰退态势。金融加速器理论对许多学者的理论研究进行了高度概括，如 Bernanke 和 Gertler（1989）、Greenwald 和 Stiglitz（1993）、Kiyotaki 和 Moore（1997）以及 Costas 和 Bruce（1998）所研究的理论模型的结论为金融加速器理论提供了理论支撑。Bernanke 等学者的观点说明，企业的资产负债状况通过金融加速器效应对投资水平产生影响，即投资水平依赖于企业的资产负债表状况，较高的现金流量和资产净值对于投资有直接或间接的正面影响。直接的影响是它增加了内部融资的来源，间接的影响是它提供更多的抵押品而减少外部融资成本。当企业遭受经济中的正向冲击或负向冲击，其净值随之升高或降低时，经由信贷市场的作用将这种冲击对经济的影响放大，这种效应称为金融加速器效应。

随着虚拟经济规模的继续发展，金融加速器发挥的作用也越发凸显。虚拟经济的扩张使得金融市场交易越来越活跃，金融资产交易量的增加给居民和企业带来未来经济形势向好的预期，因而预期未来收入增加，企业的融资需求上升且居民的消费需求与投资需求也增加，从而刺激整体经济中投资与消费的支出，促进实体经济总产出增加。此外，金融资产价格的上升不仅使企业净值提高，财务状况改善，也为企业提供了融入更多资金以发展新项目的可能性，帮助企业提升利润，促使银行等金融机构对企业的信贷约束进一步放松，反过来也继续鼓励企业进行投资，扩大生产，最终对实体经济发展起到积极的推动作用。

4.2.2 虚拟经济对实体经济中消费支出的影响

从财富效应的角度讲，可通过分析金融资产价格变动对持有者财富总值的影响探讨虚拟经济如何影响实体经济中的消费支出。当证券市场发展繁荣时，金融资产价格的上涨通过财富效应使持有者财富增加，从而刺激消费，拉动经济增长。哈伯勒（1938）、庇古（1943）等较早分析了财富效应，强调财富作为消费的最主要的决定因素之一，表现在消费者的消费支出受货币余额的变化影响而变化，此后比较具有代表性的是弗朗哥·莫迪格里亚尼的“生命周期理论”和米尔顿·弗里德曼的“持久收入假说”，他们也指出了消费行为受虚拟资产价格变动的影响，强调家庭消费决策中财富这一重要决定因素。

莫迪格里亚尼认为消费是消费者在非耐用品和服务上的开支，不包括对耐用消费品的支出，因此消费不等于消费者支出。消费者按照时间均匀地安排其消费是该理论的前提假设之一。因此，消费支出由消费者毕生的资财决定，而不仅仅是今天的收入。其中，金融财富作为消费者毕生资财的一个重要组成部分，对消费支出产生了较大的影响。当金融资产价格上涨时，如股票价格上升，投资者将获得资本利得，金融财富的值增大，投资者的可支配收入增加，同时投资者的毕生财富也增加，刺激了消费的动力，扩大消费需求。因此，虚拟经济通过金融资产价格变动影响实体经济的路径为：

金融资产价格上升→财富上升→毕生资财增加→消费增加→实体经济供给增加→总供给增加[①]。

虚拟经济通过金融资产价格变动影响住房经济即为这一路径，即当证券价格上升使消费者资产负债状况改善，从而财务困境的概率估计降低，刺激消费者有动力购买新的住宅。因此，从这一角度来看的传导途径可描述为：

股票价格上升→金融资产价值增加→财务困难的可能性降低→新住宅的支

① 周莹莹，刘传哲．虚拟经济与实体经济协调发展研究［M］．北京：经济管理出版社，2013：45.

出增加→总产出增加。

根据凯恩斯的消费函数理论，消费可以由人们对未来收入预期的函数来表示。例如，人们可以通过金融市场中金融资产的交易变化情况来预期未来的经济走势从而改变对未来收入的预期，做出新的消费决策。同时，随着资本市场的发展，企业组织制度的完善和经营状况的改善以及就业状况的变好都会从另一方面影响人们的收入水平，也会对消费和需求起到一定的刺激作用，从而促进实体经济供给的增长。因此，从虚拟经济的不断发展来看，虚拟资产价格和交易量这两个指标的上涨会使人们产生未来收入会提高的预期，从而影响实体经济的发展，其传导路径具体为：

虚拟资产价格上升→虚拟资本交易量增加→反馈整体经济发展状况变好→收入预期增加→消费增加→实体经济供给增加→总产出增加。

4.2.3 虚拟经济对实体经济中进出口需求的影响

随着经济全球一体化的推进与浮动汇率制的出现，在外汇市场上汇率的变动影响着一国的净出口。当国内利率下降（通货膨胀不变）时，相比于国内货币的存款，人们更偏好外币计值存款，本币贬值，外币升值，本币对外汇率下降。由于本币相较于外币贬值，国内的产品相对于国外的产品变得便宜，而国外的产品变得相对较贵。国外对国内产品的需求增加而国内对国外产品的需求减少，从而使得净出口与总产出增加，促进国内实体经济的增长。因此，通过汇率来传导的机制可以描述为：利率下降→本币贬值→净出口增加→实体经济总产出增加。当前虚拟经济仍在不断创新与发展中，还应进一步研究虚拟经济的进一步发展所引起虚拟经济与实体经济传导机制的变化。[①]

4.3 虚拟经济对实体经济作用的两重性

虚拟经济对实体经济产生的作用可以从正、负两个方面来讨论。若虚拟经济与实体经济协调发展，虚拟经济不仅能够适应实体经济主体的发展需要，提供更多的资金，有效优化社会资源的配置，提高资源的利用效率，还能为社会带来财富效应，与实体经济共同促进整体经济的健康有序发展；若虚拟经济过

---

① 李多全．虚拟经济基本问题研究［M］．北京：经济日报出版社，2015：112.

度扩张，不仅不能充当实体经济的“助推器”，反而会对实体经济造成巨大的损害，引起资金从实体经济转移到虚拟经济，扭曲资源的配置，形成投机风潮，产生经济泡沫，最终导致实体经济的衰退，对整体经济的运行也产生消极作用。

4.3.1 虚拟经济对实体经济的正效应

从积聚资本的角度看，虚拟经济提高了闲置资本的利用效率，为实体经济的发展拓宽了融资渠道。实体经济主体在生产经营和扩大资本的过程中，少不了对资金的需求，而虚拟经济的发展为解决资金来源问题提供了便捷的途径。实体经济主体既可以通过间接融资的方式向银行等金融机构贷款融资并支付利息，也可以在股票市场和债券市场上发行股票和债券进行直接融资，并向股东或债券持有人支付股利或股息。在技术创新的今天，越来越多的金融衍生工具被企业所利用。同时，基金和保险公司作为主要的机构投资者也在金融市场上提供大量的资金。因此，虚拟经济以高获利性和高流动性的特征吸引着大量暂时闲置和零散的资本投入股票、债券和金融衍生品等虚拟资本上。全社会的资本也由此进入实体经济中，满足实体经济发展过程中的资金需要。另一方面，虚拟经济为拥有闲置资本的机构或个人投资者拓宽了投资渠道，增加了资本的流动性，也增加了机构或个人投资者的财富总值。虚拟经济有发行市场和交易市场，发行市场是交易市场的基础，为投资者提供多元化的投资选择，而交易市场则提供了高度的流动性，为投资者的资产交换创造条件。同时，虚拟资本的便利流动性加快了货币资金的周转、转移的速度，提升了实体经济的运行效率。与此同时，随着现代科技的发展，虚拟经济活动通过发达的通信网络系统进行，还可减少经济生活中的摩擦，降低交易成本，使实体经济活动的障碍减少，从而产出更多的物质财富。

从资源配置的角度看，适度发展的虚拟经济能有效促进资源优化配置，提升资源的利用效率。一方面，在国内，虚拟资本因其高度的流动性从效益低的部门流向效益高的部门，推动产业转型升级，对发展潜力较高的企业提供更多的资金支持，充分发挥其价值，对发展状况出现问题的企业也能产生刺激，促进其进行资产重组等产权交易，推动其组织结构和公司治理的改进。另一方面，随着全球经济一体化的推进，虚拟经济的发展也促进了国际资本的流动，体现在国际期货市场、外汇市场的迅速发展上。在现代化手段的辅助下，国与国之间的贸易和合作更加便捷，成本更低，资源的流动性更高，也带动了国与国间劳动力、技术以及自然资源的转移，更有效地发挥资源的价值，从而提高全世界经济总量与财富。具体来看，可以分为以下几种情况：其一，在股票市场上，其发行市场的主要功能就是为经济主体筹集资金，积聚闲散资本，而这部分资金作为企业长期发展的资本可以用于支持社会化生产和大规模的经营。同时，企业上市需要披露相关财务报表等各种与公司经营状况有关的信息，投资者更青睐于成长性能好、盈利潜力大的股票，而“用脚投票”淘汰掉业绩滑坡、收益差的股票。如此，高质量的企业能够获得更多的发展基金，劣势企业要么被逐步淘汰出局，要么努力改善经营状况。其二，在债券市场上，企业通过发行和交易固定收益债券，形成合理的利率期限结构，以及促进资金在不同市场、产业和地区间有效配置。其三，通过资源的有效配置，虚拟经济的发展为高风险的高新技术产业提供了发展的机会，使社会财富从传统产业转向新兴产业，给新兴产业发展提供融资便利。

从宏观经济运行的角度看，适度发展的虚拟经济有助于刺激投资需求和消费需求，进而促进经济增长。从投资来看，一方面，当虚拟经济发展运行良好，证券市场形势较好，证券资产价格上涨时，同样数量的股票下企业可以得到更多的资金。根据托宾 Q 理论，当股价上涨，Q 比率上升时，企业的市值高于重置成本，即发行较少的股票就可以购买到更多的设备和厂房，因此刺激了企业的投资。另一方面，当股票市场的发展形势良好时，企业的净值随股价的上涨而增长，从而提升企业的还款能力，银行更愿意向企业提供贷款，因此获得更多资金的企业扩大投资，也刺激了经济的增长。从消费来看，伴随着虚拟经济市场的繁荣，个人和家庭所拥有的金融资产的价值上升，使其总收入和总财富价值增加，从而可支配收入增加，相应也增加了个人和家庭作为消费者的动力，刺激他们消费得更多。此外，虚拟经济对全社会的资金总量状况、资金筹措状况、资金循环状况等外部经营环境的影响可促使实体经济产业结构调整升级。

从微观的角度来看，虚拟经济的发展对微观主体会产生积极的作用。我们可以从企业和居民两个经济主体来探讨。对企业来说，虚拟经济的发展对它的积极作用表现在：一是有利于解决企业融资难的问题，为企业的规模扩大提供更多融资的渠道，拓宽了企业的资金来源。同时，多种产权交易方式如资产重组、股权置换、控股收购等的出现为出现问题或是想扩大规模、拓展其业务的企业提供多条融资渠道，帮助企业实现低成本扩张。二是虚拟经济的发展带来了企业的制度创新与更加完善的公司治理。在股票市场上，上市公司的所有权与经营权因股份制而分离，上市公司必须履行信息披露的义务，大股东在股东大会上行使投票权，小股东也可以享有并使用监督权，即当小股东利益受损时，“用脚投票”迫使公司进行改进创新，完善管理制度和内部运作机制。同时，股份制公司的运行发展中少不了股权的设置、分割和转让，这些都是虚拟经济中的重要范畴。对居民来说，虚拟经济的发展也是有利的。在金融市场中，居民通常扮演着资金供给者的角色，也就是说，居民的收入除去消费和储蓄之外，还有很大一部分用于投资。而金融市场为居民提供了股票、债券等多种投资方式，促进其财富增加，从而增加消费与消费所获得的效用。此外，随着虚拟经济的发展，在西方经济发达国家和我国经济发达地区，虚拟资本交易活动因其能使人们寻求刺激、实现自我价值、获得社会交往等精神上的满足，已成为一部分社会成员的生活方式和职业。

从分散风险的角度来看，虚拟经济的发展为经济主体提供分散风险的工具与手段，降低了成本。虚拟经济从发展到现在，金融创新工具层出不穷，不仅具有保值增值的作用，还可以为经济主体规避风险、降低成本。从宏观的角度来看，还有利于减弱经济波动幅度。对企业来说，在发展壮大的过程中会面临经营风险、利率风险、汇率风险等多重风险，如果不采取措施规避风险，则有可能在交易中产生巨额的损失。企业通过虚拟经济系统发行股票可以将经营风险分散给投资者。企业通过远期、期货、期权、利率互换、信用互换等金融衍生品可以规避成本上涨、利率波动、市场价格波动、汇率波动带来的风险，从而减少企业的生产成本，有助于提高经营效率。对居民来说，虽然期权、远期、期货等金融衍生工具的资金门槛较高，一般都是机构投资者参与，但是股票、债券、基金、保险等多种投资工具可以满足居民分散风险的意愿，居民可以将资金投放在不同的产品上，避免“把鸡蛋放在同一个篮子里”形成风险。

从传递信息的角度来看，虚拟经济活动可以更好地展示和传递实体经济的实际运行信息，提升实体经济的效率。虚拟经济对实体经济的信息展示主要有两方面的功能：一方面，我们可以从虚拟资本的价格与其波动信息中发现金融资源的稀缺程度，促使金融资源的有效配置，从而使实体经济得到虚拟经济更好的服务；同时，由于虚拟经济的运行以实体经济为基础，虚拟资本如股票、债券等金融资产的价格会反映实体经济的信息，揭露出实体经济的运行情况，从而实物资源的配置受到金融领域中价格变化的影响。具体来说，股票价格反映企业的真实价值、经营状况以及未来的成长能力，债券价格与利息水平反映企业的流动性与偿债能力，国债等各种利率期货、期权对于发现未来市场利率水平具有积极作用，因而反映资本市场的供求状况以及人们的预期，这些都给宏观经济的调控决策提供依据。另一方面，经济活动中普遍存在着信息不对称的现象，虚拟经济活动中的制度安排体系能够使信息披露更加迅速有效，例如上市公司的财务信息披露制度帮助中小投资者更好地行使监督权利，获取更多及时有效的决策信息，解决信息不对称所产生的代理人问题。

4.3.2 虚拟经济对实体经济的负效应

上述虚拟经济对实体经济的积极作用，是建立在虚拟经济的发展与实体经济的发展相适应，两者协调运行的基础上的，而当虚拟经济的发展速度慢于或超过实体经济的发展速度时，则不能对实体经济的发展起到“助推器”的作用，或是给实体经济带来经济泡沫，甚至造成经济危机。这里主要分析虚拟经济过度膨胀对实体经济的负效应。

第一，虚拟经济无序运行容易扭曲资源配置，降低市场效率，导致实体经济出现产业空洞化。当虚拟经济过度膨胀时，投机行为增多，投资者为追求更高的收益而加大杠杆，造成市场风险增加和信息扭曲。由于过度膨胀的虚拟经济的高投资回报，资金从收益低的实体经济部门流向高收益的虚拟经济，即大量资本从实体经济部门流入股市、债券市场、汇率市场等虚拟经济领域，而另一端实体经济不仅流失了大量资金，也流失掉大量优秀人才。一方面，虚拟经济虚假繁荣，逐步积累泡沫；另一方面实体经济发展萎缩，规模缩小，产品供给减少，劳动力成本上升，造成消极影响。此外，企业的融资成本过高也使企业对新兴技术的项目投资减少，不能有效推动产业革新，损害了一国实体经济的发展，减少了整体经济的福利，降低了一国的经济实力，甚至造成实体经济的产业空洞化（产业空洞化在经济学上是指一个国家或地区在虚拟经济过度增长或过度增长破灭后，旧有产业严重衰退，而新的产业没有得到发展并及时弥补旧有产业衰退的影响，从而造成结构缺口迅速扩大，致使经济极度萎缩的现象）。

第二，虚拟经济的发展增加了实体经济运行的不确定性和投机风险。虚拟经济与实体经济的互动，首先通过虚拟货币以膨胀的信用化形态进入生产或服务系统的循环。这一互动不仅满足了实体经济发展的资金需要，也增加了实体经济运行的不确定性和风险。对于企业而言，其生产和经营受到股票、债券、期货和期权的价格变动所带来的“非系统风险”。这种“非系统性风险”不仅来自宏观经济形势的变化，如宏观政策改变、国际资本流动等，而且来自虚拟经济中虚拟资本的各种交易与投机活动所带来的变动。而这些交易与投机活动甚至与实体经济没有实际的直接联系。特别是金融衍生品等形态的虚拟资本，其“杠杆效应”通过支付较少保证金驱动很大倍数交易额来实现，从而使虚拟资本在其交易利润成倍增加的情况下风险数倍扩张。虚拟资本利润的倍数扩张吸引风险偏好的人们以其心理的预期收益与预期风险进行投机活动，这种投机活动可能造成金融市场的较大动荡或波动。当突发事件以及逐渐积累的投机风险使得经济走势与人们的预期突然改变时，可能导致风险巨大的金融危机。

第三，过度膨胀的虚拟经济容易导致经济泡沫的累积，从而诱发金融危机，导致实体经济发展停滞或衰退。在货币出现之前，商品交换只能通过物物交换来实现。因此，当时社会所拥有的全部财富均是实质性的物品，并没有观念中的财富，并不存在因价格波动或过度投机而引起社会财富的变动，因而也不具备金融危机产生的条件。

当货币逐渐从实物货币发展到代用货币再到不兑现货币以及电子货币以后，社会财富便从实物计量转变为以货币的持有量来表示。而货币持有量表示的财富并不完全是实质性的，有相当部分是概念上的财富，可称为概念财富。随着虚拟经济从萌芽到不断发展扩大，概念财富的范围变广，可包括股票、债券、期货期权等。作为概念财富，我们既要考虑持有量的多少，也要考虑不同的概念财富转换为实体商品和服务的效率高低。

当概念财富与实体商品和服务的价值等价时，虚拟经济能适应实体经济的发展，为之提供所需的资金支持，不会形成泡沫。然而当概念财富在个人总财富中的占比越来越高时，个人财富总值受到概念财富价值的影响越来越大，个人的投资和消费行为受概念财富的影响也越来越大。若个人对自己拥有的概念财富的未来价值量有消极的预期，可能形成较大的心理压力从而急切地将之变现。如果社会成员大部分存在这样的预期，对虚拟资产进行大量抛售，引发虚拟资产价格急剧下降，即汇率、利率和股价等金融指标恶化，最终将导致金融危机，对整体经济的运行造成巨大的损失。并且由于虚拟经济活动中的杠杆交易可利用少部分资金撬动大量资金交易，一旦价格波动剧烈，将引发雪崩式的经济坍塌。

今天虚拟货币的出现虽然使货币的供应具有足够的适应实体经济发展需要的弹性，但也增大了货币过量发行及通货膨胀的可能性。特别是当现代商业银行脱离实体经济的真实需求，大量通过提供信用创造存款时，社会各经济主体都将产生通货膨胀的预期。

第四，虚拟经济过度增长所导致的负面影响最终会造成经济的衰退。一方面，虚拟经济的过度增长从投资的方面对经济起到负面作用。当虚拟经济的投机性增强时，会表现出价格波动加大，资金流动频繁。而且大量资金从实体经济脱离出来流入虚拟经济领域，由此造成虚拟经济繁荣的假象，使实体经济部门的投资减少。此时宏观调控部门为抑制虚拟经济泡沫而采取提高利率等紧缩措施又会增大实体经济部门的融资成本，进一步抑制投资及其技术变革与产业升级调整。当泡沫经济破裂时，金融资产巨幅贬值，市场缺乏流动性，企业债务违约现象大量出现，银行面临大量呆账、坏账，将进一步减少对实体经济部门的资金输送，实体经济的投资更加减少。另一方面，居民财富中的虚拟资产因泡沫破灭而大幅缩水使得其总财富下降，由此降低了居民的消费水平和投资水平，市场上产品需求不足，社会总需求减少，企业即使有产品的供给也因无法销售而无法增加利润，银行呆账、坏账问题仍然无法解决。因此，从这两个方面的相互作用来看，虚拟经济与实体经济的发展不协调必然会导致宏观经济衰退。

第五，虚拟经济的过度膨胀将导致财政风险。一般来说，财政风险表现为政府不适当的财政活动或财政行为（作为事件）给政府本身、政府进一步的财政活动以及社会经济带来各种潜在危害的可能性。根据国际货币基金组织规定，若一国财政赤字超过国内生产总值的3%，国内外债总和超过国内生产总值的60%，就会发生财政风险。虚拟经济的过度增长导致财政风险的作用机制表现为：虚拟经济过度繁荣引发实体经济的产业空洞化与经济衰退，一方面财政因经济增长放慢而收入锐减，另一方面实体经济的萧条使就业形势严峻，居民生活水平降低，政府加大财政支出扶持就业，提高转移支付水平以提高居民最低生活保障，使赤字进一步扩大，对债务的依存度提高。

第六，虚拟经济过度膨胀将导致政治动荡，社会秩序混乱。虚拟经济过度膨胀使部分人基于杠杆操作进行虚拟资本投机交易累积大量财富，而另一部分人却因实体经济的发展滞后受到不利影响，例如收入减少、失业等。因此虚拟经济与实体经济的不协调发展客观上形成国民财富的重新分配，增大收入分配的不公，加剧贫富两极分化。当分配不均，贫富差距上升到一定程度时，势必会引发社会秩序混乱，并导致政局动荡，使民众对政府失去信心。例如，日本泡沫经济从形成到破灭的过程清楚地说明，虚拟经济过度膨胀终会对政治经济造成重大危害，缺乏实体经济支撑的虚拟经济终究会走向泡沫经济。此外，“智利奇迹”的破灭、菲律宾经济危机时发生的总统弹劾案、韩国大宇破产和印尼政局持续不稳等事件都与虚拟经济过度膨胀有关。

第七，经济全球化为虚拟经济跨国扩张提供了条件。虚拟经济过度膨胀会对各国的实体经济特别是发展中国家的实体经济造成巨大冲击，会严重危及整个世界的经济安全。当前，各国的金融市场联系更加紧密，金融业务的国际化、自由化程度进一步加深，国际资本流动急剧增长并快速扩张。特别是在金融创新的背景下，以对冲基金为主的国际投机资本会待机参与各国虚拟资本交易。对某个地区或国家的巨大冲击，会随着金融全球化的发展蔓延到与该国合作的国家，进一步带来国际性的经济动荡。特别是金融市场发展尚不成熟、制度建设并不健全的发展中国家，可能会遭受更大的冲击，阻碍其国内实体经济的发展。

4.4 促进虚拟经济与实体经济协调发展的对策

随着虚拟经济规模逐步扩大，表现出强大的功能和影响力，在服务实体经济的同时，对实体经济也会产生负面影响，即虚拟经济对实体经济的影响具有“双刃剑”的特点。当虚拟经济的发展适应实体经济对资本和货币的需求时，虚拟经济能够提高实体经济的生产和流通的效率，虚拟经济与实体经济共同协调运行，会推动社会经济健康有序发展。当虚拟经济的发展过度膨胀，即其发展速度远远超过实体经济的发展速度并脱离实体经济运行时，又会给实体经济带来风险和危机。为此，促进虚拟经济与实体经济协调发展具有重要意义。

4.4.1 正确把握虚拟经济与实体经济的关系，促进虚拟经济适度发展

根据上文分析，实体经济是虚拟经济产生与发展的基础，虚拟经济对实体经济具有巨大的反作用。一方面，若虚拟经济的发展滞后于实体经济发展的需要，将对实体经济的发展产生不利影响，如会降低资产配置效率、增加经营成本进而降低实体经济的运营效率、增大经营风险、降低实体经济的投资收益率等。然而，虚拟经济系统因供给不足，会提高其投资收益率。在无准入门槛的情况下，投资者一般会增加对虚拟经济领域的投资，而相对减少对实体经济领域的投资。同时，虚拟经济领域流入资金增多，会推动虚拟资产价格上升，进而会导致预期收益率提高。而对于实体经济领域，在过量投资的背景下，导致供给能力超过既定收入水平下的社会消费能力，进而导致产品及服务价格下降。在此情况下，投资者为追求未来收益最大化，会减少对实体经济的投入比重，增加对虚拟资产的投资，导致资金由实体经济向虚拟经济转移。

另一方面，若实体经济发展滞后于虚拟经济，当资本金过量流入虚拟经济领域，出现虚拟经济的过度发展时，实体经济领域将因资金供给不足而出现萎缩，产品及服务价格因其供给能力低于既定收入水平下消费者的消费能力而上升，实体经济领域投资收益率提高，进而吸引部分资产由虚拟经济领域流向实体经济领域。在虚拟资产价格与实体资产价值严重背离的情况下，理性投资者

必将出售虚拟资产，而购买价值被低估的实体资产，这一举措又会促使原本流向虚拟经济领域的资本金转而流向实体经济领域，虚拟资产的价格泡沫现象将因资本金的流出而减轻，有利于虚拟经济领域的发展与实体经济的发展向协调状态收敛。此外，从消费者的角度看，虚拟资产价格膨胀为其带来巨额财富，而这种财富效应可以有效刺激消费者出售部分虚拟资产以增加消费支出，导致资金由虚拟经济领域流向实体经济领域。

因此，要使得虚拟经济与实体经济协调发展，有效发挥虚拟经济对实体经济的促进作用，需要正确处理虚拟经济与实体经济的关系并促进虚拟经济适度发展。一是对于虚拟经济的发展要秉承“适度性”的原则，虚拟经济不能游离于实体经济之外，而虚拟经济的发展规模与速度应与实体经济发展的规模与速度相匹配，促进虚拟经济的健康发展，有效发挥其集中社会闲散资金、拓宽融资渠道、提高资源利用效率、促进实体经济产业结构升级调整的作用。同时，要防范虚拟经济规模的过度膨胀与实体经济的过度背离而导致的市场风险扩大、资金使用效率降低、国际收支失衡，以及泡沫经济、金融危机、经济危机。二是在推动虚拟经济发展的同时，应进一步加强对虚拟经济的监管，加强相应的监管政策和措施的修订与完善。汲取美国次贷危机的教训，在监管方式上，逐渐从机构监管过渡到功能监管。在监管上，要重点加强对金融市场及房地产市场的有效监督。

4.4.2　科学预测虚拟经济规模扩张及其风险防范

虚拟经济在不断发展，一旦发展规模出现与实体经济相偏离的状况，甚至与实体经济的发展过度背离，便会发生金融危机。因此，我们需要对虚拟经济的规模扩张有系统的把握，建立合理的衡量指标体系进行有效监管，对虚拟经济与实体经济保持协同的情况进行动态分析和监控，防止虚拟经济与实体经济的发展过度背离。

一方面，我们要从整体上把握虚拟经济规模总量与实体经济规模总量的发展情况，有效监测与实体经济和虚拟经济发展联系密切的指标数据，如经济周期现行指标、货币供应量、金融相关比率、金融机构资本充足率、股票指数变动状况、市盈率等。一旦相关数据出现急剧异常波动，就应该及时采取相应措施防范金融风险。另一方面，要使虚拟经济领域各子市场间能够协调发展，相互促进，保持资本市场、基金市场、金融衍生品市场、外汇市场之间的相互协调关系，以发挥虚拟经济对实体经济的推动作用。比如，资本市场要有效发挥实体经济“晴雨表”的功能，利率要能够良好反映货币的价格，各项证券要能够均衡定价。如果虚拟经济内部发生异常，如资本市场过度膨胀，将对虚拟经济与实体经济的发展产生不利影响，导致虚拟经济与实体经济发展失调。此外，在对虚拟经济整体规模扩张程度及系统内部发展变动实时监测基础上，当虚拟经济整体运转与实体经济发展过度背离时，国家可以适时采取干预或调控手段，降低发生金融危机、经济危机的概率。当金融资产的流动性较强甚至过剩时，国家需适时采取适度紧缩的金融货币政策，如提高存款准备金率、提高利率水平等，防范因金融资产流动性过剩而导致的通货膨胀进一步严重，从而对整体经济发展产生不利影响。当金融资产的流动性不足时，无法有效促进实体经济的发展，国家可以适时采取适度扩展的货币政策，例如下调存款准备金率、降低利率水平等政策措施，以促进整体流动性的提升，让虚拟经济为实体经济的资金融通、风险转移等发挥更有效的作用。

4.4.3 促进经济结构调整及优化虚拟经济资源配置

要推动虚拟经济与实体经济协调发展，不仅要促进虚拟经济的良性运行，更要关注实体经济的转型升级与结构调整，注重经济结构的合理化，树立正确的国家产业政策导向，推动供给侧结构性改革，加快工业化发展进程，提高产品的质量与品牌效应，提高实体经济的发展效率。同时，发挥虚拟经济的资源配置功能，要引导资金流向技术创新部门，向高新技术产业、高成长产业、经济支柱型产业倾斜；引领一部分资金从传统产业和高成本产业退出，注入新兴产业和低成本产业，使社会财富由传统产业逐渐向新兴产业转移，为新兴产业的发展提供融资便利，从而提升生产能力，有效促进实体经济发展。这一过程既需要对实体经济结构进行合理调整，也需要不断优化虚拟经济的资源配置功能，而虚拟经济资源配置功能的提升，又反过来促进实体经济结构的转型升级，最终促进虚拟经济与实体经济的均衡发展，推动整体经济系统健康运转。

思考题

1. 结合日常生活中所接触到的虚拟经济问题，讨论虚拟经济是如何渗透到实体经济中的。

2. 试联系当前虚拟经济的运行状况，分析经济全球化后虚拟经济发展的新特征。

3. 分析虚拟经济与实体经济的差异与联系。

4. 论述虚拟经济对实体经济发展的促进作用或消极影响的形成机理。

拓展阅读

虚拟经济应回归本源 引导资金脱虚向实

振兴实体经济是推进供给侧结构性改革的重要内容。振兴实体经济，引导资金脱虚向实，必须认真贯彻落实全国金融工作会议精神，处理好实体经济与虚拟经济的关系，落实好中央提出的“三去一降一补”政策。实践表明，虚拟经济发展与实体经济发展是一个动态平衡、相互交织的过程。在振兴实体经济、引导资金脱虚向实的过程中，应把握好以下三个方面。

把握好经济“虚”和“实”之间的对立统一性。一方面，实体经济和虚拟经济是相互交织的。比如，房子的建造属于建筑行业，是实体经济，但是炒房行为属于虚拟经济。另一方面，虚拟经济也是经济发展所必需的，对于实体经济具有服务和支持作用。因此，引导资金脱虚向实，是要让虚拟经济回归本源，服务于经济社会发展，与实体经济协调发展，防止过度投机行为。可见，强调发展实体经济并不是简单地打压虚拟经济，而是要处理好二者之间的关系，把握住实体经济的基础性地位，防止虚拟经济脱离实体经济过度扩张。新形势下，促进虚拟经济与实体经济协调发展，尤其要求把为实体经济服务作为出发点和落脚点，创新和完善金融调控，完善金融市场 体系，推进构建现代金融监管框架，加快转变金融发展方式，促进经济和金融良性循环、健康发展，使金融更好地服务于实体经济发展。

把握好加强金融监管、去杠杆和维护市场稳定之间的动态平衡性。金融去杠杆的目的在于压缩金融同业链条，降低资金在金融体系内部空转的风险，促使资金从金融系统流向实体经济，降低实体经济的融资成本。2017 年，在央行稳健货币政策的基础上，银监会、证监会、保监会配合央行加强协同监管。银监会规范理财资金，整顿影子银行；证监会加强对上市公司质量的审核，规范大股东减持行为，积极完善资本市场；保监会规范保险资金，防止保险公司利用高杠杆的险资扰乱实体经济。这些举措为引导资金脱虚向实营造了良好的政策环境。同时也应看到，强监管、去杠杆容易引起资金利率不断攀升，需要把握好节奏和力度。应准确监测和把握全社会的实际融资状况，合理安排相关工具搭配和操作节奏，维护流动性基本稳定，把握好去杠杆和维护市场基本稳定的平衡，进而稳定市场预期，守住不发生系统性风险的底线。

——摘自俞林、崔民选、胡梦飞，《人民日报》2017-07-27。

第 5 章　虚拟经济与资产市场

［教学目标］

1. 了解和理解金融资产价格波动的理论模型、房地产的资本化定价方式模型以及房地产价格波动的非平稳性等。

2. 理解股票和债券价格波动特征、房地产的虚拟特性和主要表现、房地产市场发展与实体经济背离。

3. 理解并掌握金融资产价格受到预期和其他因素的影响、虚拟资本内在投资价值、金融资产价格波动对金融体系的影响、房地产价格的决定和影响因素。

［教学基本内容］

1. 证券市场中虚拟资本运动：预期与金融资产价格、金融资产价格的其他决定因素、虚拟资本内在投资价值。

2. 金融资产价格波动的理论模型，包括费雪“负债—通货紧缩”模型、凯恩斯“选美博弈”模型、明斯基“金融不稳定假说”模型、金德尔伯格“经济恐慌”模型。

3. 金融资产价格波动性分析：股票价格波动特征、债券价格波动特征、金融资产价格波动对金融体系的影响。

4. 房地产市场中的虚拟资本运动：房地产的虚拟特性、房地产虚拟特性的主要表现、房地产市场发展与实体经济背离。

5. 房地产资产价格波动：房地产的资本化定价方式、房地产价格的决定和影响因素、房地产价格波动的非平稳性。

5.1 证券市场中的虚拟资本运动

5.1.1 预期与金融资产价格

5.1.1.1 预期理论与模型

预期是对未来情况的估计。在经济学当中预期是指经济系统中的经济主体基于自身的利益，对未来的经济状况做出自己的判断，进而决定自己的经济行为。经济学有四种方式的预期，分别为幼稚预期、外推预期、适应预期以及理性预期。

幼稚预期是最简单的预期方式。幼稚预期认为未来的情况与目前一样。例如，物价幼稚预期的公式可以表示为：

$$P_t^* = P_{t-1}$$

其中，P_t^* 为对 t 期物价的预期，P_{t-1} 为 $t-1$ 期的物价。

外推预期较幼稚预期复杂，是指对未来的预期不仅依据经济变量的过去发展水平，也取决于经济变量所显示出来的变化方向和变动趋势。

外推预期的公式可以表示为：

$$P_t^* = P_{t-1} + \alpha \ (P_{t-1} - P_{t-2})$$

其中，α 为预期系数，表示人们对价格变动预期的趋势，P_{t-1} 为 $t-1$ 期的物价，P_{t-2} 为 $t-2$ 期的物价。α 的值取决于人们的情绪。$\alpha>0$ 表示人们的情绪乐观，预期价格会继续上涨；$\alpha<0$ 表示人们的情绪悲观，预期价格会下降；$\alpha=0$ 表示外推预期是幼稚预期。通过引进预期系数 α，外推预期可以表示人们根据过去的经验和行为主体的不同乐观和悲观程度，来对未来经济变量的预期进行判断。

适应性预期是指经济主体根据自己过去做出预期决策时所犯的错误程度来修正对未来的预期。例如，如果过去的通货膨胀较高，那么人们会预期未来的通货膨胀仍然会较高。

适应性预期的公式可以表示为：

$$P_t^* = P_{t-1}^* + \alpha \ (P_{t-1} - p_{t-1}^*)$$

其中，P_{t-1}^* 表示 $t-1$ 期对价格的预期，其他符号和上面公式一致。这表示预期的下期价格等于对当期价格的预期加上对当期价格预期的误差部分。α 为适应系数，表示对预期误差的修正速度。α 的值较低时，表示对 t 期的价格误差修正比较缓慢；α 值接近 1 时，表示对 t 期的价格预期对 $t-1$ 期价格的反应比较快；当 α 值等于 1 时，适应性预期等于幼稚预期。

理性预期是指经济当事人在面对不确定的未来时，为规避风险或获得最大收益，运用过去和现在一切所有可获得的信息，对所关心的经济变量在未来的变动状况做出尽可能准确的预测。所以，理性预期是与经济理论和模型预测效果一致的预期，它表示对未来价格的预期不会犯系统性错误。

理性预期的公式可以表示为：

$$P_t^* = E[P_t \mid I_t]$$

其中，P_t^* 指 t 期物价的预期，I_t 指 $t-1$ 期经济过程中所有信息的集合，$E[P_t \mid I_t]$ 指 t 期的价格水平在 $t-1$ 期的信息集合条件下的数学期望。理性预期下，预期价格水平由 $t-1$ 期所得到的所有信息集合决定。

理性预期的结论表示，过去的预期误差不会对现在的预期有任何影响。正如林肯所言：“你可以一时欺骗所有人，也可以永远欺骗部分人，但不可能永远欺骗所有人。”但是，这个结论还是过于理想，事实上还没有有力的经验数据来证明经济主体的预期是完全符合理性预期的。

5.1.1.2 预期与资产价格

金融资产价格的重要特征就是价格与成本严重背离，而且这种背离不是短期而是长期的。那么，为什么这种长期的背离能够维持呢？这与垄断形成的价格高于成本是否一样呢？在市场经济中，当少数生产者垄断了商品市场后，可以减少商品的供给，维持商品较高的价格，使商品价格高于其成本，从而获得垄断利润。但是，对于金融资产市场，如有价证券市场，其竞争是比较激烈的，它本身存在较少的进入壁垒，不同的机构和个人都能参与到这些金融资产市场。金融资产市场的竞争更加激烈，金融资产的供给弹性会增强，垄断性会减弱。如果金融资产要求维持较高的价格，那么整个经济必须都处于垄断状态，这是违背现实的。所以金融资产的价格高于成本不是由于垄断。那么，金融资产的高价格的原因是什么呢？

先举一个例子。在股市里，当一个公司上市的时候，按照资本额发行股票，对于投资的股东，他们支出 100 元获取面额 100 元的股票，那么股票的成本就是 100 元。然而在股市上，该股票的实际价格却大大超出股票 100 元的成本。那么，为什么在股票市场上股票的价格远远高于其成本呢？这是由于投资者购买股票的时候，更加关注的是股票相对于银行存款的收益率。如果股票的收益率是银行存款利率的三倍，那么股票的价格就是其成本的三倍。如银行存款有4%的年收益率，该股票的年收益率为12%，该成本为100元股票相当于在银行存款300元，每年可以获得12元的收益，因此则该股票的价格应该为100×12%/4%=300元。

这个案例就说明了金融资产的高价格是由其预期收入来决定的。一般的商品是没有预期收入的，而对于金融资产，人们关注的是其预期收入或者预期收益率，对金融资产的成本却不关注。正是金融资产的这种性质决定了金融资产的价格与其成本的长期背离。

金融资产的价格可以用以下公式表示：

$$PV = \frac{\sum_{t=1}^{\infty} D_t}{(1+r)^t}$$

$t=1,2,\cdots,\infty$，为金融资产的存续期，D_t为金融资产预期未来每年的股息或利息收入，r为市场利率。如果金融资产预期未来每年的收入相等，那么该公式可以简化为：

$$PV = \frac{D}{r}$$

从这个简化公式可以看出，金融资产的价格取决于金融资产的预期收入和市场利率，以预期收入的贴现值为基础。当金融资产的预期收入贴现值比其他资产的预期收入高的时候，对金融资产的需求就会增加，其价格就会上涨；当金融资产的预期收入贴现值比其他资产的预期收入低的时候，对金融资产的需求就会下降，其价格就会下跌，从而与其成本相背离。这也是金融资产的虚拟经济特征的表现。

那么是什么决定企业的预期收入呢？是企业的收益。企业的收益是受很多因素影响的。首先是该企业的财务状况，包括企业的税后净利润、资本性支出、营运成本、折旧与摊销、税率、付息债务等。企业的税后净利润与企业的预期收益成正比。企业在固定资产、无形资产以及在建工程等资本性的支出与企业的预期收益成反比。同时，企业的非现金流动资产、无息流动负债与企业的预期收益成反比。企业的折旧与摊销与企业的预期收益成反比。企业的税率与企业的预期收益成反比。但付息债务与企业的预期收益关系不大。然后是该企业的经营情况，包括企业发展战略、管理者管理水平和历史经营状况。企业发展战略如果符合国家产业政策，会推动企业的发展，企业的预期收益就高。管理者管理水平越高，企业的预期收益越高。企业的历史经营状况越好，企业的预期收益越高。投资者根据企业的经营和财务状况来对企业的收益和发展前景进行估计，进而对企业股票价值进行估计，从而决定投资战略。如果看好企业的预期收益和价值，投资该企业的股票，就会推高其股票价格。

企业所属行业的发展和前景，特别是是否符合国家产业政策对企业的预期收益也会有非常大的影响。在不同的经济发展阶段，不同产业在我国经济中的重要性不断演变，而且国家产业政策的扶持力度也不断调整。例如，在工业化之前，农业是国民经济中的核心产业，国家的产业政策也是大力扶持农业，农业的预期收益较高；在工业化起步阶段，轻纺业是国民经济的核心产业，国家的产业政策是支持轻纺业，轻纺业的预期收益较高；在工业化阶段，重化工企业取代了轻纺业，成为收益较高的行业；进入工业化后期，高新技术产业则取代重化工业，成为收益较高的行业。因此，在不同阶段，高收益高成长行业的股票更容易受到投资者的青睐，其股票价格比衰退行业的股票价格高。

企业所处的宏观经济增长和经济波动环境对企业的预期收益也有非常大的影响。当整个国民经济快速增长时，投资者普遍更看好企业的预期收益，更愿意投资企业的股票，股票市场的价格会较快上涨；当整个国民经济增长速度较慢时，投资者普遍看低企业的预期收益，不愿意投资企业的股票，股票市场的价格会下跌。总的来说，股票市场价格的涨落和经济增长速度有正向的相关性。同样，当经济周期性波动的时候，经济增长处于繁荣阶段，投资者更乐观，会有更高的企业股票需求，助推股票市场价格上升；经济增长处于衰退阶段，投资者更悲观，会有更低的企业股票需求，使股票市场价格下降。但是，股价并不是和经济周期波动完全步伐一致。理性预期的投资者会在经济增长达到繁荣顶端之前提前卖出股票，使股价先于经济周期回落，会在经济增长达到萧条底部之前提前买入股票，使股价先于经济周期上涨。

5.1.2 金融资产价格的其他决定因素

5.1.2.1 投机行为

《新帕尔格雷夫经济学大辞典》中“投机”的定义是“为了再出售（或再购买）而不是为了使用而暂时买进（或暂时售出）商品，以期从价格变化中获利的经济行为”。因此，投机的目的是获取价差利润，并没有生产出财富，其实质上是投入资金获得非生产性财富的行为。狭义上讲，股市投机行为指预测股票市场上的股票行情，如看好后市便购入股票，股票价格上升到期望价格后再卖出获取利润，如看淡后市就出售股票，当股价下跌到期望价格后再买入股票获利，从而在短期内获得价差利润的股票买卖行为。

与投机关系紧密的另外一个概念是投资。投资是企业或个人以获得未来收益为目的，投放一定量的货币或实物以经营某项事业的行为，即投资是指为获得新增利益而投下本金的行为。其中，直接投资是指把资金或实物投入企业的生产经营活动中，而间接投资是指把货币投入购买股票和债券等金融资产中。因此，以资本增值为目的而购买股票和债券等金融资产的行为都属于投资行为。

理论上区分投资和投机的概念主要可以从以下几方面进行：①从购买股票的动机来说，投资是为了获得股息、红利，投机是为了获得价差利润；②从股票持有期限来说，投资的持有期限较长，投机的持有期限较短；③从风险承担来说，投资的风险主要是上市公司的经营业绩的不确定性，投机的风险主要是股票价格波动的不确定性；④从参与人对待预期收益和风险的态度来说，投资者希望获得稳定的收入，偏好较低的风险，投机者希望获得较高的收入，偏好较高的风险；⑤从参与人对待股市价格变化的态度来说，投资者希望股市繁荣，股价稳定，投机者希望股价波动幅度更大；⑥从参与人对待发行股票的上市公司的态度来说，投资者更关注公司的经营管理和财务指标状况，投机者更关注股票市场短期内供给和需求变化的情况。

但是在实践中，由于投资行为和投机行为都是投入本金获得未来收益，其不同之处在于外部难以识别的动机上，因此我们很难区分投资和投机，而且它们在一定条件下还会相互转化。例如，投资者最初是为了获得红利而购买股票，但是当股价大幅上涨时，预计未来短期内股价会回落，这时投资者为了获得巨大的价差利润，就会出售股票，变成投机者；投机者最初是为了获得价差利润而购买股票，但是预测失误，在买入股票后股价却大幅下跌，投机者被套牢，转而长期持有股票，变成投资者。

在市场经济下，投机有其存在的必然性。因为在市场经济下，股市价格会由于股票供给和需求之间关系、上市公司价值变动等因素而不断波动。而面临股市价格的波动，市场参与者必然希望通过低买高卖或高卖低买的方式来获得价差利润，投机自然产生。投机可能是好的现象，适度的投机有助于股票市场功能的正常发挥。区分适度投机和过度投机是非常必要的。

适度投机对股票市场的积极作用：在股票市场交易中，当投机行为占有比较大的比例时，投资者购买或卖出股票，随时在股票市场中可以找到投机者来配对，这大大增强了股票市场交易的流动性。股票市场中投机者低买高卖或高买低卖的方式，调节了股票价格的供给和需求之间的关系，抑制了股票市场行情的大幅波动。投机者投机的行为使股票市场价格的上涨和下降成为投资者买卖股票的信号，引导投资者的投资行为，有利于资源的优化配置和产业结构的优化。敏感的投机者做出投机行为时会及时参考政府制定的宏观调控政策，反过来其投机行为又会带动整个市场对宏观调控政策的反应，提高了国家经济政策的有效性。

如果投机过度，就会转变为过度投机，影响股票市场的正常运行，导致股票市场出现泡沫，甚至导致股票市场崩溃，对整个宏观经济产生巨大的冲击。过度投机的主要表现：股价过快涨跌，股票买卖的换手率提高，上市公司的市盈率上升，股价与上市公司基本面严重背离，引致股票市场的动荡。

5.1.2.2 股权集中度

股权集中度是指全部股东因持股比例的不同所表现出来的股权集中还是股权分散的数量化指标。[①] 股权集中度是市场操纵影响股价的重要因素。在我国，当股权集中度相对较小时，即股价操纵者持有较低比例的股票，股价操作者操纵股价的难度较大，如果其拉升股价，其他投资者获利回吐，导致股价会下跌，操纵股价失败。而当股权集中度相对较大时，股价操纵者持有的股票占比比较高时，股价操作者容易操纵股价。而且，如果股价操纵者持有上市公司的股份较多，对上市公司的影响力比较大，可以要求上市公司在财务信息和公司经营上对股价操纵加以配合，同时也容易从上市公司内部获得内幕信息，操纵股价的难度较小。

股票市场价格受股权集中度的影响。我国股票市场里机构操纵股票的行为是股价异常的重要原因，引起股票价格大幅背离上市公司的内在价值，甚至演化成股市泡沫。我国证监会 2016 年稽查的二十大典型违法案例中，有六例案件涉及操纵市场，包括唐某博等人操纵市场案——沪港通跨境操纵第一案、朱德洪和上海永邦合谋操纵“宏达新材”案以及中鑫富盈和吴峻乐合谋操纵“特力 A”“得利斯”案等。这些操纵市场的案件会使股价远远超过上市公司基本面的支撑，经调查，均涉及股票的股权集中度，也就是流通股东人数减少、持股集中度上升。股价操纵者为了获得高额利润要操纵股价，必须持有较大比例和数量的该上市公司的股票，才能通过自己与自己买卖股票来影响该股票的价

① 刘志远，毛淑珍. 我国上市公司股权集中度影响因素分析 [J]. 证券市场导报，2007（10）：42－48.

格，并从股价大幅的上涨中获得超过一般股民的高额收益。在我国股票市场中，股东人数与上市公司的业绩相关性并不高，公司的业绩在一定程度上会影响股价的高低，但股价也没有真实反映上市公司基本面，市场操纵会对股价波动产生较大作用，导致股票价格与公司基本面的长期显著背离。

5.1.2.3 流通市值

在股票市场中，股票流通市值决定着操作股价的成本。股票流通市值越小，越容易改善公司业绩。公司更愿意扩张股本和更容易进行产业转型和题材操作。股市操纵者更容易操纵流通市值较小的股票从而获得高额收益。对股价的操纵需要大量的资金支持，股市操纵者需要以亿计的资金才能实现对股价的操纵。股票流通市值小，需要较少的资金就能增持公司较多的流通股，股市操纵者使用较少的资金就能操纵该股票的价格。股票流通市值越小，股市操纵者对其股价的控盘技术要求越低。

上市公司在小公司之间的并购比在大公司之间容易。在公司并购活动中，小市值公司更具备壳价值和并购重组的优势。规模大的公司并购需要的较多资金，其涉及的业务较广，资产不易卖出，并购的难度会大大增加。市值大小决定了重组后新股东的持股比例，市值较小的上市公司对新股东的吸引力较大，并购后较易改善公司业绩，进而吸引大量的投资者购买该公司股票，从而使股价大幅上涨，超过企业经营和财务指标类似的规模更大的公司的股价水平。据统计，根据每年初公司市值大小把个股分为最大的25%、中大的25%、中小的25%、最小的25%，计算四类公司股价表现，2007年到2015年，每年年初买入当时市值最小区间的公司，每年换手一次，其组合涨幅高达27倍，而如果每次买入市值最大区间的公司，其组合涨幅仅仅为2.2倍。①

5.1.3 虚拟资本内在投资价值

根据马克思的劳动价值理论，价值是凝结在商品中的无差异的人类劳动，证券只是资本的纸质复本，并没有人类劳动的凝结，没有劳动价值。但是，证券作为虚拟资本、虚拟商品，虽然本身没有价值，投资者购买证券能定期获得投资收益，也具有资本和商品的作用，具有内在投资价值。虚拟资本内在投资

---

① 彭友，俞菁菁. A股的“小”神话：市值越小越妖［EB/OL］http://guba.eastmoney.com/news，cjpl，579140679.html? _t_t_t=0.16621387481399885。

价值是虚拟资本价格的基础，虚拟资本价格仍然围绕虚拟资本内在投资价值上下波动。因此，虚拟资本内在投资价值是投资者判断虚拟资本价格高低的依据，是投资者进行投资决策的关键。

虚拟资本内在投资价值指虚拟资本可以为投资者带来的收益，表现为一定时期内虚拟资本带来的收益通过市场利率贴现的总和。投资者的投资目的便是获取这种收益。假设虚拟资本未来可为投资者带来的收益为D_t，市场利率为r，那么虚拟资本的内在投资价值PV为：

$$PV = \frac{\sum_{t=1}^{\infty} D_t}{(1+r)^t}$$

5.1.3.1 证券内在投资价值的决定

由于证券可以为投资者带来一定的货币收入，证券能给投资者带来的货币收入流量决定着证券的内在投资价值。证券持有者得到的货币收入流量越大，证券的价值就越大，反之就越小。证券所带来的货币收入流量指它所代表的资产在未来能产生的所有收益之和。

由于证券的货币收入流量是未来的，而未来一般具有不确定性，因此投资者投资证券的货币收入流量一般是不确定的。这些货币收入流量要受到经济因素、政治因素、社会因素以及证券发行公司经营状况的影响。因此，投资者在投资某种证券时，只能根据证券发行公司过去的经营状况和对企业未来盈利水平的预期来确定其投资证券的货币收入流量，并与证券市场上其他证券的收益水平比较，从而判断购买该证券所获得收入流量的大小和可靠性，以及本金遭受损失的可能性。得到证券未来的收入流量的预期后，确定证券的内在投资价值还要考虑资金的时间价值。因此，证券未来收入流量的资本化值才是该证券的内在投资价值。

5.1.3.2 股票内在投资价值的决定

股票内在投资价值的计算公式如下：

$$V = \frac{A_1}{1+r_1} + \frac{A_2}{(1+r_2)^2} + \cdots + \frac{A_n}{(1+r_n)^n} = \sum_{t=1}^{n} \frac{A_t}{(1+r_t)^t}$$

其中，V为股票的内在投资价值，A_t为股票在未来第t期的股息收入，r_t为第t期的贴现率。该公式说明，如果股票投资可获得的未来预期股息收入流量均为确定数值，那么该股票的价值为未来预期股息收入流量按复利贴现的现值总和。进一步来看，股票在未来各期的股息收入越大，股票的内在投资价值越大；股息增长率越高，股票的内在投资价值越大；贴现率越低，股票的内在投资价值越大。

5.1.3.3 债券内在投资价值的决定

债券内在投资价值的计算公式为：

$$PV=\frac{\sum_{t=1}^{n}(i\times Par)}{(1+r)^{t}}+\frac{Par}{(1+r)^{n}}$$

其中，PV 是债券的内在投资价值，Par 是债券的面值，i 为利息息票利率，r 为当时市场条件下的预期收益率。债券内在投资价值取决于各期债息收入现金流量的现值，即将每期债息收入的现金流量用一定的贴现率折成现值，相加后计算的总收入即为债务的内在投资价值。债券内在投资价值计算是债券定价的核心，因为通过计算债券内在投资价值与市场价格之间的差距，可以判断债券的价值是过高还是过低，从而帮助投资者做出正确的投资决策。

5.2 金融资产价格波动的理论模型

5.2.1 费雪“负债—通货紧缩”模型

欧文·费雪经过对 1837 年、1873 年发生于美国的经济大萧条和始于 1929 年的全球经济危机的分析，得到如下结论：经济萧条导致金融市场运行失常，金融市场动荡的原因主要是负债过度。经济形势的好坏，表面上是由于经济主体设备投资过剩、投机活动过度和对经济前景非理性预期引起的，但究其根本是负债过度导致金融“变异”，进而致使实体经济发生“变异”，金融运行与实体经济陷入恶性循环的相互紧缩状态。①

金融“变异”引致实体经济“变异”始发于投资者收益预期的外部冲击。当经济领域出现新发明、新技术、新产业、新市场等新兴事物时，投资者会产生新的收益预期，对经济前景充满乐观情绪，从而积极举债进行筹资与投资。在金融领域相对宽松的环境下，信贷规模极易过度扩张，进而经济扩张，物价

① 参见：张宗新. 金融资产价格波动与风险控制［D］. 复旦大学，2004：5－6.

上升。这个阶段只要名义利率上升滞后于物价上升或低于物价上升幅度，就意味着实际利率下降，贷款人容易产生货币幻觉，放量贷款，而借款人并未产生货币幻觉，他们会意识到实际利率在下降而保持投资冲动，非理性借款不断增加，以至出现负债过度现象。如果由于某种原因，负债过度的状况被打破，金融运行与实体经济则会陷入一种螺旋式紧缩状态，直至爆发金融危机。

5.2.3 明斯基“金融不稳定假说”模型

在凯恩斯理论框架的基础上，美国金融经济学家海曼·明斯基建立了基于制度分析的金融危机模型，即“金融不稳定假说”。明斯基认为，虽然凯恩斯的理论涉及金融体系的不稳定性，但是没有系统分析金融因素在经济周期变动中的作用，尤其是忽略了债务结构对各经济主体行为的影响。因此，构建金融不稳定模型必须在凯恩斯“以投资为中心解释经济周期”的理论框架中，融入“投资的金融理论”，以此考察金融制度、金融行为及其动态变化。只有这样，才能更好地分析投机性投资热潮的产生、经济繁荣内含着危机的萌芽这样的金融危机产生机制。

按照明斯基的观点，经济周期的存在将诱使企业进行高负债经营。在新的商业周期开始时，主要是套期保值型企业，在这一阶段经济运行处于近似稳健和均衡状态。随着经济繁荣与经济景气上升，人们未来预期收益提高，借款企业的金融头寸从套期保值理财向投机性理财转移，并确信未来经济会更加繁荣。在乐观预期推动下，市场信心增强，容易导致低估风险，进一步加大证券投资。同期，经济运行呈现扩张态势并不断繁荣，直到产生经济过热。在经济持续扩张繁荣的预期作用下，金融机构接受了流动性较低的负债结构，使金融系统的结构性特征发生变化。随着金融债务增多，资产价格暴涨。这样，投机型企业和蓬齐型企业越来越多，在借款企业中高风险的后两类企业的比重不断提高，而相对安全的第一类借款企业所占的比重越来越小。“而这种变化的渐进累积就会进一步缩减金融系统稳定的范围。所以，在经济扩张一段时期以后，这种异常规模或异常持续时期的事件可以引起急剧的金融反应……一旦这种急剧的金融反应发生，制度性的缺陷就会显露出来。”（Minsky，1982）伴随着金融资产缩水和经济景气下行，一些经济主体因负债过度而无力偿还本息，资金供给相对谨慎，社会普遍对收益预期产生悲观态度。经济主体因资金缺乏而出售现有资产，资产价格将加速贬值，金融体系就会从一种相对稳态均衡状态转向一种不稳定非均衡状态，增强了金融脆弱的内生性。此时，任何信用链条的断裂都会引发产业部门的违约和破产，而这又进一步反馈到金融体系。金融机构破产迅速扩散，金融资产价格泡沫随之破灭，金融危机爆发。

5.2.4 金德尔伯格“经济恐慌”模型

金德尔伯格将明斯基模型加以具体运用，对泡沫经济和金融危机的形成过程进行了具体概括。金德尔伯格认为，资产过度波动在很大程度上是投资者理性丧失的结果，投机者甚至是“集体歇斯底里的发作或者发狂”。这种“市场狂潮或恐慌”和普遍性的非理性或大众心理密切相关，大众心理或者集体的歇斯底里是理性行为的偶然偏离。

按照这一理论，金融资产价格过度波动的基本分析框架可以概括为以下几个阶段：第一阶段，外部的正向冲击导致宏观经济出现异常变化，给宏观经济中的不同主体带来更多的利润和收益，宏观经济逐渐繁荣。第二阶段，随着宏观经济繁荣，企业的投资大量增加，金融交易也更加频繁，资产价格也快速上涨。第三阶段，由于金融交易过度和大量投机出现，金融资产价格上涨更快，刺激了企业投资和家庭消费，出现虚假繁荣。第四阶段，金融资产价格行情狂热，出现资产泡沫，企业和家庭丧失理智，金融资产价格与其基本价值大幅背离。第五阶段，随着金融资产价格的上涨，对货币的需求上升，利率上升，经济主体对金融资产的预期发生变化，开始出售金融资产，市场开始抛售资产，金融资产价格开始下降。第六阶段，金融资产价格泡沫破灭，经济主体恐慌性抛售资产，金融资产价格大幅下跌，大量金融机构倒闭，宏观经济出现金融危机。

5.3 金融资产价格波动性分析

5.3.1 股票价格波动特征

5.3.1.1 股票价格与价值背离

尤金·法玛的有效市场假说认为，在法律健全、功能良好、透明度高、竞争充分的股票市场，一切有价值的信息已经及时、准确、充分地反映在股价走势当中，其中包括企业当前和未来价值的信息，因此股票市场价格与其价值之间的背离是暂时的。有效市场假说有三个假设：第一个假设，投资者是理性的，能判断股票的价值，可以对影响股票的各种信息做出迅速反应；第二个假设，即使有非完全理性的投资者，他们的非理性行为会相互抵消，股票价格并不偏离其价值；第三个假设，即使投资者的非理性行为不能完全抵消，理性的投资者可以通过套利的行为使股票价格回归其价值，股票价格不能持续偏离其价值。

然而在现实中这三个假设并不完全成立，导致股票价格和其价值背离的原因主要有三个。

第一，投资者是有限理性的。投资者不可能获得完全和无偏的信息。首先，诸多因素影响股票价格，如政治、军事、经济等。这些影响因素往往具有较强的时效性，变化非常快。而投资决策需要投资者的专业知识，需要投资者付出资源和时间成本。信息量庞大、但时间和精力有限且信息鉴别能力有限的情况下，投资者难以有效地获得信息。其次，投资者不能完全冷静和谨慎地做出投资决策，难以做出完全客观的判断。由于投资者是社会存在物，容易产生从众心理，其认知和行为容易受到参与投资市场的其他群体的影响，容易被市场的悲观和狂热的情绪左右。同时，投资者自身的认知也存在偏差，会影响其客观的判断。

第二，不可抵消的非理性行为。传统金融学认为，投资者的非理性行为会相互抵消，不会导致股票价格和价值的偏离。这个结论成立的假设前提是投资者数量众多，其交易行为相互独立而且随机。然而行为金融学实验研究表明，人作为社会存在物，其行为和认知容易受到参与投资的群体的影响。投资者之间的投资和交易有非常大的相关关系，在同一时刻，由于相互影响，投资者往往同时买入或卖出同一只股票，导致投资者的非理性行为不会抵消。

第三，套利的局限。首先，在实际投资中，很难找到合适的套利替代品。投资者在买入价格高估的证券时，须卖出价格低估的替代证券，以降低风险水平。期货、期权等证券较易找到替代品。但大多数情况下，股票难以找到合适的替代品。因此，当大量股票价格出现偏离时，套利投资者无法找到合适的替代品而无法进行对冲交易，无法使股票价格回归其基本价值。其次，在实际投资中，存在噪音投资者。噪音投资者是指通过套利使价格偏差在短期内进一步扩大的套利者。当股票价格被高估或低估时，即使套利投资者能找到替代的股票，但是由于噪音投资者对价格高估的股票更加充满信心，或对价格低估的股票更加悲观，使价格高估股票的价格进一步上涨，使价格低估股票的价格进一步下跌，导致股票价格的背离进一步扩大。最后，套利具有限制和成本，降低了套利的效果。在实际的套利中，套利投资者往往需要卖空股票，但是在很多国家的证券市场上，卖空证券是受到限制的，难以实施套利行为；当有些套利行为需要在国外的股票市场上来买卖股票时，会受到当事国法律的约束。此外，投资者在做套利行为时会有佣金等套利成本。这些都会阻碍套利行为的实施，使股票价格难以回归其价值。

5.3.1.2　股票价值是价格波动的重心

股票价值是价格波动的重心，股票价格随股票价值的上涨而上涨，且不会无限度地偏离价值，当股票价格偏离价值达到一定程度后会向其价值回归。这是基于投资者具有理性的观点，但投资者的理性是有限理性。投资者的理性体现在其具有明确的投资目标，即获得最大利润。另一方面，投资者为了获得最大利润，对自己的心理和行为不能加以完全的控制，具有非理性。

投资决策中，投资者会就当前利益和长远利益进行比较。具体来说，投资者会对股票价格与持有股票的预期收入的贴现值之和进行对比。如果股票价格大于持有股票的预期收入的贴现值之和，那么投资者会卖出股票；如果股票价格小于持有股票的预期收入的贴现值之和，那么投资者会买入股票；如果股票价格等于持有股票的预期收入的贴现值之和，那么投资者会不采取行动。

投资者受自身的局限性和外部因素的限制，是有限理性的。投资者一方面无法精确地把握股票的价值，也无法准确地判断股票价格与其价值的背离；另一方面不能依据价值来投资，而是愿意听取大多数人或专家的意见，具有从众投资的心理。

从长期看，当股票价格与其价值偏离到一定程度时，投资者非理性行为的影响逐渐减小。虽然投资者无法准确判断股票的价值，但能大致判断其股票价值的区间。当股票价格偏离其价值的区间时，投资者可以判断出股票价格和价值是否偏离。当然，对于经过训练的专业人士或者经验丰富的投资者，发现股票价格与股票价值偏离到一定程度时，会迅速采取行动。对于非专业的投资而言，他们的反应较慢，只有等到股票价格波动比较明显的时候才能采取行动，但往往已经错过了时机。

5.3.1.3　股票价格波动有趋势性

随机游走理论认为股票价格是随机游走的，其波动没有趋势性。在有效的证券市场下，股票价格会反映所有的公开和内幕信息，在没有新的信息时，股票价格不会波动，只有新信息时才会波动，过去的信息对股票价格的波动没有影响。而新信息的出现是随机的，因此股票价格也是随机波动的，今天的股票价格和昨天的股票价格没有关系，股票价格波动没有趋势性。

但是行为金融学认为股票价格不是随机游走的。其理论认为，投资者并非完全理性的，他们很难在新信息出现时把握其重要程度和影响，很难及时准确地做出反应，这违背了随机游走理论的基本假设。同时相关研究发现，新的信息对股票价格的影响并不短暂，而具有明显的记忆效应。在复杂的股票市场中，股票价格波动会受到很多因素的影响，不是随机游走的，而是有偏随机游走，具有一定的趋势性。

芒德勃罗学派认为，在现实生活中，事件对我们的影响往往很长，甚至一些事件尽管逐渐被淡忘，但其影响仍然会长期持续，甚至会永远改变我们的生活或历史。同样，在股票市场里，新的信息可能会逐渐被淡忘，但是其对股票市场的影响仍然会比较长，甚至不同的信息的作用会叠加。不同时间的许多信息会对股票价格波动产生巨大的影响。行为金融学者的研究也发现，股票市场的投资者是比较保守的，对于新的信息，他们不会马上做出反应，而是要等到进一步的信息的出现并强化了前面信息的效果时才会做出反应。因此，新信息对股票价格作用的时间会比标准金融学理论里的时间更长，其对股票价格的影响是长期的。

导致股票价格波动有趋势性的原因有：①从众心理。在股票市场中，由于投资者往往跟从大多数人或者权威的观点。当投资者的观点与大多数人或者权威的观点不一致的时候，即使这些观点有可能错误，投资者仍然会跟从这些观点。在现实中，发达的新闻媒体为投资者提供了很多信息和观点。而这些信息和相对比较权威的观点对投资者的行为有非常大的影响，甚至会影响到股票市场价格的波动。②外推性偏差。外推性偏差是指投资者认为股票市场过去的历史走势会在明天重演。投资者在股票市场处于牛市的时候投资更加乐观，当股票市场处于熊市的时候投资更加悲观，这会使股票价格波动的趋势性更明显和持久。③技术分析法的应用。在实际投资活动中，技术分析法得到广泛的应用。在股票市场中科技手段广泛运用的今天，大多数投资者都了解技术分析法，并使用技术分析法来买卖股票。当技术上买卖股票的信号出现后，相当多的投资者会采取同样的投资决策，甚至通过计算机系统投资者还可以自动地根据股票价格信号买卖股票。这些投资活动都会使股票市场的趋势性更明显。

5.3.2 债券价格波动特征

按照传统的经济学理论，商品的价格围绕其价值变化。而债券作为虚拟的有价证券，其本身并不具有价值，但其能每年给购买债券的投资者带来固定的收入。而且投资者购买债券后把用于消费的货币转化为企业的投资，也会生产出商品的价值。因此，债券其实也具有一定的价值。只不过债券的价值是债券带来的收入流，包括债券的利息、债券持有的损益以及债券利息再投资收益。

债券价格波动有如下特点：①债券的价格受债券的期限、利率和市场收益率变化的影响。②给定债券的期限和利率，如果债券收益率变动较小，则债券价格变动也较小，而且债券收益率无论上升和下降，只要其变化幅度相同，带来的债券价格上升和下降的幅度也基本相同。③给定债券的期限和利率，债券收益率变动较大，则债券价格变动也较大，而且债务收益率上升和下降导致债券价格波动的变化幅度是不同的。即使债券收益率上升和下降幅度相同，债券价格上升和下降的幅度也不同。市场收益率下降带来的债券价格变化幅度比市场收益率上升导致的债券价格波动幅度更大。④债券的期限和收益率给定的前提下，债券利率导致债券价格反向波动。债券利率越高，债券价格越低；债券利率越低，债券价格越高。⑤给定债券的收益率和利率，当收益率不等于票面利率时，债券期限越短，带来的债券价格波动越小，债券期限越长，带来的债券价格波动越大。⑥债券价格的波动与市场收益率波动相反，市场收益率上升，债券价格下降，市场收益率下降，债券价格上涨。

5.3.3 金融资产价格波动对金融体系的影响

5.3.3.1 金融资产价格波动对银行体系的影响

（1）信贷风险效应

银行信贷风险主要指银行信贷中抵押资产的价值变化带来的风险，以及从银行融资投资于股票市场上的借款人违约率不断上升的风险。因此，金融资产价格的剧烈变化会对该部分银行贷款带来较大的影响。当金融资产价格下降时，向银行贷款的投资者的财富水平会下降，其向银行还贷的能力也会下降，这会影响到银行的信贷资产的质量。如果金融资产价格大幅下降，银行会产生较多的不良资产，而且银行抵押品的价值也会下降，银行为了避免损失扩大，不得不卖出贷款抵押资产，进而使其价格继续下跌，从而形成更多的不良资产，借款人违约的可能性增加，最终会影响到银行体系的稳定。

但是当金融资产价格快速上涨时，往往意味着经济的快速增长，在良好的未来经济发展预期下，投资者需求更多的贷款，银行体系也进入信贷扩张阶段。而增加的银行信贷一部分进入证券市场，使金融资产价格持续上涨。当从银行贷款的投资者更多地参与证券市场时，可能造成证券市场的资产泡沫，从而给银行体系带来不稳定性。

（2）市场风险效应

市场风险指银行直接投资证券市场所面临的风险。银行信贷资金是证券市场投资者的重要资金来源，银行资产可以通过各种途径流往证券市场。股票市场由于银行面临的风险敞口比较大，市场风险较大，债券市场由于银行面临的风险敞口比较小，市场风险较小。如果在证券市场处于牛市阶段，大量的银行资金则可能通过一些隐蔽的渠道涌入证券市场。但是，如果证券市场发生较大的波动，特别是当证券市场价格从牛市转为熊市，市场风险则会使银行体系的不稳定性大大增加。

（3）非利息收入效应

随着资本市场的快速发展，企业更倾向于直接融资渠道。证券市场融资具有融资成本较低、融资约束较强和政府监管有力等优势，成为企业融资的重要渠道。而随着利率市场化进程的加快，银行的存贷利差下降，利息收入不断减少，而非利息收入开始发展为银行的重要利润。在银行的非利息收入中，相当部分来自证券市场，如银行代办基金业务和银行理财业务等。金融资产价格波动会对银行的这些业务带来较大影响。当金融资产价格上涨时，银行相关非利息收入业务的交易更加频繁，其佣金收入会增加，而且金融资产价格的上涨会使银行管理的金融资产的价值提高，其管理资产收益会提高。相反，当金融资产价格下跌时，银行相关非利息收入业务的交易减少，佣金收入会减少，银行管理的金融资产的价值下降，其管理资产收益会下降。特别是如果金融资产价格大幅下跌，会导致资产价值大幅缩水，银行交易萎缩，银行的非利息收入降低，因此降低银行体系的稳定性。

5.3.3.2 金融资产价格波动对汇率的影响

（1）国际贸易效应

金融资产价格波动可以影响国民收入，进而影响国际收支，最终对本国货币汇率产生影响。金融资产仍然来源于实体经济，金融资产价格的上升使本国居民的财富和收入增加，刺激本国居民对国外商品的需求，会增加商品进口，导致经常项目赤字，外国货币的需求增加，最终导致本国货币贬值。反之，金融资产价格的下降使本国居民的财富和收入减少，抑制本国居民对国外商品的需求，会减少商品进口，导致经常项目盈余，外国货币的需求减少，最终导致本国货币升值。然而，这个效应有一定的时滞，实体经济的变化、经济发展和企业经营情况影响金融资产价格变化需要一定的时间，金融资产价格波动影响居民财富和收入，再反映到国际收支和汇率也需要一段时间。

(2) 货币供求效应

金融资产价格波动会使投资者改变其拥有的资产组合，投资者会改变拥有金融资产和其他资产的比例，从而改变对国内货币的需求，同时对金融资产组合的调整，会导致国际资本流动，从而改变对本国货币的需求，最终影响到本国货币汇率。具体来说，金融资产价格上涨，则国内投资者倾向于持有更多金融资产、较少的现金，减少对本国货币的需求，同时金融资产价格的上涨会吸引国外资本进入本国来投资，用本国金融资产替代国外金融资产，增加对本国货币的需求，在本国货币的供给没有增加或不变的情况下，会导致本国货币价格提高和本币对外汇率升值。反之，当金融资产价格下跌的时候，国内投资者倾向于持有更少的国内金融资产，用国外金融资产替代本国金融资产，减少对本国货币的需求，导致本国货币价格降低和本币对外汇率贬值。

(3) 利率效应

金融资产价格波动会改变本国的利率水平，从而引致国际资本的跨境流动，改变对本国货币的需求，在本国货币供给量不变的条件下，会进一步改变利率，最终影响到本国货币的汇率。具体来说，当金融资产价格上涨时，吸引国际资本流入，增加对本国货币的需求，本国利率水平有上升的压力，本国货币有升值压力。反之，当金融资产价格下跌时，引致国际资本流出，本国的利率水平有下降的压力，使本国货币有贬值压力。

(4) 心理预期效应

金融资产价格波动可以通过影响心理预期来影响汇率。当本国经济发展前景比较好的时候，投资者预期公司经营业绩会提高，其证券市场价格会上涨，于是增加对其证券的购买，同时伴随其他投资者追涨的羊群效应，推动证券市场价格进一步上涨，对本国货币的需求会上升，本国货币的币值会上升。反之，当本国经济发展前景比较差的时候，投资者预期公司经营业绩会下降，其证券市场价格会下跌，于是减少对证券的购买，对本国货币的需求会下降，从而使本国货币贬值。

5.4 房地产市场中的虚拟资本运动

5.4.1 房地产的虚拟特性

(1) 房产的虚拟特性分析

从马克思政治经济学的角度来看，房产是有其内在价值的。一方面，房产的价格取决于其建筑房屋的成本。因此，房产价格一般不会随着时间的推移和技术的提高而贬值。但另一方面，房产的使用时限比较长，往往都远大于其他耐用消费品的使用时限。因此，当对房产的需求大于供给时，房产的价格会上升，成为投资者投资的对象，其价格会与建筑的成本相背离。所以，房产的价格具有一定的虚拟性质，应该使用资本化定价的方法来确定房产的价格。

(2) 地产的虚拟特性分析

地产的价值是由土地的成本以及对土地的供需决定的。一方面，对于土地的拥有者来说，不管技术水平怎么变化，土地是固定的生产要素之一，而且对于非农业用地，土地也不会有肥力的下降。因此，土地是具有内在价值的。另一方面，随着经济的发展和社会的进步，对生产要素之一的土地的需求会上升，而土地由于地理条件的限制，也不能再生产出来，其供给是有限的。因此，对地产的需求会持续大于供给，地产的价格也会持续上升。所以，地产的价格具有一定的虚拟性质，地产的价格不能取决于其成本，也要采用资本化定价的方法来确定。①

(3) 房地产的虚拟特性分析

房地产包括房产和地产两部分。地产是房产的基础，房产的内在价值也要受地产的影响。房地产的价格包括房产和地产两部分的价格。一方面，房地产是实物资产，可以用于生产和消费，具有内在价值；另一方面，对房地产的需求和供给会导致房地产价格的持续波动。所以，房地产的价格具有虚拟性质，房地产的价格不能取决于其成本，要采用资本化定价的方法来确定。但从另一方面看，房地产不是完全的虚拟资产。因为房地产可以作为实物资产用于实际

---

① 沈圳贺. 虚拟经济与实体经济发展的适度性研究［D］. 吉林财经大学，2010.

生产和消费，从而推动实体经济的发展。这种紧密联系使房地产不可能完全虚拟化。

5.4.2 房地产虚拟特性的主要表现

5.4.2.1 房地产资产化趋势和投机功能逐步增强

随着房地产市场的发展，房地产的虚拟资产特性更加明显。房地产已经由传统的单纯的耐用品逐渐转变为投资品和资本品，而且和虚拟经济市场的联系更加紧密。房地产资产化趋势和投机功能逐渐体现在两个方面。

（1）社会总资产中房地产资产的占比越来越大

随着房地产虚拟化进程的加快，房地产已经成为人们重要的一种财富。大量的财富以房地产形式存在，房地产在社会财富中占有越来越重要的地位。为了追求更多的财富，投资者会对房地产进行投资或投机，导致大量货币投入房地产市场，使房地产资本化趋势和投机功能逐步增加，其资产化趋势也越来越明显。

（2）房地产证券化

所谓房地产证券化，就是将房地产投资直接转变成有价证券形式。房地产证券化把投资者对房地产的直接物权转变为持有证券性质的权益凭证，即将直接房地产投资转化为证券投资。房地产证券化具有两种方式：一是金融机构把其拥有的房地产债权打包成面值较小的有价证券再销售给投资者，从而回收资金流动性；二是房地产投资经营机构把房地产价值从固定资本形态转化为流动性较强的证券商品并销售给投资者，从而筹集资金。房地产证券化更加注重房地产财富形式的增值性和流动性，这是房地产虚拟化的一个表现。

据美国债券市场协会计算，美国房地产证券的规模已经从 20 世纪 80 年代的 370 多亿美元迅速扩大到 21 世纪初的 8 万多亿美元，其规模比政府债券、公司债券和市政建设债券的规模大得多，是美国固定收益产品中最重要的市场（见图 5－1）。

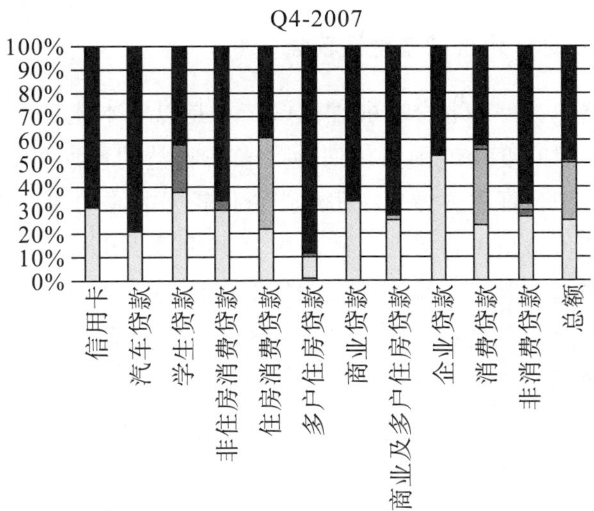

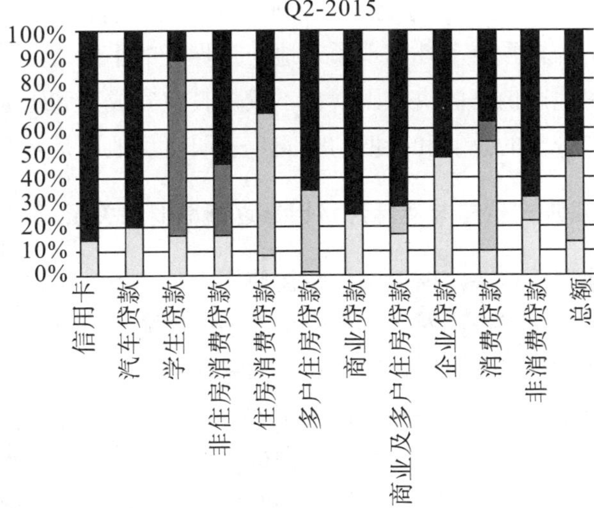

图 5-1　美国 2007 年第四季度和 2015 年第二季度证券化产品未偿份额[①]

① 图表来源：美国资产证券化白皮书 https://www.sohu.com/a/164450737_99942957。

5.4.2.2 房地产价格的波动性较强

房地产价格作为一种非金融的虚拟资产，是以资本化定价方式为基础的。信息、观念等随时间变化的因素对房地产未来收益的预期可以产生重要的影响。房地产的虚拟特征主要体现在房地产价格较强的波动性。

我国房地产价格呈现趋势性上涨。从2006年1月开始，全国70个大中城市新建住宅价格指数从100上涨到2016年9月的162.4，涨幅高达62.4%。其中，北京、上海、广州和深圳等地的房地产价格甚至上涨了3倍以上（数据来源：wind数据库）。

而我国房地产价格趋势性上涨的同时，房地产价格波动性也较强，呈现周期性的上涨和下跌。例如，从2006年以来已经经历了四轮周期：从2006年到2008年6月，我国房地产价格持续上涨，而美国金融危机发生后，房地产价格开始下跌直到2009年2月；从2009年3月到2011年9月，我国房地产价格上涨，随后房地产价格下跌直到2012年5月；从2012年6月到2014年4月，我国房地产价格上涨，随后房地产价格下跌直到2015年4月；从2015年5月到2017年下半年，目前房地产价格进入小幅上涨阶段。

房地产价格的较强波动性体现了房地产是投资的手段之一，不再是一般的耐用消费品。房地产价格的决定因素也不只是其建安成本和土地成本，更多地取决于由房地产带来的收益和升值的空间，表明了房地产是具有虚拟特性的。

5.4.2.3 房地产价格与实际经济因素逐渐减弱的关系

传统的房地产价格决定模型中，往往使用实际收入、家庭与人口数量、就业率等实际经济因素来考虑对房地产价格波动的影响。虽然这些因素是有显著影响的，但后来的研究都表明，实际经济因素并不能完全解释房地产价格的变化。美国经济学家约翰·奎格利通过美国在20世纪80年代到90年代的数据研究表明，实际的经济因素对美国房地产价格的解释比较低，仅仅能解释房地产价格的47.27%。也就是说，除了实际的经济因素，还要考虑影响房地产价格的虚拟经济因素。

房地产价格与实际经济因素逐渐减弱的关系还反映在房地产价格和房地产租金价格的背离。房地产的租金来源于消费房地产的需求，因此按照传统经济理论，房地产价格应该是房地产租金的贴现值之和，房地产价格的变化和租金价格的变化应该是相同的。但实际情况是，从20世纪90年代以来，在中国香港地区和新加坡等东南亚国家，其房地产价格比房地产租金价格上涨的速度要快得多。在欧美地区，房地产价格也比房地产租金价格的变化更显著。因此，房地产的虚拟特性也体现在房地产价格在一定阶段后脱离实际经济因素独立地变化。

5.4.3 房地产市场发展与实体经济背离

传统经济理论认为，商品的价格是以其价值为中心而变化的，房地产价格也是以房地产价值为中心而变化的。如果房地产价格偏离其价值比较远，就会形成房地产泡沫。房地产的价格变化是由实际收入水平、居民财富、生产成本价格和心理预期等导致的需求和供给之间的关系决定的。而这些因素的变化对房地产的需求和供给产生巨大的影响，进而影响到房地产价格的变化。如果房地产价格变化偏离其价值比较小，这种变化很快就会均值回归。如果房地产价格变化偏离其价值比较大，偏离时间比较长，特别是投机行为导致的房地产价格与其价值的大幅偏离就会形成房地产泡沫。

过去实体经济波动是世界经济波动的主要原因，但最近几十年，全世界很多国家或地区在实体经济内在因素运行平稳的情况下，却发生金融危机。比如 1997 年的亚洲金融危机和 2007 年的美国金融危机，实体经济并不是导致金融危机发生的直接原因，而是资产市场虚拟化程度较高，尤其是房地产价格的大幅波动导致金融危机的发生。伴随着全球经济一体化进程的推进，金融危机之后全球流动性过剩，人们的投资意识提高，渴望财富，而国内没有良好的投资渠道，大量投资和投机的流动资本纷纷涌入高流动性和高波动性的资产市场，导致房地产市场快速膨胀，推动房地产泡沫的出现，从而导致宏观经济出现“一九现象”，即只有房地产市场高涨，其他经济领域低迷。

房地产价格波动引起宏观经济波动进而脱离实体经济一般会经历以下过程。在经济发展过程中，在社会总供给增长较慢或供给弹性比较小而社会总需求快速增加的情况下，价格快速增长。房地产作为实物资产，其地产的供给往往增加得较缓慢，同时开发商垄断房地产市场，特别是每年短期内供应的房地产规模有限，房地产价格会上升。当人们意识到房地产资产的稀缺性，并且发现房地产价格上升时，就会增加对房地产市场的投资，而且投机者也会加大房地产市场投机行为。因此，对房地产的需求会持续大于房地产的供给，导致房地产价格继续上升，进而形成房地产价格上涨预期，在正反馈效应下使房地产价格出现非理性上升，使房地产价格和房地产内在价值更加明显地背离。

而房地产价格与实体经济面的脱离越来越大，夸大了房地产的真实价值，吸引更多的资本涌入房地产市场之中，出现投资和投机房地产的热潮，会导致房地产泡沫的产生。但是，当房价上涨过高时，房地产的投资者和投机者预期房地产价格可能由上涨转为下跌，乐观的预期转变为悲观的预期，于是纷纷卖出房地产，导致房地产价格开始下降，房地产价值开大幅下降，人们的财富大幅缩水，导致人们的投资和消费紧缩，社会的总需求开始下降，出现通货紧缩。而房地产资产是大多数中低收入家庭的主要资产。大多数国家的房地产贷款业务都是由银行提供，这个比例甚至会高达 70%。因此，一旦房地产泡沫破灭，会导致房地产开发商和买房者的资金出现困难，银行的呆账、坏账大幅增加，使买房者、房地产开发企业和银行产生大量不良债务。这些不良债务作用到实体经济上，会形成紧缩的恶性循环，波及金融业和整个实体经济，最终导致金融危机或经济危机的爆发。

5.5 房地产资产价格波动

5.5.1 房地产的资本化定价方式

一般商品是以成本定价的，其价格在以成本定价的价值上下波动，不会偏离其价值太远。而房地产作为虚拟经济的一部分，其价值基础是以资本化定价方式确定的。而房地产价格往往和其以成本确定的价值是不一致的，不能以成本来定价，而应该按照资本化定价方式来定价。资本化定价是指房地产以未来收入的现值来确定其价格。①

5.5.1.1 李嘉图租金模型与单中心模型

房地产是一个完全差异化的市场。因为相邻地段的房地产具有一定的替代性，所以任意特定地段的房地产供给对于价格无弹性，而需求却具有很强的价格弹性。需求者之间相互竞争特定地段的房地产，使得支付的租金正好等于由房地产位置优势而获取的价值。租金通过这样方法决定，被称为李嘉图租金模型。

现代单中心模型继承了李嘉图租金理论的核心内容。单中心模型的假设条

① 张文丹. 虚拟经济视角下我国房地产价格的驱动因素研究 [D]. 福州大学，2014：10.

件如下：有 n 个家庭围绕着就业中心居住，单位时间内每公里需要 k 元的交通费用；一个代表性家庭的收入为 y，其中 Kd（d 为就业中心至某一特定住宅的距离）指的是交通费用的部分，R（d）表示住房租金，其他消费为 x。建设住宅占 q 比例的土地面积，所需费用为 c，其中，c 和 q 为常数。根据李嘉图租金的定义，只有不同位置住宅租金的变化使得典型家庭的其他消费 x 相同时才能达到均衡状态，记为x^0。因此，到 CBD 距离为 d 公里的住宅租金为：

$$R(d)=y-kd-x^0$$

住宅位于城市边缘 b 公里处，该住宅租金由农用土地租金r^aq 和住宅的建筑租金两部分构成，由此，城市边缘的住宅租金为：

$$R(d)=r^aq+c=y-kb-x^0$$

典型家庭的其他消费x^0则可由上式得出：

$$x^0=y-kb-r^aq-c$$

可以得出距离就业中心 d 处的住宅租金，其中 $d\leqslant b$：

$$R(d)=r^aq+c+k(b-d)$$

可以看出，总的住宅租金等于位置租金、建筑租金和农用土地租金三部分的现金流的折现值总和，根据现金流折现公式得出该处住宅的价格。

5.5.1.2 存量—流量模型

房地产的耐久性使其区别于普通商品和一般的金融资产，这种特性表现为既能提供持续的服务，又能够作为一种资产持有。可以将房地产市场分为三个子市场：一是房地产使用市场，假设房地产存量在初期是既定的，此时租金水平取决于使用需求；二是房地产资产持有市场，基于资产定价模型，房地产价格取决于未来房地产资金流入和意愿的折现率；三是房地产生产市场，新增房地产建造数量由本期房地产价格和建筑成本决定。

构造简单的存量一流量模型，假设当前 t 期的需求及供给分别由D_t 和S_t 表示，租金收入使用R_t代表，d 代表房地产的折旧率，则各变量可表示成：

$$D_t=\alpha-d\,R_t$$

$$S_t=S_{t-1}(1-d)\alpha+\triangle S_{t-1}$$

运用最简单的适应性预期的假设，假定意愿的折现率由利率等外生因素决定，租金收入水平保持不变，可以用下式表示房地产价格的决定：

$$P_t=\frac{R_t}{i}$$

在房地产生产市场上，当房地产生产成本达到一定值以后，每增加单位生产量带来成本的增加会越来越大。其价格由房地产持有市场决定。然后根据厂商利润最大化原则、存量市场均衡条件$D_t=S_t$、流量市场均衡条件$S_t=S_{t-1}$，得出房地产存量与流均衡价格：

$$P=\frac{\beta+2\alpha ad}{1+2\alpha bdi}$$

综上所述，在房地产的资产持有市场上，由房地产消费市场决定的租金收入和作为外生变量的意愿折现率共同决定了房地产价格水平。

5.5.1.3 资产泡沫模型

作为最重要的两种虚拟资产，金融资产和房地产非常容易产生泡沫。泡沫理论主要研究能够引发投机行为的预期对资产价格的影响，利润的获取是通过资本利得来实现的。

通过资产市场与无风险债券市场之间的套利均衡条件或跨期优化的局部均衡条件，可以推导出大致相同的资产价格模型，公式表示如下：

$$P_t=\frac{E_t\ (d_{t+1}+P_{t+1})}{1+r}$$

其中，第 t 期的房地产价格为P_t，其红利为$-d_t$，t 期可得信息的条件期望为E_t，r 为期望收益率。经过 n 次迭代可转化为：

$$P_t=\sum_{f=1}^{n}\frac{E_t\,d_{t+j}}{(1+r)^j}+\frac{E_t\,P_{t+n}}{(1+r)^n}$$

这个差分方程一般解为：

$$P_t=\sum_{j=1}^{\infty}\frac{E_t\,d_{t+j}}{(1+r)^j}+b_t,\ b_t=\frac{E_t\,P_{t+1}}{1+r}$$

房价可以表示为房地产基础价值与随机过程之和。$\sum_{j=1}^{\infty}\frac{E_t\,d_{t+j}}{(1+r)^j}$ 为房地产的基础价值，b_t为满足上式的任何随机过程。

5.5.2 房地产价格的决定和影响因素

5.5.2.1 影响房地产供给的因素

（1）土地成本

土地成本是房地产开发成本的重要部分，也是决定房地产价格的重要基础。土地本身的供给是有限的。而随着我国社会的进步和经济的发展，特别是房地产行业的发展，对土地的需求远大于对土地的供给，导致土地的出让金不断高涨。土地成本价格不断上涨，房地产开发企业为了获得利润，只有大幅提高房地产销售价格。而且土地成本价格上涨，意味着未来的房地产开发成本上升，未来的房地产价格会继续上涨。

（2）建筑安装成本

建筑安装成本是建设房屋的成本和房屋设施设备安装成本的简称。根据相关数据统计，在我国，大多数房地产项目的建筑安装成本大约占房地产价格的35%。近年来，由于房地产行业的发展，对建筑材料的需求比较旺盛，材料成本在上升，同时由于人口红利逐渐消失，人工成本上升，导致总体的建筑安装成本不断上升，也推高了我国房地产价格。同时，随着人们绝对收入水平的上升，需要更优美的住房环境，在水质、新能源和供暖等方面的要求更高，也使建筑安装成本不断上升。

（3）商品住宅投资

房地产开发企业每年在开发商品住宅所投资的资金就是商品住宅投资。其投资规模越大，当年房地产开发企业开工的住宅面积就越多，未来竣工的住宅面积也会越多。房地产的供给量增加，缓解房地产市场的供需矛盾，在一定程度上会降低房地产价格。

（4）房地产供给弹性

房地产供给弹性指房地产价格的变动对房地产供给量的影响。一般而言，如果房地产供给弹性较大，这表明房地产价格对房地产供给数量的影响较大，如果房地产价格上涨，房地产供给数量大幅增加，导致房地产供过于求，会抑制房地产价格上涨趋势。反之则亦然。

5.5.2.2 影响房地产需求的因素

（1）人口

人口的数量、密度和素质对房地产价格有显著影响。人口数量越大，在城市规模增长相对缓慢的情况下，人口密度越大，对房地产的需求会大于房地产的供给，会推动房地产价格的上涨。随着经济社会的快速发展，人们的素质越来越高，对房地产的居住环境和公共服务设施的需求更高，这会推动房地产的建安成本上涨和对质高价高房地产的更大需求，使房地产价格上升。

（2）城市化

城市化是指随着一个国家或地区由以农业为主的传统乡村型社会向以工业

和服务业等非农产业为主的现代城市型社会逐渐转变的历史过程。国际经验数据表明，一个国家的城市化率超过30%时会加速发展，直到70%的水平才逐渐稳定下来。而我国目前的城市化率在2016年达到57.35%的水平，接近世界上中等发达国家的城市化率水平。在我国快速的城市化进程中，大量农村劳动力人口向城市聚集，使对城市房地产的需求不断扩大，同时城市内部的拆迁和改造也会使对房地产的需求增加，推动房地产价格上涨。

(3) 居民收入水平与消费结构

我国宏观经济的快速发展和国家收入分配政策的改善，使居民可支配收入不断增加，对房地产的需求越来越旺盛。对低收入居民来说，当其收入增加时，其增加的主要是食品等生活必需品消费，对住房的需求变化不大。对于高收入居民来说，当其收入增加时，由于其一般已拥有高档住房，对住房的需求变化也不大，但会增加对住房的投机性需求。对于中等收入居民来说，当其收入增加时，其对住房的需求会大幅增加。这也会推动房地产价格上涨。

(4) 房地产消费需求弹性

房地产消费需求弹性指房地产需求量变动率相对房地产价格变动率的比值。房地产消费需求弹性大，表明房地产价格对房地产需求的影响较大。对于自住型消费者，其消费需求弹性较小，房价波动对房地产需求的影响不大。对于投机型消费者，其消费需求弹性较大，房价波动对房地产需求的影响较大。

5.5.2.3 同时影响房地产供给和需求的因素

(1) 自然环境和区位

自然、物理性质和环境对房地产需求和供给都有明显的影响。房地产消费者更青睐自然环境好的房地产，对其需求较大，房地产价格会更高。而自然环境好的地方，房地产开发企业也更愿意去开发，增加了房地产供给，影响到房地产价格。影响房价的区位因素是指房屋周围的经济、社会、行政等因素。区位较好的房地产的需求更旺盛，同时房地产开发企业的定价优势更明显。

(2) 国内生产总值

国内生产总值指一个国家或地区在一定时期内经济活动产生的全部最终产品和劳务的总价值。2017年我国人均国内生产总值已经超过了9 000美元，达到了中等发达国家水平。我国国内生产总值的增长会带动经济水平发展和国民收入水平提高，对房地产的刚性需求、改善性需求和投机性需求都会增加，会影响到房地产价格。同时，我国国内生产总值的增长体现了我国宏观经济环境向好，会增加房地产开发企业的投资信心，增加房地产的供给，影响到房地产价格。

（3）利率

利率反映了借贷资金的成本。中央银行可以通过调控利率来对房地产价格产生影响。对房地产消费者而言，利率提高，房地产贷款的成本会上升，对房地产的需求会下降；利率下降，房地产贷款的成本会下降，对房地产的需求会上升。对于房地产开发企业而言，利率提高，房地产开发融资的成本会增加，对房地产的投资会下降；利率下降，房地产开发融资的成本会减少，对房地产的投资会增加。这都会影响到房地产价格。同时，房地产具有更好的保值增值性，人们会增加对房地产的需求。

（4）货币供应量

货币供应量是指一国在某一时点上为社会经济运转服务的货币存量。货币供应量的增加，会使信贷市场的流动性增加，对于房地产消费者而言，其面临的贷款额度和利率条件都会更宽松，会促使潜在的房地产需求者向实际的房地产需求者转变，从而增加对房地产的需求。对于房地产开发企业而言，其向银行的贷款更容易，会加大对房地产的投资，增加房地产的供给。

（5）汇率

汇率指一国货币交换另一国货币的比率。当本国货币对外汇率升值时，对我国的出口有负面影响，导致一些中小企业的倒闭和制造业的不景气，一些企业转而投机房地产市场，推动了房地产价格上涨。当本国货币对外汇率出现升值预期时，大量外资流入，进入房地产市场，增加了对房地产的需求，推动房地产价格的上涨。

5.5.3 房地产价格波动的非平稳性

房地产不仅具备虚拟资产的特性，而且其价格波动还表现出非平稳性的特点。所有房地产价格以非白噪音方式与由经济基本面决定的内在价值的不一致都是房地产泡沫。

5.5.3.1 房地产泡沫的心理效应

在农业社会和工业化社会的初期，大部分财富主要以实物形式存在。在这样的经济环境中，人们的心理相对稳定，心理预期对经济和房地产价格的影响较小。而随着经济的发展，在发达经济中，随着虚拟经济的出现，人们的财富逐渐和实物形式相脱离。人们持有的虚拟资产越多，虚拟资产作为财富的意义更大，财富的价格受到心理因素的影响越大。同样，房地产价格受到心理预期的影响比较大。当形成房地产价格会持续上涨的预期时，心理因素会出现预期自我实现的正反馈效应，吸引更多的资金进入房地产市场，房地产需求大于供给，房地产价格上涨，最终实现市场的预期。

5.5.3.2 房地产泡沫的财富效应

实际货币余额财富效应是指物价水平下降，实际货币余额增加，会使消费增加。而房地产泡沫带来的财富效应和实际货币余额财富效应有所不同。当房地产泡沫出现时，房地产泡沫资产财富量会增加，社会名义总财富量会增加，导致总消费增加，总产出随之增加，形成了财富效应。房地产泡沫的财富效应不是由于物价水平下降导致实际货币余额变化而引起的，而是由于房地产价格超过其经济基础条件决定的理论价值的财富虚增引起的，也是过度预期引发的投机行为推波助澜的结果。因此，房地产泡沫的财富效应脱离了经济基础价格的束缚，具有独特的影响途径。

5.5.3.3 房地产泡沫与经济周期关系

房地产价格波动也呈现出循环往复的“复苏—繁荣—衰退—萧条”等过程，形成了房地产周期。房地产波动周期本身是极其复杂的，既受到宏观经济周期的影响，又有其运行的独特性质。房地产价格波动非平稳性表现在，房地产波动周期与实体经济波动周期往往是不一致的，房地产泡沫会使实体经济波动周期变得更加不稳定。

大量研究表明，房地产波动周期和经济波动周期并不同步。随着房地产价格上升，房地产开发企业所开发的物业抵押价值会上升，会预期房价上升，就会加大房地产开发，导致土地成本增加，会对房地产价格有所推动，导致房地产泡沫的形成和加深。同时，消费者也预期房价未来会上升，为了获得房地产升值的资本收益，更多地在房地产市场进行投机行为，大大增加了房地产需求，导致房地产泡沫的形成和加深。这样，房地产波动周期往往和经济波动周期不一致。这是由房地产泡沫脱离了经济基础价格的支撑所决定的。

房地产泡沫对经济波动周期有较强的冲击。房地产泡沫会导致房地产供给增加。由于房地产产业对相关产业有较强的拉动作用，导致其他相关行业快速扩张，包括建筑业、原材料产业、金融业、房地产中介行业等。对这些行业的拉动推动了宏观经济高涨。而房地产泡沫产生的财富正效应使消费和投资增加，银行贷款增加，利率下降，进一步刺激投资。多数市场参与主体对未来经济的形势看好，会加大对房地产的投资，增加消费和投资，进一步推动宏观经济高涨。但所有的这些扩张都是滞后于房地产价格波动的，房地产泡沫使实体经济波动周期更加不稳定。这也说明了房地产价格波动在一定程度上背离了其经济基础价格，具有较强的非稳定性特征。

思考题

1. 在经济学中预期是什么？是怎么衡量的？其如何影响金融资产价格的虚拟特性？

2. 投机是如何导致金融资产价格的虚拟特性的？

3. 如何理解虚拟资本内在投资价值？股票和债券内在投资价值的决定有何不同？

4. 简述金融资产价格波动的主要理论模型。

5. 请比较虚拟经济下股票价格波动特征和债券价格波动特征。

6. 论述金融资产价格波动对金融体系的影响。

7. 如何理解房地产市场中的虚拟资本运动。

8. 简述房地产的资本化定价方式模型。

9. 简述虚拟经济下我国房地产价格波动的非平稳性现状和特征。

拓展阅读

虚拟经济下资产价格非理性的根源和具体表现

对于房地产和股市等广义虚拟产业价格非理性以及泡沫化的原因，部分学者认为是实体经济复苏预期向好导致，甚至以房地产和股市是经济晴雨表的经济理论来分析资产价格非理性变化。这种观点有其合理性，但是并非广义虚拟经济局部价格非理性的全部动因。虽然目前中国实体经济复苏预期良好，但是这绝对不是广义虚拟经济急剧膨胀和局部价格非理性的根本推动力量。货币信贷的超比例扩张才是广义虚拟经济局部价格非理性的真正原因，流动性充裕会助长价格投机和投资炒作，使得广义虚拟资产价格虚高，广义虚拟经济非理性繁荣。虽然广义虚拟资产价格一直在非理性地上涨，但是实体经济增长却依旧动力不足。究其原因是产业升级进展较为缓慢、劳动密集型产业萎缩、企业科技水平并未有效提升和金融体系依旧单薄等。这些根本性问题没能得到有效解决，导致实体经济与广义虚拟经济发展越来越脱节。

美国次贷危机爆发后，中国政府为了救市，仅 2009 年就动用了将近 10 万亿元的信贷投放，扩张性货币政策虽然促进了实体经济复苏，但是却推高了广义虚拟资产价格，催生了严重的资产泡沫。信贷投放还导致中国证券化率不断提高，对于中国这样一个正处于城镇化中期、工业化前半段的新兴转轨经济体来说，目前的资产证券化率显得过高。不断攀升的地价、房价等局部价格非理性行为，说明广义虚拟经济已经具备随时再度产生大泡沫的可能。

广义虚拟经济和实体经济背离，一直困扰着欧美等发达国家，也是 2008 年全球性金融危机的根源之一。实体经济与广义虚拟经济发展极其不相称，以金融资产为例，目前全球的国内生产总值规模只有 60 万亿美元左右，但是仅全球金融衍生品的总市值却超过了 680 万亿美元，加上房地产等广义虚拟资产，这种发展失衡就更为突出，真实经济和广义虚拟经济背离的严重程度可见一斑。1980 年的全球金融资产与全球年产出的比例才达到 109%，而现在这一比例已经超过那时的 10 倍以上。广义虚拟经济的过度扩张已经成为世界经济的不能承受之重。中国长期实施较为宽松的货币政策，资金使用成本较低，刺激资产市场等广义虚拟经济领域，造成虚幻的财富效应。经过十多年的发展酝酿，目前中国的广义虚拟经济已经开始进入新一轮的扩张和膨胀周期。

广义虚拟经济的另一主体是房地产，目前房地产泡沫的堆积更是让人匪夷所思……

从全球金融危机中可以看出，目前中国切不可过快发展广义虚拟经济，特别是不能依赖宽松的货币流动性来盲目地堆积广义虚拟资产价格的非理性泡沫。当前中国具备调控广义虚拟经济局部价格非理性的良好条件，因为中国还没有全面进入金融衍生品时代，股指期货、融资融券等广义虚拟资产还处于起步阶段，广义虚拟价格非理性和经济泡沫尚在可控范围之内。因此中国要控制好广义虚拟经济发展的节奏，避免广义虚拟经济局部价格非理性的滋生和资产泡沫的形成。

——摘自李富昌，《广义虚拟经济视角下局部价格非理性变化研究》，技术经济与管理研究，2016 年第 4 期。

第6章　虚拟经济与泡沫经济

［教学目标］

1. 掌握经济泡沫的含义、载体和类型，了解经济泡沫的影响，领会虚拟经济与经济泡沫之间的关系。

2. 掌握泡沫经济的含义、特征，了解经济泡沫与泡沫经济之间的关系，领会虚拟经济与泡沫经济之间的关系。

3. 理解泡沫经济向金融危机转化的机制。

4. 理解泡沫经济的影响及其防范和治理。

［教学基本内容］

作为与实体经济相对应的经济活动模式，虚拟经济一旦与实体经济背离，就会出现经济泡沫。当这种背离状态愈发严重时，就会引发虚假繁荣的泡沫经济。局部的经济泡沫或许对整体经济运行有一定的促进作用，但是泡沫经济的扩张和蔓延，是导致金融危机和经济崩溃的重要原因。因此在发展虚拟经济时，一定要注意经济泡沫，要重视对泡沫经济的防范和治理。

虚拟经济是实体经济发展到一定阶段的必然产物。虚拟经济与实体经济既相互制约，又保持着相对独立。伴随着经济全球化、金融创新，以主要工业国家和新兴市场国家为代表的虚拟经济正在飞速发展，虚拟资本不断膨胀，其规模已经大大超越了实体经济的总和。发展虚拟经济，本意在于提高社会资源配置效率、促进经济发展活力、分散企业经营风险等。但虚拟经济与实体经济逐渐背离，极易导致经济泡沫的产生，最终有可能造成经济泡沫化。

6.1 虚拟经济与经济泡沫

6.1.1 经济泡沫的含义

从全球范围来看，经济泡沫一直层出不穷，即便是我国也未能幸免。20世纪90年代以来，我国在证券、房地产以及大宗商品等投资领域先后出现了大量经济泡沫。幸而有政府强有力的宏观调控举措，这些经济泡沫尚未对我国整体经济运行造成重大损失。

总体来看，经济泡沫指的是某种资产的市场价格偏离了其内在价值的一种非均衡的状态。

我们可以从以下三方面来把握经济泡沫的内涵：首先，与经济泡沫相关的资产并不特指金融资产，实物资产在条件齐备的情况下，也可能出现经济泡沫。其次，根据价值规律可知，资产的市场价格会在供求关系的作用下围绕内在价值上下波动，因此在均衡范围内的价格波动不属于经济泡沫的范畴，也就是说不能简单地以价格偏离价值作为判断经济泡沫的唯一条件，而是要考虑资产的市场价格与其内在价值之间是否存在着无法通过市场价值自行调节回归均衡的价格偏离，或者是否存在着超出一定波动幅度的非均衡的价格偏离。最后，对应经济泡沫而言，既包括市场价格高于内在价值的正向偏离，也包括市场价格低于内在价值的负向偏离。

6.1.2 经济泡沫的载体

自然界中的泡沫，其产生必须要有特定的附着物。同样的道理，经济学领域中的泡沫，其产生也是需要特定载体的，也就是说，并不是所有的资产都可以当作经济泡沫载体。一般而言，作为经济泡沫载体的资产，必须具备特定的条件。

6.1.2.1 作为经济泡沫载体的资产的特性

首先，这类资产的供给价格弹性比较低，也就是说，这种资产的供给对价格变动的敏感程度相对较低。对于供给价格弹性较高的资产而言，当其市场价格上升时，在利益机制的驱动下会大幅度增加供给，从而在一定程度上缓解市场价格上升的趋势，甚至导致市场价格回落。而对于供给价格弹性较低的资产来说，其市场价格的上升对供给量的影响并不显著，如果市场价格的上升是由投机性需求所致，那么这种价格偏离就无法在短期内恢复，最终就会出现价格非均衡性偏离的经济泡沫。这一特征在证券、房地产等资产领域表现得非常明显，正是因为证券、房地产等资产的供给量在短期内很难跟随价格的上升而增加，因此非常容易出现经济泡沫。

其次是这类资产的内在价值难以准确衡量。在市场经济条件下，由于价值规律的作用，资产的市场价格由其内在价值决定，并在供求关系的影响下围绕其内在价值上下波动。如果资产的内在价值难以准确衡量，那么就很容易导致投资者对该资产市场价格的误判，从而采取错误的投资行为，致使资产的市场价格出现非均衡性偏离，造成该领域的经济泡沫。以证券为例，虽然在理论上其内在价值可以通过未来收入资本化模型进行衡量，但由于这类资产品种繁多，市场信息不充分，未来收入、贴现率等相关指标很难准确衡量，而且市场供求关系也是一个复杂的多维度的度量体系，因此证券资产的内在价值很难准确衡量，因此证券类资产的市场价格与内在价值的非均衡偏离成为市场常态。

从前述关于经济泡沫载体的讨论中可以看出，虚拟资产的供给价格弹性相较于实物资产而言整体偏低，其内在价值的衡量也更加困难。因此虚拟资产更容易成为经济泡沫的载体。

6.1.2.2 证券、房地产的特性

证券和房地产具有完全不同于一般资产的需求特性。如果将需求划分为出于生活消费和生产消耗的真实需求和出于价差利润的投机需求，那么购买一般资产主要就是为了满足真实需求。但是对于证券这种权益类资产而言，它不但能够给持有者带来未来的现金流收入，还由于可以在二级市场交易，因此可以通过价差收益获得高额短期利润。证券的这种特性决定了市场参与者的需求主要是投机需求。同样，房地产由于兼具了实体资产和虚拟资产的属性，在它身上也体现出真实需求与投机需求并存的状况。

真实需求与投机需求相比有如下特点：首先，真实需求的交易成本远高于投机需求的交易成本。这是因为真实需求涉及真实资产的交换、运输、仓储等，而投机交易一般可以通过二级市场完成，其交换的大多是一些数字和合约，物化交易成本很低。其次，真实需求比投机需求更加稳定。因为真实需求对应的是真实的人类的生产消费或生活消费，即便在消费领域有相互攀比的倾

向，在生产领域有追求规模效应的趋势，真实需求一般也不会在短期出现大幅上升。然而投机需求是随着人们心理预期的改变而变化的，由于心理预期具有易变性，因此投机需求也会非常不稳定，并且还会因为部分保证金制度等交易制度因素而出现明显的倍增放大效应。最后，真实需求的资金占用周期比投机需求更长。一般而言，资金占用周期越短，就越有可能催生和刺激投机活动。正是源于投机需求的交易成本低、稳定性低、资金占用周期短等特点，所以它更能够激发经济泡沫。在一般资产市场上，即便存在虚假的投机需求导致市场价格上升，但由于占据主导的真实需求的制约，经济泡沫一般不会出现剧烈扩张和广泛蔓延。但在证券市场和房地产市场上，由于投机需求可能占据主导地位，投机活动将左右市场价格偏离其内在真实价值，经济泡沫更容易产生和膨胀。

除了需求特性存在差异之外，证券、房地产等资产在供给特性方面也与一般资产存在着较大差异。对于证券这种虚拟资产而言，其内在价值是由未来的预期收益和必要回报率共同决定的，影响其当期价格的因素包括预期股息、预期价格、现实利息率等。这些因素都是预期的结果，具有强烈的不确定性，这也导致了虚拟资产的价格具有强烈的不确定性。而且证券这类虚拟资产虽然是现实中实物资产的代表，但是它本身并不能真正参与生产流通循环，在二级市场中呈现出来的证券市场价格的变化与其代表的实体资产之间并不一定有什么直接关系。这就会导致虚拟资产在规模和价格变动上都与实体资产背离。而且证券等虚拟资产的供给价格弹性普遍要低于一般资产，因此一旦证券、房地产的市场价格与实体资产背离，很难通过增加供给的方式加以纠正，导致证券市场和房地产市场上的经济泡沫在较长时间内能够得以维持。

6.1.3 经济泡沫的类型

根据经济泡沫不同的表现形式，可以将经济泡沫分为确定性经济泡沫和随机性经济泡沫，随机性经济泡沫又进一步划分为崩溃性经济泡沫和连续再生性经济泡沫两种。现实经济生活中所涉及的经济泡沫一般都是指随机性经济泡沫。

根据经济泡沫在发展演变过程中所表现出来的特征及其所处的阶段，可以把经济泡沫划分为永久扩张型经济泡沫、突然爆炸型经济泡沫和逐渐消失型经济泡沫。在充分理性的前提和严格的无限期界的基础上，在经济泡沫产生的初期，经济泡沫通常会以比较平缓的速度逐渐扩张，换言之就是在理论上可以抽象地理解为经济泡沫是能够永久扩张的。但是由于现实经济世界中的有限期界和有限理性，经济泡沫是不太可能永久地以一种比较平稳的速度扩张的，更有可能出现的状况是经济泡沫的扩张在持续加速中会演变为突然爆炸型经济泡沫。此后，在市场自身调节机制的作用下，或是在经济政策变化、政府行政干预的影响下，资产市场价格与内在价值的非均衡性偏离又会逐渐恢复，成为逐渐消失型经济泡沫。

根据导致经济泡沫产生的原因，可以将其划分为内在泡沫和外在泡沫。如果经济泡沫的产生是由于资产内在的基本价值的因素所致，那么就是内在泡沫；如果是由于外在因素导致的资产价格非均衡性偏离，那么就是外在泡沫。

根据对市场有效性和市场理性的不同理解，可以将经济泡沫划分为理性经济泡沫和非理性经济泡沫。如果认为市场是有效的，市场参与者是完全理性的，这时产生的泡沫就是理性经济泡沫；如果认为市场不是有效的，市场参与者只是有限理性的，那么此时出现的泡沫就是非理性经济泡沫。

根据经济泡沫载体的不同类型，可以把它划分为实物资产上的经济泡沫和虚拟资产上的经济泡沫。根据实物资产的用途，实物资产上的经济泡沫可以进一步划分为消费性实物资产泡沫、生产性实物资产泡沫和投资性实物资产泡沫。根据虚拟资产的不同类型，虚拟资产上的经济泡沫可以进一步划分为货币性资产泡沫、权益类资产泡沫和衍生类金融资产泡沫。

根据催生经济泡沫的资金来源，可以将经济泡沫划分为内嵌式泡沫和外挂式泡沫。内嵌式泡沫的资金来源于经济系统内部的资本存量，而外挂式泡沫的资金来源于外部的信用扩张。例如，在随机出现的外来经济冲击的影响下，或是政府经济政策出现重大调整，原来均衡的经济系统被打破，资产收益率出现剧烈波动，资金在趋利避害的动机下在生产领域和投资领域之间快速流转，此时出现的经济泡沫就具有较强的内嵌式特征。如果银行信贷资金被经济泡沫的高收益所吸引，导致整体经济出现信用扩张，那么此时的经济泡沫就具有了外挂式特征。现实中的经济泡沫往往是内嵌式泡沫和外挂式泡沫的综合体现。

6.1.4 经济泡沫的影响

经济泡沫往往产生于实体经济生产领域，这样的经济泡沫也就是前面描述的内嵌式泡沫。内嵌式泡沫产生后，尤其是在持续蔓延发展过程中，经常会导致通货紧缩，即对整个实体经济的投资和消费产生抑制作用，最终降低整体国民收入水平。

此时如果不存在信用扩张，那么经济泡沫的出现只是暂时的。但如果政府采用宽松的货币政策以刺激经济复苏，经济泡沫则会持续膨胀，内嵌式泡沫就会演变成外挂式泡沫。此时整体国民收入水平仍然呈现下降趋势，因为短期内证券、房地产等领域的市场价格会对信用扩张做出迅速反应，经济系统中的增量资本和部分存量资本继续进入证券、房地产市场追逐高额收益，直至生产性资本的收益率有所回升，持有泡沫资产的机会成本增大为止。当整体国民收入水平降至最低点后，存量资本逐渐向实体经济领域回流，同时新增资本也部分进入实体经济领域，经济泡沫的扩张对经济系统中实体经济领域的投资和消费的抑制作用逐渐削弱，在这一过程中，经济泡沫的财富效应和资金成本效应暂时没有发挥作用。当经济复苏达到一定水平后，经济泡沫逐渐产生并累积，财富效应和资金成本效应也逐渐显现，从而推动经济进一步高涨。也就是说，在一定阶段以后，外挂式泡沫不仅不会压缩经济系统内部的资本存量，反而会刺激系统内的消费和投资，导致国民收入水平不断上升。由此可见，经济泡沫在产生和持续膨胀的过程中对国民收入的影响，往往会表现出J曲线效应的特征，即伴随着经济泡沫的产生和膨胀，国民收入水平可能会出现先降后升的变化趋势。

从上面的分析可以看出，在宽松货币政策的配合下，经济泡沫的出现在一定程度上可以推动消费与投资，加大社会有效需求，导致整体国民收入水平的上升。虽然经济泡沫在出现初期也许对国民经济发展是有利的，但是如果国民收入的增加部分是由投机需求引起的，那么整体国民收入水平的上升反过来又会刺激社会公众产生对资产市场更为乐观的心理预期，导致出现更加旺盛的投机需求。这往往会使投资者进入资产抵押—贷款投资—资产膨胀—资产抵押的恶性循环中，最终的结果就是资产上的经济泡沫越吹越大，社会有效需求愈加膨胀，泡沫经济持续发展。一旦当社会有效需求的增长超越了充分就业的社会总供给的限制，就必将导致市场供求失衡，经济环境恶化，最终经济泡沫的崩溃不可避免。

6.1.5 虚拟经济内含经济泡沫

在一定程度上，可以说虚拟经济的演进就是虚拟资产的延伸。最原始的虚拟资产就是能够在未来带来收入的有价证券，在20世纪80年代以后，各类金融衍生工具更成为现代虚拟资产的典型代表。虚拟资产的投机性和价格回归性，使得它成为催生经济泡沫的主要源泉。对于有价证券而言，它们是已经投入企业的资产的未来收入的资本化，从形式上来看只是实体资产的所有权凭证或债权凭证。如果考虑到现实的交易因素，虚拟资产与实体资产之间的差距就更加明显。在证券交易市场上，虚拟资产的价格总额可以大大超过实体资产的总价值量，这些超额的部分就构成了经济泡沫。

金融衍生工具这一虚拟资产很好地诠释了经济泡沫与虚拟经济的关系。金融衍生工具是依赖于大宗商品、货币、外汇、证券等原生资产而发展起来的，典型的金融衍生工具包括期货、期权、互换等以及它们的组合形式。进入20世纪80年代以后，在金融创新的推动下，金融衍生工具的品种越来越多，结构也越来越复杂，交易规模也越来越大，使得虚拟资产发展到了一个更新颖、更高级、更复杂的阶段。例如在期货交易中，大多是根据原生资产的价格涨落来进行差额支付，而无须进行全额资金清算和交易。无论是卖方还是买方，都不用真正持有期货合约中规定数额和品种的资产，也不用在清算交割时真正买入和卖出这些资产。因此在期货这种虚拟资产的交易中，可以用较少的资金实现较大额度的投资交易，即具有放大的杠杆效应。也就是说，期货交易并不直接与合约中涉及的原生资产相联系，只是在名义上代表原生的金融或非金融资产。股指期货、期权和互换等与原生资产的联系则更加间接，即便在形式上也很难看出它们与原生资产之间的对应关系，交易参与双方已经不再关注合约中涉及的原生资产的品种和数量，转而追踪原生资产的市场价格这一多变因素。它们能够给交易双方带来实际的盈亏，但其本身并没有任何可依托的实物标的。诸如股票、债券等原生的虚拟资产，至少还可以理解为代表着明确的实物资产的某类索取权。而在股价指数期货这类衍生的虚拟资产中，高度简化和概念化的创新型交易方式取代了传统交易制度，结算清算的基础不再是实物资产，而代之以某种人为设定的数字指标的变动。高度虚拟化的金融衍生工具导致了其市场规模远远超过了原生资产的数量，也超过了那些本身就具有虚拟性质的原生金融资产的市场规模，从而导致虚拟经济与实体经济在极大程度上背离。

虚拟经济中导致经济泡沫的关键在于市场交易行为。在交易活动中，投资者的行为均出于由自我意愿所决定的自我决策，因此只要市场价格出现大幅波动，引起投资者的恐慌或追捧都是极为正常的，但结果必然是导致市场价格出现更大的偏离，这其实就是虚拟经济中交易活动导致经济泡沫的一般形式。而且虚拟经济中的交易活动与实体经济中的交易活动是有很大区别的。虚拟经济中交易双方面对的多为人为拟定的标准化或非标准化的金融合约，无法像实体经济交易中那样对产品和实物要素进行检验，从而判断交易对象的价值、风险、收益，因此充分理性的假设在虚拟经济交易中更难实现。如果按照“理性经济人”的原则，投资者会对市场波动采取自动调节的投资行为，从而平抑非均衡的市场波动，让市场重归均衡状态。此时即便市场上存在着部分不理性的投资者，他们对市场价格的影响也会被理性投资者的套利行为抵消，最终形成均衡的市场价格和均衡的资产收益率。但是在现实的虚拟资产交易中，由于信息不对称广泛存在，以及交易机制的不可预见的影响，虚拟资产的交易往往是在充满了不确定性的市场环境中完成的。这种不确定性主要是基于两个方面的因素：一是金融合约的不完备性，即任何金融合约都无法完全准确地描述交易对象未来的发展变化、交易双方的责权利等所有与交易相关的内容，即使理论上存在完善合约的可能，但也会因为现实成本太高而无法实施；二是虚拟资产市场的不稳定性，这是导致虚拟资产交易中的投资者出现行为异常，呈现出有限理性特征的主要原因。例如在证券投资中，投资者在对未来市场趋势进行判断时，要么立足于现在，把未来视为现在的延续，甚至把未来与现在等同起来，要么基于毫无理由的乐观角度来展望未来，要么盲目依赖他人的判断结果，采取同其他大多数人一致的投资行为，结果形成了羊群效应。

在虚拟经济的市场交易中，特别是虚拟资产的投资活动中，如果信息是充分的，那么投资者在进行资产组合的选择时，能够对虚拟资产的风险－收益做出准确的预期。但是在现实中，投资者所能获得的信息往往是不充分的，这既有可能是由于虚拟资产本身的复杂性，也有可能是由于交易对手故意隐瞒或掩盖真实信息，甚至故意提供虚假信息来误导投资行为，这种信息不对称诱发了虚拟资产交易中常见的逆向选择和道德风险等，降低了虚拟经济服务于实体经济的能力以及进行资源配置的效率。由于很难确定均衡的虚拟资产价值，追逐买卖价差收益成为人们参与虚拟资产交易的主要目标，这又进一步导致资产市场价格与资产价值之间的非均衡性偏离。当这种偏离严重到一定程度时，便催生出经济泡沫。

在探讨虚拟经济与经济泡沫的关系时，投资者的投机行为是无法忽视的一个关键因素。理论上，投机是指冒着特定风险以图获取特定收益的行为。但是要注意，投机与投资、投机与赌博都是不同的行为。投资的特点在于确保本金相对安全的情况下，去争取较稳定的收益；投机的特点在于明知交易中存在着较大概率损失的情况，仍然承担这种风险以期获得高额收益；而赌博则可以看作为一种盲目的冒险行为，行为决策的依据是参与者的侥幸心理，行为结果取决于运气的好坏。投机中所涉及的风险都是市场上客观存在的风险，投机者可以通过一定的专业知识和技能来进行管理，并从中获取收益。也就是说，投机行为的出现，是由于未来的不确定性以及信息的不对称性。投机行为基于市场波动而产生，它的存在又会进一步加大市场波动。虚拟经济中广泛存在的盲目从众的投机行为，可以促成经济泡沫的产生和发展，也有可能导致经济泡沫的过度膨胀。

6.2 经济泡沫与泡沫经济

6.2.1 什么是泡沫经济

经济泡沫反映的是部分资产的市场价格与其内在价值的非均衡性偏离的状态。而泡沫经济则是与经济泡沫截然不同的概念。泡沫经济属于整体的、宏观的经济范畴，反映的是整个国民经济的普遍的市场价格与内在价值的非均衡性偏离的状态。以我国为例，虽然我国在证券、房地产、某些特定的实物商品等领域等曾经出现过比较显著的经济泡沫，但是从未出现过整体性、普遍意义上的价格非均衡性偏离，也就是说并未出现过泡沫经济。

泡沫经济是指在局部市场上由于虚假性的投机需求所导致的经济泡沫，通过一定的传导机制，拉动了社会有效需求而出现的整体性的、普遍性的非均衡的资产价格偏离。在泡沫经济的定义中，需要重点把握以下内容：首先，泡沫经济是由不真实的投机需求所催生的，这是泡沫经济产生的先决条件。投机需求的不真实主要在于它与真实的消费需求或投资需求大多是无关的，因此极易脱离实际消费和投资的制约。其次，经济泡沫是泡沫经济产生的前提，但是经济泡沫并不会必然导致泡沫经济，二者的转化需要一定的经济机制。最后，泡沫经济的本质在于对社会有效需求的过度刺激，因此存在过度刺激的有效需求，即使呈现经济繁荣的表象，也是不真实的，最终会崩溃的。

6.2.2 经济泡沫向泡沫经济的转化

现实经济社会中，各种资产的内在价值很难准确衡量，并且在各类资产交易市场中都存在着大量的投机需求，因此经济泡沫的产生有一定的必然性，但是经济泡沫却并不会必然地导致泡沫经济的产生。换言之，泡沫经济并不是经济泡沫在数量上的简单积累，也不是经济泡沫的必然结果。

从近代历次泡沫经济爆发的时间上看，它们一般都出现在经济周期的繁荣阶段。在经济周期的繁荣阶段，政府货币政策相对宽松，经济增长速度较快，乐观预期往往在投资和消费领域占据主导地位。就业率持续上升，个人收入持续增长，刺激了社会有效需求。个人消费增长为企业收益增长提供了可能，进而促进了企业资本投资的需求。而消费、投资的增长，企业现实收益和预期收益的提升，又进一步驱动着整体国民经济增长的良性循环，进而导致证券、房地产等投资品价格的上升。投资收益上升所带来的财富效应，进一步刺激着消费、投资的增加。就这样在繁荣阶段出现了收入上升——消费、投资增长——资产价格上扬——收入上升的循环，必然会在某些资产上出现经济泡沫，为泡沫经济的产生提供了前提条件。

从经济泡沫向泡沫经济转化的过程来看，虽然二者之间没有必然的因果关系，但是经济泡沫的普遍蔓延和持续膨胀是必不可少的。经济泡沫要对整体经济产生重大影响，改变消费与投资，转化为泡沫经济，必须要依赖泡沫经济的普遍性和持续性。部分资产价格的非均衡性偏离，通过各种比价效应、传导机制，逐渐蔓延到其他资产和市场，造成持续性的普遍意义上的资产价格的非均衡性偏离，这样才会对整体经济的消费和投资产生显著的影响，即通过泡沫经济来改变整体经济的运行态势。

总的来看，经济泡沫向泡沫经济转化一般发生在经济周期的繁荣阶段，是经济泡沫普遍蔓延和持续膨胀的结果。虽然我国并不具备爆发泡沫经济的条件，但是为了防止经济泡沫所带来的恶劣影响，同样需要重视在经济高速增长过程中可能出现的经济泡沫的普遍扩张和持续膨胀，有必要在特定的时期采用宏观调控手段，抑制经济泡沫的扩张和膨胀。

泡沫经济的形成受许多因素影响：①物价水平。如果经济泡沫的扩张速度小于或等于物价水平的上涨速度，财富效应难以体现。②市场规模。即使物价水平上涨速度缓慢或保持不变，如果市场规模较小，财富效应也不明显。③经济泡沫持续时间。在物价水平不变及市场规模较大的前提下，如果经济泡沫持续时间较短，财富效应无法显现出来。根据经验，经济泡沫要持续 1 至 2 年才有明显的财富效应。正是因为受到各种因素的严格约束，泡沫经济的形成没有一定的周期性。

在此基础上，必须纠正一种不正确的理解：认为持续膨胀的经济泡沫就是泡沫经济。因为总体而言，经济泡沫属于微观范畴，而泡沫经济属于宏观范畴。虽然持续膨胀的经济泡沫是促成泡沫经济形成的前提条件，但是泡沫经济的产生并不是经济泡沫简单变大的演变结果。泡沫经济与经济泡沫二者之间并不存在交替关系。泡沫经济中存在着大量的经济泡沫，如果失去经济泡沫的支撑，泡沫经济也就不会存在。

6.2.3 虚拟经济与泡沫经济

现代社会，货币已经成为经济的核心，由此衍生出来的虚拟经济与实体经济之间的关系也越来越复杂，虚拟经济对实体经济产生着愈发重要的影响，甚至决定了实体经济发展的方向和进程。

虚拟经济是与实体经济对应的范畴，本质上与泡沫经济之间并没有必然的联系。从泡沫经济产生的领域来看，在实体经济领域和虚拟经济领域都可能出现非均衡性的价格偏离，因此泡沫经济既可以产生于实体经济，也可以产生于虚拟经济。从虚拟经济发展的历程来看，虚拟经济也不是导致经济泡沫的必然原因，更不会必然地发展成为泡沫经济。不过必须清楚地认识到，一旦虚拟经济出现了过分膨胀，与实体经济之间过度偏离，就很可能会催生经济泡沫，最终导致泡沫经济的产生。例如在现实经济发展过程中，西方主要发达国家在第二次世界大战后都经历了虚拟经济高速发展的阶段，虽然确实在部分国家出现了泡沫经济，但并非是一种普遍的、必然的结果。

虚拟经济与实体经济之间本来是相辅相成、相互影响的关系，但是虚拟经济由于其本身所固有的流动性高、风险性高、收益性高的“三高”特质，很容易吸引短期的投机性资金的关注，并导致投机活动的滋生蔓延。例如，在虚拟经济活动中衍生出来的期货、期权等金融创新业务，其原始宗旨是利用投机资金来进行风险分担和风险对冲。但是金融衍生品的保证金交易制度、对冲平仓制度等又为投机活动提供了充足的、便利的条件，投机活动过度所导致的虚拟经济膨胀，最终超过实体经济的承受能力，便转化成为泡沫经济。

现代信息技术的发展、交易制度的创新、监管政策的放宽等因素的综合作用导致了虚拟资产的种类增多，虚拟经济更加复杂。在这种大背景下，虚拟资产的市场敏感性大大增强，利率、汇率、物价等市场指标的变化对虚拟资产价格的影响更加强烈。这也导致虚拟资产的非均衡性价格偏离的速度更快、程度更大，经济泡沫乃至泡沫经济更易发生。

虚拟经济中产生的品种繁多的虚拟资产，一方面会导致投资者所持有的虚拟资产比重上升，另一方面也会导致持有虚拟资产的投资者比重上升。总的来看，就是更多的投资者以更多的虚拟资产来储存自己的财富，虚拟资产的预期收益率成为投资者追逐的核心，在比价效应、财富效应的驱动下，泡沫经济拥有了广泛的社会基础。相应的各国政府的货币政策、监管措施如果没有及时地进行适应性的调整，即便能够控制住实体经济的物价上涨、通货膨胀，也无法应对虚拟资产的价格膨胀，最终就会导致泡沫经济出现。甚至有些国家出于刺激经济增长的考虑，推出了较为宽松的货币政策和监管措施，但并没有收到实体经济复苏的预期效果，却导致了金融资产价格过度膨胀，出现泡沫经济。

6.2.4 泡沫经济的特征

(1) 扩散性

随着各国各地区经济交往越来越紧密，泡沫经济的形成和破灭效应早已不再局限于某一国内，它经由各种传播途径向其他国家或地区扩散。在马森（Masson，1998）的研究中，泡沫经济的传播机制分为三类：季风效应、溢出效应和传染。季风效应指的是能够同时影响全球所有国家和地区的基本面的总冲击，受到季风效应冲击影响的国家的金融市场会一起变动。溢出效应是指一个国家（或一组国家）的冲击对其他国家经济基本面的影响，溢出效应常常通过多种关联机制来发挥作用，例如贸易关联机制、金融关联机制和政策协调机制等。而传染指的是一种羊群行为，也就是当泡沫经济破灭的预期产生后，会导致投资者同时撤离市场。这种传染往往取决于投资者的心理预期的变化，与宏观经济基本面的变化的关联度并不高。

在上述三种传播机制的作用下，各国资产价格出现同步上涨或下跌的走势。如 1994 年底墨西哥泡沫经济破灭引起的股价下跌，很快便蔓延到了拉丁美洲的其他国家。1997 年泰国金融危机所导致的泡沫经济破裂，也是迅速地呈现出了多米诺骨牌效应，使得东南亚地区出现了大范围的经济金融动荡，并进一步诱发了全球经济金融的动荡。20 世纪 90 年代下半期美国在制造网络泡沫的同时，也不断向全球其他国家输出泡沫，2000 年美国科技网络泡沫的破裂又带动了其他各国网络股价的下挫。

泡沫经济破灭引发的金融危机的一个显著变化就是“互震”趋势加强：过去的危机传播是单向的，即由发达国家传递给发展中国家，而发展中国家的危机一般不会对发达国家造成过大的负面影响；现在的危机传播却显示出明显的双向“互震”趋势，发展中国家的金融危机也会迅速蔓延到发达国家，并对发达国家造成重大影响。这种双向“互震”趋势在南美债务危机和东南亚金融危机中表现得非常明显。因此，在泡沫经济面前，没有真正的赢家，为了共同的未来，国际社会必须制定新的规则。

（2）频发性

现代泡沫经济的产生比以往更加频繁。早期史料记载中比较有名的泡沫经济案例就是1636年荷兰的郁金香泡沫。时隔大约80年后，1719年的法国出现了密西西比股市泡沫，1720年英国也爆发了南海公司泡沫。大约时隔200年之后，1929年美国的泡沫经济的破灭直接催生了席卷整个资本主义世界的大萧条。第二次世界大战后尤其是进入20世纪80年代以后，泡沫经济出现的间隔越来越短，出现得愈加频繁。比较著名的包括20世纪80年代由广场协议引发的日本泡沫经济、20世纪90年代以墨西哥为主的中南美洲泡沫经济、20世纪90年代末的东南亚泡沫经济、20世纪90年代末由互联网产业导致的美国泡沫经济以及21世纪初期由房地产、金融催生的美国泡沫经济。这些泡沫经济出现的时间间隔往往只有3至4年，甚至有些还会交织在一起，体现了现代泡沫经济频发性的特征。

（3）全球性

在扩散性和频发性的共同作用下，现代泡沫经济表现出越来越强烈的全球性特征。20世纪上半叶，泡沫经济主要集中在欧洲、北美等发达国家和地区，其影响范围也主要限于发达经济体。但在20世纪下半叶，泡沫经济的主要发源地转移到了拉美和亚洲等国家和地区，并迅速蔓延到发达国家和地区，其影响力覆盖全球各主要经济体。以20世纪后期的拉美地区和东亚地区为例，从20世纪80年代末开始，拉美地区和东亚地区开始了全面的市场化改革，采取了开放资本市场、允许货币自由兑换、贸易自由化等措施，经济运行中市场调节机制的作用得到了全面的深化，经济现代化的水平迅速提升，这也在一定程度上为后来的泡沫经济的产生和蔓延提供了条件。在开放机制和经济增速的吸引下，发达国家和地区的国际资本蜂拥而至，虽然在一定程度上为拉美地区和东亚地区的经济发展提供了资金支持，但是也进一步加深了这些国家和地区对投资尤其是廉价资本的依赖，并带来了大量的经济泡沫。经济泡沫膨胀初期会给国际资本带来丰厚的收益，在财富效应和资本流动的影响下，经济泡沫又会迅速蔓延到发达国家和地区。同理，经济泡沫持续膨胀、普遍蔓延后所导致的泡沫经济也会在全球范围内传递。

6.2.5 著名的泡沫经济事件

(1) 荷兰郁金香泡沫①

郁金香原产于小亚细亚，1593 年传入荷兰。17 世纪前半期，由于郁金香被引种到欧洲洲的时间很短，数量非常有限，因此价格极其昂贵。在崇尚浮华和奢侈的法国，很多达官显贵家里都摆有郁金香，作为观赏品和奢侈品向外人炫耀。1608 年，就有法国人用价值 3 万法郎的珠宝去换取一只郁金香球茎。不过与荷兰比起来，这一切都显得微不足道。

当郁金香开始在荷兰流传后，一些机敏的投机商就开始大量囤积郁金香球茎以待价格上涨。不久，在舆论的鼓吹之下，人们对郁金香表现出一种病态的倾慕和热忱，并开始竞相抢购郁金香球茎。1634 年，炒买郁金香的热潮蔓延为荷兰的全民运动。当时 1 000 元一株的郁金香花根不到一个月后就升值为 2 万元了。1636 年，一株稀有品种的郁金香竟然达到了与一辆马车、几匹马等值的地步。面对如此暴利，所有的人都被冲昏了头脑。他们变卖家产，只是为了购买一株郁金香。就在这一年，为了方便郁金香交易，人们干脆在阿姆斯特丹的证券交易所内开设了固定的交易市场。正如一名历史学家所描述的："每个人都盼望着郁金香热的狂潮能够持续下去。世界各地的富翁也纷纷来到荷兰，毫不犹豫地买下天价的郁金香。欧洲的富豪们云集在荷兰北部海洋，把贫穷消灭在了荷兰这个天赐宝地。贵族、市民、农夫、机械师、海员、男仆、女仆甚至连打扫烟囱的清洁工和老洗衣妇也都加入了郁金香交易。各个阶层的人们纷纷把他们的财产换成现钱，投入交易。"② 1637 年，郁金香的价格已经涨到了骇人听闻的水平。与上一年相比，郁金香总涨幅高达 5 900 %！1637 年 2 月，一株名为"永远的奥古斯都"的郁金香售价高达 6 700 荷兰盾，这笔钱足以买下阿姆斯特丹运河边的一幢豪宅，而当时荷兰人的平均年收入只有 150 荷兰盾。

就当人们沉浸在郁金香狂热中时，一场大崩溃已经近在眼前。由于卖方突然大量抛售，公众开始陷入恐慌，导致郁金香市场在 1637 年 2 月 4 日突然崩溃。一夜之间，郁金香球茎的价格一泻千里。虽然荷兰政府发出紧急声明，认

① 赵鹏. 中国股市投机泡沫形成机制与实证研究［D］. 华中科技大学，2008.

② （英）查尔斯·麦基. 非同寻常的大众幻想与群众性癫狂［M］. 李绍光，等，译，北京：中国金融出版社，2000.

为郁金香球茎价格无理由下跌，劝告市民停止抛售，并试图以合同价格的10％来了结所有的合同，但这些努力毫无用处。一个星期后，郁金香的价格已平均下跌了90％，而那些普通的品种甚至不如一颗洋葱的售价。绝望之中，人们纷纷涌向法院，希望能够借助法律的力量挽回损失。但在1637年4月，荷兰政府决定终止所有合同，禁止投机式的郁金香交易，从而彻底击破了这次历史上空前的经济泡沫。

郁金香事件不仅沉重打击了举世闻名的阿姆斯特丹交易所（世界上第一个股票交易所），更使荷兰经济陷入一片混乱。虽然此后郁金香继续在荷兰繁衍生息，但这个曾经繁荣一时的当时欧洲第一经济强国开始走向衰落。从17世纪中叶开始，荷兰在欧洲的地位逐渐被海峡对岸的英国所取代，而“郁金香现象”则成为世界经济发展史上一个著名的名词。

（2）日本泡沫经济

日本经济在第二次世界大战复苏后迅速增长，到20世纪80年代已成为世界第二大经济体，然而20世纪80年代末90年代初的房地产泡沫破裂，使日本陷入了长达十多年的经济萎靡不振。

进入20世纪80年代，随着日本经济的强势发展，美国等西方发达国家与日本的贸易逆差逐步扩大。1980年到1984年5年间，美国对日本的贸易赤字从150亿美元攀升至1 130亿美元。一时间，美国成为世界最大债务国，而日本成为最大债权国。双方的贸易摩擦不断升温，为了缓解对日本的贸易逆差和解决国内财政赤字，美国于1985年和其他相关利益国家施压日本，与日本等国签署了要求日元对美元升值的“广场协议”。“广场协议”是一个在美国强威下签订的严重不平等协议，目的不是共赢，而是单边地为了平衡美国的进出口贸易和维护国内经济稳定。

“广场协议”签订后，日元开始大幅升值的历程。美元对日元汇率从“广场协议”签署前的1美元兑240.1日元（1985年9月20日）下跌至1987年底121.25日元的水平。短短两年间，日元升值近1倍，而且呈现出持续升值的态势。而后一路攀升，至1995年已经达到1美元兑90日元的水平。

日元的大幅升值使日本出口受到极大抑制，出口持续下降，加之日本人对努力工作的过度尊崇，导致国内消费一直疲软，为了防止日本经济因出口的急剧下降而衰退，日本政府决定采取扩大内需的方针，实行宽松的货币、财政政策。从1986年1月到1987年2月，日本连续5次降低中央银行再贴现率，从5％大幅降低到2.5％的超低水平。而且这一超低水平一直保持到1989年5月，共持续了两年零三个月。

在长期低利率的情况下，在1987—1989年，日本银行的货币供应量增速分别高达10.8%、10.2%和12%。由于当时日本市场投资机会并不多，大量资金不是投向了实体经济，而是通过各种渠道流入股票市场、房地产市场，引起资产价格的暴涨。据统计，1984年日本房地产抵押贷款余额占全国贷款总额的17%，而后逐年上升，到1992年占全部贷款余额的35.5%。[①] 除了银行体系对房地产市场的资金流入外，其他金融机构如住房贷款机构、担保公司等也争相发放大量房地产贷款，导致房地产价格进一步上涨。价格的上涨和信贷规模的扩大相互推动，最终导致了房地产泡沫的产生和膨胀。

日本房价从1985年开始迅速上涨，到1991年初达到顶峰，六年间上涨了51%。一些大城市的地价房价上涨更快：东京的住房价格在短短2年内上涨了近2倍，其房价几乎是同期北海道房价的30倍。地价上升速度更是惊人，如果以1985年土地价格为100，东京、名古屋、大阪等城市的商业用地价格在1990上涨为407.5。据统计，房地产泡沫顶峰时期，日本房地产总值达到美国房地产总值的4倍之多，而其国土面积只是美国的1/25，可见房地产价格之高。

在房地产价格暴涨的同时，日本股市也出现了严重的泡沫。日经指数在"广场协议"后的短短五年之内，从1985年的12 000点，上升到1990的40 000点，平均市盈率达到70倍。

面对岌岌可危的泡沫经济，1989年日本央行开始上调再贴现率，而这成为房地产泡沫破灭的导火索。央行再贴现率从1989年5月的2.5%上调至1990年8月的6%，随后金融机构开始迅速压缩信贷，失去资金支持的房价和地价开始暴跌，大量企业由于资金周转困难而破产，银行等金融机构形成大量不良资产，不少金融机构也宣布倒闭，泡沫经济随之破灭。日本股市从1990年开始下跌，从最高峰跌至1992年8月的14 650点，此后继续下跌态势，至1998年10月跌破13 000点，创历史新低。房地产价格的暴跌略微滞后于股市泡沫崩溃，从1991年开始一路下滑，以1990年地价为基准100，日本商业用地价格下降为1999年3月的79.3。土地总市值从1990年末的2 364万亿日元下降至1996年末的1 740万亿日元，1997年日本金融业不良资产达到70万亿日元。[②]

---

① 杨霄，孙平. 回顾历史：日本房地产泡沫危机带给我们的启示 [J]. 金融经济，2008 (18).

② 边帅，魏世刚. 浅析房地产周期与经济周期的相关性 [J]. 城市建设理论研究（电子版），2012 (13).

(3) 泰国泡沫经济

在1980年以前，泰国和许多发展中国家一样，鼓励进口替代。从20世纪80年代初开始，泰国遵照亚洲“四小龙”的经验，开始了全面的产业结构调整，把出口导向型工业作为国家发展的重点，鼓励制成品的出口。鉴于泰国工业基础设施落后，建设资金短缺，泰国政府在财政政策、货币政策和外汇管理上采取了一系列急剧改革的措施，开放资本市场，刺激本国的储蓄增加，促进资金流动。

在取消了政府对证券的控制之后，泰国的金融市场非常活跃，私人存款和贷款大大增加。由于泰国银行对发行本票没有利率的上限，所以财务公司可以用较高的利率在国内发行本票，筹得大量资金。又由于泰国实行盯住汇率制度，在泰国的利率高于美国和日本的情况下，一些财务公司便大量从海外借入低息美元，转成泰铢，在国内放贷。非银行金融机构所发放的大量信贷缺乏必要的可行性论证，贷款的抵押品手段非常薄弱。许多贷款以股票和房地产做抵押，在泡沫膨胀期过高估计了股票和房地产的价值，就此埋下金融危机的隐患。

迅速大规模引进外资使原来一向缺乏资金的泰国居然出现了资金过剩的现象，借贷非常容易。许多缺乏资金的中小企业得到了资金之后，创造了许多工作计划，产业部门得到了较快的发展，人们生活水平一度也得到了相应的提高。但是，随着时间的推移，其负面影响也越来越严重。

在金融自由化路线引导之下，泰国中央银行对外债几乎不加任何管制。企业、财务公司和商业银行都可以直接对外举债，并且通过外汇市场结汇得到很高的资金流动性。对于外资来说，进入或撤出泰国都非常容易，手续简单，成本很低。由于撤除了资金流动所有的障碍，在20世纪80年代后期，大量外资源源不断地流入泰国。

资本流入对经济发展的作用具有两面性。如果能够保障外资持续流入，且资本流入能够提高本国的出口能力，则外资流入可以对本国经济发展发挥积极作用。如果流入的外资不能够帮助资金流入国提高出口能力，长期外贸赤字累积起来必然会大大增加国家的外债，高额债务将使这个国家的金融结构变得十分脆弱。一旦遭遇风浪，外资撤出，就会触发金融灾难。事实上，在泡沫经济时期泰国所引进的外资多数是短期资本，直接投资项目不多，长期资本投资更少，一旦金融市场出现波动，这些以套利为目的的短期资本势必大量撤逃，而使泰国金融和经济遭受沉重打击。

大批的外来投资和规模日益扩大的国际贸易在促进实际生产部门经济增长

的同时，也使不动产、股票、有价证券和金融市场热度大大上升。随着国际市场的大量资金涌入泰国，泰国外债迅速增长，从1992年的200亿美元增加到1995年的659亿美元，1997年高达934.2亿美元。丰厚的房地产利润，促使房地产商向银行大量贷款，四处购地，营建大批以富裕人家和外国人为销售对象的豪华公寓、别墅、写字楼、国家会议中心、高尔夫球场、度假村和林园等。商业银行和金融机构也毫不顾忌地把大量的资金贷给不动产这一行业。据有关资料统计，从对国外开放金融市场以来，泰国向国外的巨额贷款中，有30%～40%流向房地产业，使本来就比较热的房地产业更加升温。

在国际资本的炒作下，泰国曼谷等大城市的房地产价格飞涨。泰国房地产业的超高利润吸引了更多的国内和国外资金。在1989年泰国发放的住房贷款总额为1 459亿泰铢，到了1996年超过了7 900亿泰铢。[①] 在七年间增加了四倍多。1996年房地产投资额占外国直接投资额的一半。在1997年，泰国空置的新住宅85万套，仅在曼谷就有35万套空屋，房屋空置率超过了21%。曼谷已经有了两座国际会议中心，从各种角度来看都足够了，可是仍有四座投资兴建。医院的病床数超过实际需要三倍多，但是仍然盲目投资扩建。许多拥有土地的人几乎是一夜之间就变成了腰缠万贯的富豪。炒卖房地产似乎成了非常保险的发财捷径。

大量外资涌进泰国，还在很短的时期内就吹大了股票市场的经济泡沫。在泰国金融市场实行对外开放政策后的第二年，股市指数就从1992年底闭市时的不足900点，提高到1993年的1 700点，而且在1994年还继续攀升。与此同时，股票市值也逐日递增，还惠及那些同股票交易有关的金融企业和非金融企业，如各式各样的资金信托公司，在股票市场上市的工业企业等都十分活跃，并获益匪浅。在泡沫经济的形成过程中，股票价格持续高速上升，使得越来越多的人狂热地参与股市交易。大量民间个人和企业的资金被投入股票交易之中。

泡沫经济使得许多泰国人轻易变成了富翁。在20世纪90年代初期，泰国出现了普遍的超前消费。泰国居然成为奔驰车的第三大进口国。泰国的平均工资水平在十年内增加了十倍多。由于工资水平迅速上升，泰国劳动力密集型产品在短短四五年内就在国际市场上丧失了竞争能力。

导致泰国泡沫经济破灭的导火线是国际债务危机的爆发。从1992年开始，泰国货币就和美元实行软挂钩。当时美元对日元和德国马克不断贬值，泰铢的

---

① 张辑. 当前金融危机的国际比较及其启示［J］. 改革与战略，2009（11）：163－167.

国际竞争力也有所加强。可是在1994年以后，美元走势强劲，由于泰国泡沫经济的影响，出现了高估泰铢币值现象。泰国大幅度对外开放金融市场之后，外国金融集团长驱直入。泰国既没有严格的资本管制，也没有足够的合格的金融人才来监管金融市场，所谓金融监管徒有形式。

进入1997年以后，了解泰国金融问题的人普遍认为泰国的泡沫经济已经濒临崩溃，预感到了危机，许多银行家开始向外转移资金。泰铢贬值预期导致泰国外汇市场上泰铢越来越多，对美元的需求越来越高，这进一步加剧了资金外流。在国际金融投机集团袭击泰国之前，泰国人自己就已经开始抛售泰铢了。这种现象自然引起了国际金融投机集团的注意。

1997年3月，泰国政府已经感到了金融危机的威胁，采取了一系列防范金融风险的措施：要求有问题的银行和金融公司提高坏账准备金比例，对房地产贷款的准备金从100%增加为115%～120%；要求金融机构准备500亿泰铢作为额外的准备资金；由于房地产市场上大量高档住宅和办公楼卖不出去，泰国财政部宣布将发行1 000亿泰铢（约27亿美元）的七年零利率债券来支持金融机构。这些举措有助于稳定泰国的金融局势，但引起了泰国金融界和既得利益集团的不满。因此，泰国政府的防范措施并没有能够得到落实。

1997年5月中旬，国际投机集团开始大量抛售泰铢，泰铢的对外汇率突然下跌，从而引起了金融市场的混乱。由于泰国外汇储备不能有效抵挡国际金融炒家的汇率攻击，泰国被迫放弃固定汇率制度实行货币贬值。

1997年6月，泰国动用了40亿美元的外汇储备来捍卫汇率，相当于外汇储备的九分之一。以后很短的时间内就几乎把泰国的外汇储备都搭了进去。1997年7月2日，泰国政府无力继续稳定汇率，被迫宣布泰铢实行“管理下的浮动汇率制”，废除固定汇率制。泰铢汇率彻底崩溃，在一天之内泰铢与美元的比值从25∶1变成29.45∶1，下降超过20%。到8月22日跌成34.6∶1，9月3日变成39.09∶1，到12月15日已经是48.2∶1。泰国的股市在1997年年初时股指为1 200点，到了年底股指跌得只剩下461.32点。

泰国币值在金融风暴中下降了44%，也就是说，在汇率崩盘之后，泰国欠的债务要用几乎多出一倍的商品去偿还。还债压力凭空增加了一倍。从1995年底到1997年4月泰国股市指数下降了70%。其中房地产股票价格累积跌幅达85%。银行和金融机构的股票价格跌了80%。

泡沫经济破灭后，泰国经济陷入严重的危机之中。30%的企业濒临破产倒闭。短期内失业人数达到290万，等于全国十分之一的劳动力。40%的建筑业工人失业，汽车、金融业解雇约25%雇员。91家金融投资公司中有58家被坏账拖垮。

泰国1998年全年经济增长率为－6.4％，失业率高达8.8％，通货膨胀率为15％。进口增长率从5.4％下降为－2.5％，私人投资增长率从4％下降为－21.3％，公共投资减少25.3％，私人消费下降12％。① 泰国绝对贫困人口在金融危机之后增加三分之一，中小企业因为贷款利率过高而倒闭，食品价格迅速上升，社会福利支出不断下降，儿童营养不良，入学率降低。

在金融风暴之后，外资逃离，金融系统大量“失血”。由于没有外资流入，外贸出口无法大量增加，泰国获得美元的能力急剧下降。在这些因素的综合打击之下，泰国要归还外债的难度极大。

泰铢贬值的直接原因是金融机构的呆账限制了金融机构的周转能力，而金融机构的呆账又是房地产和股票过度投机的结果。泰国金融危机的形成过程可以总结为：股市和房地产过度投机—泡沫经济—大肆举债—大规模投资—生产部门利息负担加重—出口能力衰竭—外贸逆差—经常项目赤字—金融机构呆账严重—泰铢贬值—经济全面衰退。②

（4）美国次贷危机

2007年的美国次贷危机波及全球，带来了巨大的连锁反应，美国的金融巨头在一夜之间被卷入这场金融风暴之中。

纵观美国次贷危机整个过程，可以发现这场危机就是一个风险积累和爆发的过程。2001年“9·11”事件后，美联储为了应对“互联网泡沫”破裂可能引发的经济衰退，连续降息至1％，长期的低利率带来了经济中“流动性过剩”，直接推动了房地产等资产价格的过热，使购房者产生了住宅价格会持续上升的预期，进而导致住房贷款需求增加，而住房贷款需求增加又进一步刺激了住房价格上升，这样一种循环制造了房地产市场的繁荣景象。由于当时美国房地产市场上的优质按揭已经趋于饱和，金融机构开始转向低信用等级客户发放次级按揭贷款，次级抵押贷款市场因而迅速发展，房屋价格和房屋信用泡沫逐渐变大，直至美国住房供应市场很快饱和。据统计，1994至2006年，美国的房屋拥有率从64％上升到69％，超过900万的家庭在这期间拥有了自己的房屋。③

2005年，美联储确认资产市场的泡沫现象以后，开始出台政策进行反向

---

① 徐滇庆，于宗先，王金利．泡沫经济与金融危机［M］．北京：中国人民大学出版社，2000．

② 文红星．经济泡沫研究［M］．北京：光明日报出版社，2013．

③ 王静，林琦．从美国次级债危机看中国房地产金融市场的风险［J］．财经科学，2008（2）：9－16．

操作，通过连续十七次加息，将联储基准利率迅速抬高至5.25%，导致次级贷款借款人的还款负担骤然上升，而同时期的房价下跌又让借款人无法按原先方式重新融资，于是贷款违约率迅速上升。2007年，次级贷款违约率达到14%。受此影响，抵押资产价值严重缩水，次级按揭证券的价值也因其高杠杆比率的影响而急速下降，直接导致许多金融机构出现财务危机，甚至面临破产，美国的次级债问题浮出水面。2007年4月，全美第二大次级抵押贷款机构——新世纪金融公司申请破产保护，成为美国地产业低迷时期最大的一宗抵押贷款机构破产案；继而美股大跌，美国华尔街第五大投资银行贝尔斯登公司宣布旗下两只基金因次贷危机而倒闭。8月，次贷危机波及欧洲市场，苏格兰皇家银行股票价格下跌近3%，法国最大银行巴黎银行宣布卷入美国次级债，暂停旗下三只涉足美国房贷业务的基金交易，欧美股市全线暴跌；金属属原油期货和现货黄金价格大幅跳水。同时澳大利亚麦格理银行声明，旗下两只高收益基金的投资者面临25%的损失；港股受累下挫，中国工商银行也卷入其中，美国次贷危机开始在全球蔓延。2008年5月，美国两家最大的房屋抵押贷款公司联邦住宅贷款抵押公司与联邦国民抵押贷款协会资产状况急剧恶化，使得金融危机持续升级。9月，美国政府宣布接管联邦住宅贷款抵押公司和联邦国民抵押贷款协会。随后，美国第四大投行雷曼兄弟公司宣布申请破产保护，第三大投资银行美林证券公司被美国银行收购。美国最大的保险公司美国国际集团随后被政府接管。全美最大的储蓄及贷款银行华盛顿互助银行倒闭，成为美国有史以来最大的一桩银行倒闭案。美国次贷危机演变成为席卷全球的金融风暴。

6.3 泡沫经济的扩张与金融危机

6.3.1 泡沫经济扩张的理论基础

费雪（Fisher，1933）在总结前人研究的基础上，提出了市场波动的最根本原因在于过度负债和通货紧缩的结论。他认为，在过度负债和通货紧缩并存的条件下，借款人为了降低负债而采取的行动将导致物价下跌，最终必然会陷入实际利率上升、借款人实际负债增加的恶性循环之中。费雪的结论对于解释美国1873至1879年和1929至1933年的经济萧条具有很强说服力。但是，由于无法准确地定量研究不确定性的未来，而财富又在很大程度上由未来的不确定性所决定，因此费雪的观点被认为无法清楚地解释财富效应。

为了解决这一问题，凯恩斯（Keynes，1936）提出了不确定性模型。在凯恩斯以前的主流经济学家，都认为生产要素是既定的，相关的情况也都是可以预知的，所以对未来的预期可以计算出来，风险也可以测量而非变幻莫测的。但凯恩斯在宏观经济模型中将金融交易定义为充满了风险性和不确定性的，并且加入了货币持有量、利率、资产价格、固定资产投资等与投资者的发展前景密切相关的变量。在模型中，凯恩斯认为危机是市场主体在不确定性条件下，对风险的预期而导致的结果。尤其是在不确定性条件下，由于投资是由资产未来预期收益及其贴现率所决定的，所以投资的变化会使得整个经济运行形势发生变化。投资者一旦认识到市场上存在由于过度乐观造成的抢购风潮和经济泡沫，那么投资者的逆向操作可能会使经济出现大倒退。20 世纪 80 年代的日本泡沫经济就为凯恩斯的不确定性模型提供了实践上的佐证。

在凯恩斯的不确定性模型的研究结论的基础之上，明斯基（Minsky，1963）提出了金融不稳定假说：①将投资的金融理论运用到以投资为中心的经济周期理论中，并把金融制度、金融变革等因素也纳入其分析框架。②在资本资产的价格决定和固定资产投资的决策中，解构了市场主体的债务结构以及未来还本付息的合约内容。③重视预期的形成，并强调贴现率与市场利率随着资本资产流动性的变化而变化。④根据借款人金融债务派生出来的本息及其实际经济活动带来的收益，将借款人的资金融通活动划分为套期保值金融、投机金融和庞氏金融，并强调经济景气时期泡沫经济的扩张过程，也就是说借款人的金融活动从避险型向投机型转移的过程。而在信用紧缩和泡沫经济崩溃的过程中，借款人的金融活动不但是从避险型转变为投机型，还会进一步向庞氏金融转化。

此后，金德尔伯格（Kindleberger，1978）将金融不稳定假说中关于泡沫经济扩张到金融危机的过程进一步简化概括：出现异常变化—出现经济泡沫—资金过剩—信用过度膨胀—资产交易过度—泡沫经济爆发—资产价格暴涨—利率上升—泡沫经济扩张—信用紧缩—资产价格暴跌—爆发金融危机。在分析近现代的历次泡沫经济扩张到破灭的过程时，金融不稳定假说都具有较强的解释力，能够得出很有价值的结论。

6.3.2 泡沫经济的扩张

根据金融不稳定假说的分析框架，泡沫经济产生和扩展的根源就在于异常变化，也就是说，正是因为对宏观经济体系产生重大影响的外部冲击以及相应的经济预期发生改变，所以一部分市场主体开始采取异常的行为，最终导致泡沫经济的产生和扩展。市场主体的异常行为主要表现为：关于未来经济走势、获利机会的判断发生了改变，或者是对外部冲击的观点、预期发生了改变，又或者突发性的、意料之外的经济变化逐渐成为市场常态。

20 世纪 80 年代初，东南亚地区的泰国、马来西亚等国展开了全方位的产业结构调整，采取了以工业化为主的出口导向型经济发展战略。囿于国内工业基础薄弱，建设资金短缺，这些国家改革了国内经济政策，开放了资本市场，吸引外资流入。改革给泰国带来了令人瞩目的经济成就：20 世纪 80 年代末，泰国经济增长率持续保持在 10%以上，尽管进入 20 世纪 90 年代后年经济增长率有所回落，但在东南亚金融危机爆发前仍然保持在 6%以上；人均国民生产总值、资本市场规模、证券交易总额、国内储蓄率等指标也较改革前大幅上升。此时，无论是官方还是民间，无论是国内还是国际，都对泰国经济发展的前景普遍持有乐观的态度，最初体现在实体经济领域，随后呈现在虚拟经济领域，市场主体关注的重点也逐渐从实体经济领域转移到虚拟经济领域，金融市场投资成为经济运行的中心。

在过度乐观情绪的驱使下，信用政策逐渐走向扩张，金融机构贷款增加，经济运行景气度在货币供应量的刺激下持续向好，投融资双方的风险普遍被低估。与此同时，信息技术发展及应用导致的金融创新也进一步促使信用过度膨胀。同样以泰国为例，在经济发展的同时其金融机构也得到了较快的发展，尤其是非银行金融机构，它们发行的证券类金融资产的占比迅速提升。同时，钉住美元的汇率制度和较高的国内利率水平驱使金融机构大量在海外以美元低息举债，然后兑换成泰铢在国内发放高息贷款。短短数年间各类金融机构发放贷款的规模出现了数倍的大幅上升，而贷款发放的审核、抵押等却又出现了不同程度的放松，尤其是这些贷款资金又大量进入房地产领域，并且原来从属于实体经济领域的资金也大量涌入房地产领域。这种类似的状况在东南亚地区的其他国家相继出现。

在虚拟经济的规模不断扩张、虚拟资产的价格不断膨胀的过程中，受投机因素的影响，开始出现过度交易。投资者陶醉在经济繁荣的幻想中，纷纷把资金从实体经济中转移到虚拟资产上，通过价差赚取收益，并在信用膨胀的背景下通过信用杠杆放大交易量。如果配合金融衍生工具交易自身具有的杠杆特征，那么虚拟资产交易的膨胀就更加剧烈。东南亚很多国家在这一时期都出现了证券市场规模急剧扩张的现象，越来越多的国民参与到证券市场交易中，理性投资行为逐渐被狂热投机所取代，经济泡沫在过度投机和资产价格暴涨中转变为泡沫经济。

当经济形势出现明显的泡沫经济特征时，资金需求的总量明显上升，同时货币流通速度显著加快，这直接导致借贷资金的价格（即市场利率）上扬。但泡沫经济扩展总会遇到边界，一旦资产价格上涨的趋势滞缓或产生逆转预期，金融机构出于风险管理的考虑，就会停止发放以这类资产为抵押的贷款，并加大对这类贷款的催收力度，如果其他类型的投资者纷纷效仿，要么抛售这类资产，要么持有资金借贷，就会导致这类资产的价格出现冲高回落，甚至是进一步快速下跌的态势。伴随着资产价格的快速下跌，曾经过度交易的金融机构和投资者极有可能因为流动性不足而出现资不抵债破产的状况。因为各类金融机构之间密切的巨额资金往来，这又会产生一系列连锁反应，金融机构大面积破产倒闭，最终爆发金融危机。

20 世纪 90 年代中期，美国经济在高科技产业的带动下逐渐复苏，美元持续走强，而与此同时泰国国内的泡沫经济却开始扩张，在固定汇率制度下泰铢币值被高估的现象愈加明显。另一方面，在开放性政策的主导下，国外短期资本大量涌入，国际投机集团不断冲击泰国金融市场。泰国政府既应对失措又无力纠偏，导致泰铢币值在短期内暴跌，证券市场价格和房地产市场价格也急剧下跌。20 世纪 90 年代末，泰国国内大量金融机构倒闭，大批劳动力失业，大批企业破产，通货膨胀率高企，国内经济增长率迅速从 6%下降到−6%。状况类似的印度尼西亚、马来西亚等国也都出现了这种崩溃式的金融危机。

6.3.3 泡沫经济扩张的传导机制

从经济泡沫的产生演进到泡沫经济的扩张，从泡沫经济的破裂演化为金融危机的爆发，在这一传导机制中起到决定性作用的因素包括货币供给、金融制度、国际资金流动等。

根据货币需求理论，经济活动中社会公众对货币的需求主要源自交易动机、预防动机和投机动机的共同作用。在这些动机中，交易动机、预防动机与收入水平之间呈现正相关关系，而投机动机则与市场利率的高低呈现负相关关系。市场利率较低时，出于投机动机的货币需求就较大；如果市场利率较高，出于投机动机的货币需求就较小。如果货币供应量增加，而收入水平不变，即出于交易动机的货币需求不变，那么在货币市场上的货币供给是大于货币需求的，多出来的货币供应量就会流向虚拟经济领域，去追逐虚拟资产。此时由于货币供应量增加引起市场利率下降，虚拟资产需求上升，价格上涨。而且货币供应量增加也导致了更多的货币参与到对价格上涨后的虚拟资产的追逐中，为虚拟资产价格的持续上涨提供了保障。因此，货币供给增加支撑了虚拟资产上经济泡沫的膨胀，推动了泡沫经济的扩张，并最终导致了泡沫经济的破裂。

当财政收支不足时，政府可以采用增加税收、发行国债等方式来解决，也可以采用向中央银行透支的方式解决。在国际收支出现逆差时，或是为了稳定国内证券市场和外汇市场，政府也可以采取在公开市场上买入证券和外汇的举措。这些都会造成货币供应量的增加，而这些恰恰都是在东南亚国家的泡沫经济扩张中出现过的。例如，由于国际电子产品需求大幅度下降，导致出口产品结构单一的东南亚各国在 20 世纪 90 年代后期出现了大量的外贸逆差，加上长期积累的内外部债务，迫使这些国家增加货币供给。在低利率的市场环境的驱动下，资金大举进入证券市场和房地产市场，证券价格和房地产价格持续上涨，泡沫经济持续扩张。最后在 1997 年东南亚各国本币贬值的压力下，引发证券价格和房地产价格一路下跌，泡沫经济破灭，引发东南亚金融危机。

在由货币供给导致泡沫经济扩张的机制中，不但要重视中央银行、商业银行及其他金融机构的行为，同样也需要考虑社会公众的行为。泡沫经济扩张的过程，其实就是银行体系降低其超额准备金的过程。在泡沫经济出现初期，银行体系面对的市场环境是市场利率上升，投资机会增多，信贷需求旺盛，融资成本下降，因此信贷膨胀是必然的结果。而对于这一阶段的社会公众来说，由于持有货币等高流动性资产的机会成本上升，他们转而将财富配置于证券等高收益的虚拟资产上。这不但会导致虚拟资产的价格因为供求因素而出现上涨，还会通过商业银行体系的运营机制与中央银行一起共同刺激货币乘数的上升，最终导致整体经济运行中的总货币供应量的上升，这样进一步推动了泡沫经济的扩张。在泡沫经济破裂时，这种传导机制又会引发反向的连锁反应。随着市场主体在消费、投资领域的收缩，基础货币和货币乘数都会迅速缩减，导致出现严重的通货紧缩局面，进一步压低资产价格和规模，金融机构不良资产增多导致大面积亏损、破产、倒闭，从而引发金融危机。

在泡沫经济扩张过程中，制度变迁也是一个十分重要的因素。在金融制度体系中包含了金融结构、金融监管规则、金融活动行为等内容。东南亚各国在经济金融改革过程中出现了一系列制度变迁，总的来看，核心在于从非市场竞争制度体系逐渐转向市场竞争制度体系。在原有的非市场竞争的制度体系中，金融制度的基本目标在于维持金融的秩序，市场表现为金融监管缺乏透明度；社会公众难以获得相应的金融信息，无法通过风险收益原则来进行投融资决策；市场准入和退出很困难，机构行为趋同。在市场竞争的制度体系中，金融制度的基本目标在于提高金融的效率，市场表现为金融机构数量和类型繁多，金融市场发展到相应规模，金融活动具有规模经济效应；金融资产价格灵活变动，富有弹性；社会公众的金融需求能够很快通过金融创新得到满足；金融信息公开透明。比较而言，制度变迁为金融体系提供了更加理想化的交易框架、更加宽松的竞争环境，也更有利于金融效率的提升。

但是在制度变迁的过程中，必然存在大量改革成本，会对泡沫经济的扩展产生重要的影响。①在推进市场化竞争性改革的过程中，信息传播速度加快，市场主体对市场价格波动更加敏感，这在金融市场交易中更加明显，从而加大了市场的不稳定性。20 世纪 90 年代，东南亚各国相继出现金融资产价格暴涨暴跌，金融机构破产倒闭风险加剧，这便是金融制度体系改革的成本。②在制度变迁过程中，金融机构不断开拓新的业务领域，产品和服务的中心逐渐从传统表内业务领域转移到表外业务领域，在追逐高收益的进程中也带来了高风险因素。而且机构之间趋同的运营模式、政府监管不配套等因素强化了这种高风险特征。③金融市场化程度的提高使得市场主体更容易获得投资资金，金融创新也为投融资活动提供了更多的选择，金融交易更加复杂，金融风险更加难以准确识别和衡量，从而导致了低估金融风险的不良倾向。④金融监管当局面临着金融创新等新形势的挑战，迫于市场化的要求逐渐放松管制，既为提升市场活力做出贡献，但也为金融市场价格波动提供了更大的空间，也就是为泡沫经济扩张提供了更多的便利。

在金融领域非市场化的存量因素尚未完全转变的情况下，为了加快制度变迁，只能在增加市场化的增量因素上下功夫，这就必然引起金融领域规模扩张，其中就伴随着经济泡沫和泡沫经济的扩张。以泰国为例，从 20 世纪 80 年代起的金融制度改革，强化中央银行实施货币政策的力度，实施公开市场操作，取消利率管制，推行利率市场化，引入票据可转让机制；取消证券交易税，降低企业所得税、股息税，为证券公司提供财政支持，鼓励企业通过证券市场获得长期资金；允许外汇浮动，放松对境外投资者的外汇管制，允许证券交易所得在境内外自由划转。到了 20 世纪 90 年代初期，泰国接受国际货币基金组织的条件，加快了开放资本项目的进程，并因此基本上完成了金融自由化改革。这些制度变迁为泰国金融市场带来了一片欣欣向荣的景象，但同时也因为规模膨胀而导致了虚拟资产的过度供给和泡沫经济的扩张。

经济发展需要资金的支持，但是过多的资金也是推动泡沫经济扩张的必要条件。如果没有大量的国际资金流入，即使出现了经济泡沫乃至泡沫经济，其规模和影响力也不会太大，可以控制，并不会必然导致金融危机。但是在现代虚拟经济发展中的一个显著特征就是短期国际游资大规模流转，不但发展中国家有旺盛的资金需求，国际资金也有强烈的投机意愿。在新兴的工业化国家中，由于社会制度、基建设施、教育水平、市场规模等多种因素的制约，实体经济投资回收期长、收益率偏低，吸引外资的能力有限，使得大部分国际资金以短期投资或投机的形式进入同样容量有限的证券市场和房地产市场，导致证券市场和房地产市场价格暴涨，价差收益带来的财富效应又进一步激发了市场投机性。在东南亚金融危机爆发前，整个东南亚地区吸收的国际资金总量逐年大幅上升，而且大部分流入证券市场和房地产市场。这些规模巨大的国际资金在短期内对泡沫经济扩张起到了强烈的推波助澜的作用，并且在泡沫经济破裂时纷纷快速抽逃出境，成为金融危机爆发的导火索。

6.4 泡沫经济的影响及治理

泡沫经济破裂后会严重扭曲各类资产的市场价格，以致经济萧条，对银行、企业、个人造成重大的负面影响，扰乱正常的经济秩序。持续宽松的货币政策，以及过分活跃的国际游资、证券市场和房地产市场等都是容易导致泡沫经济破裂的重要因素。整体来看，局部经济泡沫和宽松货币政策是泡沫经济产生的前提条件，因此可以从两个方面入手来防范泡沫经济的破裂：一是防止局部市场上的经济泡沫的扩张和蔓延；二是谨慎实施持续宽松的货币政策。

6.4.1 泡沫经济的影响

6.4.1.1 泡沫经济破裂后的经济萧条

泡沫经济就像是“吹”起来的肥皂泡一样，尽管它在阳光的照耀下看起来是五光十色的，但是最终它是会破裂的。在泡沫经济扩张和膨胀的阶段，大规模的资产价格不断上涨导致泡沫越来越大。此时要么是市场参与者的风险意识越来越强，最后市场失去了持续上涨的动力，致使泡沫经济主动崩溃；又或者是因为泡沫经济造成的市场严重扭曲的后果，迫使政府不得不出手干预经济运行，致使泡沫经济被动崩溃。最终的结局都是经济萧条，对银行、企业、个人都会造成重大的影响。

经济泡沫产生后，如果买卖双方都使用自己所有的资产或资金进行交易，这种交易实质上就是一种零和博弈，所以经济泡沫的影响一般仅仅局限于微观层面上，不会演化为会带来全局性影响的泡沫经济。但是投机活动使得投资者对资金的需求量急剧增加，迫使市场利率上升。在市场利率上升后，因为相信证券市场和房地产市场上的投资回报率会持续高于其他实体生产部门，投资者因投机情绪高涨而出现的旺盛的资金需求就会有增无减。价差收益带来的高额回报以及市场上规模宏大的交易量，诱使银行体系扩大信贷规模，放松信贷限制。而且经济泡沫的膨胀也扭曲了银行信贷抵押机制，以贷款购买的资产进行再次抵押，获取资金后再次投入这些虚拟经济领域。在这种循环机制的作用下，经济泡沫剧烈膨胀，就很有可能会演化为带来全局性影响的泡沫经济。一旦泡沫经济破裂，证券市场和房地产市场价格就会暴跌，投资者及企业无法偿还银行贷款，又造成金融机构的巨额呆账、坏账。这些呆账、坏账的出现不但会降低金融机构的信用等级，还会进一步削弱它们的资金运营能力和发展能力，甚至会危及这些金融机构的生存。金融机构为了隐匿呆账、坏账，采取呆账、坏账转移的方法（即将呆账、坏账转移到海外分支机构或子公司的账户上），更有甚者会采取违法制造虚假财务账目的手段，从而掩盖总公司账面中的风险因素，构造营利的假象，以此来欺骗投资者和招揽更多的客户。这些掩耳盗铃的手段必然会使经营活动陷入恶性循环之中，最终自食其果导致破产。此外，银行类金融机构为了满足一定的资本充足率的要求，首先会考虑增资。但由于银行信用等级下降，银行股价低迷不振，致使权益融资难以达到满意的效果，那么银行此时就只能采取压缩风险资产规模，即压缩贷款的经营策略。而且为了提高盈利水平以处置前期出现的大量不良金融资产，银行也可能会采取扩大存贷利差的经营策略。这一切都会加重实体经济领域的市场主体的经济负担，严重阻碍经济萧条状况的改善。

在泡沫经济破裂后，实体经济萎缩，大批公司或工厂破产倒闭，大量工人瞬间失去工作，工农业产值急剧下降。企业部门的萎缩主要有三个方面的原因：一是投机活动失败而出现企业破产；二是由于社会有效需求大幅降低，产品滞销，产能过剩，即便能够实现销售，但售后资金难以回笼，最终因负债到期而破产倒闭；三是因订单减少或设备转产难度较大，即使是以前经营状况良好的企业也会出现资金周转困难，这时作为短期流动性主渠道的银行等金融机构又因为泡沫经济破裂而惜贷，企业最终因为资金周转不灵而破产。即使没有破产的企业，也会在这种经济金融的大震荡中大伤元气。尤其是在泡沫经济膨胀泛滥的阶段，市场投机活动盛行，不仅占用大量资金资源，导致企业生产资金短缺，还会破坏实体经济领域的市场竞争环境，扭曲生产资料、劳动力资源的优化配置。此外，国内经济的虚假繁荣也会促使本币在外汇市场上大幅度升值，结果是直接削弱了本国商品在国际市场上的价格竞争力，影响国内企业的发展。很多企业为了生存下去，依靠大幅裁员来降低人工成本。企业裁员的方法通常有两种：一是留下业务骨干和技术骨干以维持企业的正常生产经营，而让冗余员工临时回家待岗休业；二是严格控制新进员工的条件。当大量企业破产倒闭或是大量裁员时，市场上必然出现大批失业人员，这甚至会引发严重的社会安定问题。为了恢复正常的社会经济秩序，根治泡沫经济遗留下来的恶果，政府需要付出巨大的代价。

由于证券市场和房地产市场的价格暴跌，投资者在泡沫经济形成和扩张中所拥有的财富量极大地缩水。这种企业和个人资产的大幅度漏损，通过逆财富效应促使投资者的信贷增幅逐渐放缓，为消费、投资领域尤其是高档消费品、大型基础建设领域蒙上了一层阴影。社会有效需求包括投资需求和消费需求都必然走向低谷。企业由于社会需求降低，订货量减少，利润全面下滑，没有了内在的扩大投资规模的意愿，也就没有了扩大投资规模的经济实力，这将进一步导致投资需求的急剧下降。除了投资需求减少带动社会有效需求减少之外，泡沫经济破裂还会给消费需求带来重要的影响。企业裁员后，工人失业没有了稳定的收入来源，即使企业不裁员也会普遍出现收入水平下降的状况。这些综合因素的影响导致消费需求减少，市场购买力水平进一步下降，商品销售额一路下滑，企业产成品出现积压。这种恶性循环反过来又会影响企业的生产经营，导致企业的投资需求进一步萎缩。就这样在投资需求和消费需求交替下滑的影响下，经济发展受到严重阻碍。

6.4.1.2 泡沫经济对社会经济秩序的扭曲

泡沫经济会严重扭曲各类资产的市场价格，导致生产资源无法实现高效合理的配置。从静态来看，泡沫经济会引发社会财富进行再分配。有人可能因此致富，也有人可能因此倾家荡产，财富从银行和一些人手中转移到另外一些人手中。但从动态来看，后果远非如此，泡沫经济对资源配置的影响非常重大。当资产的市场价格上涨时，出于利益机制的诱导，投资者会改变实物资产与货币资金的投资比例，或者会改变在某些地区或某些产业之上的投资比例，这样就会打破实体经济与虚拟经济之间的平衡，打破地区经济或产业经济之间的平衡，降低资源配置的效率，扭曲社会经济秩序，最终影响市场主体的投资需求和价值取向。而且在泡沫经济产生和扩张的过程中，证券市场和房地产市场上会出现投机活动盛行的状况，大量资金被吸引到投机活动中，对实体经济领域的资金会产生挤压作用，从而导致流通领域由于资金投入短缺而出现生产效率降低的现象。

泡沫经济导致的虚假繁荣还会助长社会腐败风气。在泡沫经济形成的初期，社会上弥漫着一派纸醉金迷的虚假繁荣景象。随着证券市场和房地产市场价格的节节攀升，投资者各类资产的账面价值也越来越高，政府财政收入也日渐上升，进入证券市场和房地产市场投资能够轻而易举地获得大量财富。如果新闻媒体、社会舆论不加以正确引导，甚至还推波助澜、渲染夸张，会让整个社会滋生出好吃懒做、好逸恶劳的享乐主义思潮以及金钱万能、钱可通神等低俗的拜金主义思潮，在日常生活领域也会滋生奢靡、腐败的不良风气。

在泡沫经济膨胀阶段，投机活动盛行还可能导致贫富不均，犯罪率上升。一般来说，能够参与证券市场和房地产市场投资的大多是资金较为充裕的投资者，一般没有太多闲置资金的社会公众难以参与到这些风险较高的虚拟资产的投资领域。因而随着泡沫经济扩张，证券市场和房地产市场价格暴涨，资金充裕的投资者因参与投机活动带来了巨大财富效应，不但拉大了与无力参与投机活动的社会公众之间的贫富差距，导致严重的两极分化现象，更会激化社会矛盾，提高社会犯罪率，影响社会的稳定。

泡沫经济扩张时带来的投机活动盛行，还必然会导致银行经营管理机制的扭曲。银行类金融机构为了追逐收益扩大经营规模，最简单的做法就是减少存款准备金，降低贷款限制，增加放贷规模。在泡沫经济破裂后会形成大量呆账、坏账，银行的风险大大增加。银行作为社会经济金融活动的核心环节，在泡沫经济产生和扩张的过程中，总是处于投融资活动的风口浪尖。面对金融市场上的高额回报、旺盛的资金需求和充裕的资金供给，银行等金融机构一面从国内外金融市场筹措大量资金，一面又在国内外金融市场上投放大量资金。当泡沫经济破裂后，一切都反了过来，银行持有大量不良资产无从追索债权，却又承担了大量刚性债务必须连本带利按期偿还，其结局只能是破产倒闭。

6.4.2 对泡沫经济的反思

繁荣与萧条，复苏与衰退，有序和无序，常常在现实世界中循环往复地出现。从现实的案例中可以看出，泡沫经济的产生、扩张、破裂都与虚拟经济分不开。泡沫经济几乎都是从流动性过剩开始，接着出现投机过度，形成泡沫经济，最终泡沫经济破裂，爆发金融危机。虽然现实中的泡沫经济各有各自的特点，但还是存在着一些普遍原则和规律。

(1) 谨防持续宽松货币政策中的泡沫因素

从现实中的典型案例来看，泡沫经济的形成往往都沿着一个类似的路径：持续宽松的货币政策让信贷资金更容易获得，继而导致信贷过度扩张和资产价格上扬；信贷扩张与价格上涨相互刺激，催生经济泡沫；当经济泡沫演变为泡沫经济，泡沫经济进一步扩张和膨胀，最终引发金融危机。几乎历次泡沫经济的产生都与持续宽松的货币政策相关联，二者呈现出较强的相关性和因果关系。

大量关于泡沫经济的实证研究都提供了信贷扩张和泡沫经济膨胀之间的正相关关系的明确证明。20世纪30年代，以米塞斯（Ludwig von Mises）和哈耶克（Friedrich August von Hayek）为代表的新奥地利经济学派就提出了信用膨胀导致泡沫经济的观点。米塞斯认为，在摆脱了金本位制的束缚后，银行体系的信用创造没有了制约，很容易出现银行体系的过度信用创造，这将导致市场利率与自然利率的背离。而这种背离又会促使资产价格上涨，刺激消费和投资。资产价格上涨持续的时间越长，金融不平衡就会越严重，也就是说在信贷膨胀的过程中已经潜伏着未来泡沫经济爆发的隐患。之后许多经济学家对信贷扩张和泡沫经济之间的关系进行了大量实证研究，他们的结论都是大致相同的：持续宽松的货币政策导致了大规模的信贷扩张，进而引发泡沫经济，其中存在着很强的正相关关系。

(2) 国际游资过分活跃是一个危险的信号

短期国际资金也就是俗称的游资、热钱，是游离于各国之间的一种投机资金，具有资金量大、流动性强、逐利性高等特征。国际游资的根本目标在于追逐投资的短期高额回报，因为其高流动性的特征，它们并不会投向各国急需资金的高投资慢回报的基础建设项目，因此对各国国内经济发展并没有多大的益处。相反在经济运行出现异常波动时，这些国际游资又会快速撤离，并在市场上引发大量连锁效应和羊群效应，放大这种异常波动，导致经济运行出现更加剧烈的震荡。因此国际游资过分活跃会在其快进快出之间扰乱正常的经济秩序，破坏经济运行的基本规律。现实中的典型泡沫经济案例都伴随着国际游资过分活跃的身影。

(3) 证券市场和房地产市场是泡沫的高发区域

从现实的典型案例中可以看到，证券市场和房地产市场始终是经济泡沫的高发区域，也是泡沫经济的风向标，是投机者活跃的主要场所。由于证券市场和房地产市场在现代国民经济体系和投资领域中占据着越来越重要的地位，往往也成为投资和投机活动关注的焦点。我们从经济史记载中可以看到，早期的泡沫经济、金融危机等常常从证券市场开始。在20世纪70年代以后，房地产市场也开始成为泡沫经济和金融危机酝酿和爆发的新的策源地。房地产市场的经济泡沫可以导致包括信用风险、流动性风险、市场风险等在内的多种金融风险，这些也是2008年美国次贷危机中对银行类金融机构危害最大的、最直接的、最主要的风险。由于房地产业对投资资金的需求量很大，而且投资建设的周期漫长，这就决定了房地产业在发展过程中必然会紧密地依赖于金融业的支持。在现代市场环境中，房地产市场的波动又会经由资产证券化等金融创新蔓延到证券市场。从积极的角度来看，二者相互制约、相互支撑、共同发展；但从消极的角度来看，二者的泡沫会相互掩盖、相互加强、共同膨胀、共同破裂。房地产价格的大幅上扬也是金融风险增加的危险信号，投资者在房地产市场上经历的理性、疯狂、丧失信心的过程，就是泡沫经济形成、扩张和破裂的过程，不但投资者和房地产业本身会深受影响，提供大量信贷资金的银行类金融机构也会受到强烈冲击，甚至会给整个金融体系带来灭顶之灾。

(4) 心理预期助长了泡沫经济的膨胀

从客观角度来看，持续宽松的货币政策、过分活跃的国际游资、证券市场房地产市场自身的特征，是泡沫经济产生和膨胀的主要原因。那么从主观的角度来看，导致泡沫经济产生和膨胀的主要原因就是人们心理预期的作用。虽然每次泡沫经济爆发都各不相同，但是从它们的典型特征来看，都离不开贪婪无度的人性欲望。心理预期会贯穿投资活动的始终，对回报率的追逐是投资活动的源动力。如果投资者对高额收益过于贪婪，就会扭曲投资理性，助长投机心态，强化投资者的短期逐利行为。在泡沫经济破裂之前，在过于乐观的心理预期的刺激下，市场上逐利性的投机资金的规模迅速增长，推动资产价格持续走高，经济泡沫不断扩张，直至最后破裂。在经济繁荣即将到达顶峰时，非理性的贪婪心态盛行于世，没有人对这种错误的心理预期提出质疑，投资者明知风险很高，仍然争相购买各类资产以图获取短期价差收益，唯一的安慰不过是认为自己不会成为最后的接棒人。但是在市场上一旦出现异常波动，投资者又纷纷抛售资产，避免遭受损失。正是在这种非理性心理预期和投资策略的驱使下，资产价格暴涨暴跌，危机一触即发，任何一个细小的外部冲击，都有可能会成为压死骆驼的最后一根稻草。

6.4.3 泡沫经济的防范

一旦经济泡沫演变为泡沫经济，就会严重影响到国民经济的健康发展。由于局部经济泡沫和宽松货币政策是泡沫经济产生的前提条件，因此我们可以从两个方面入手来防范泡沫经济的发生：一是防止局部市场上的经济泡沫的扩张和蔓延，二是谨慎实施持续宽松的货币政策。在经济运行景气度较低时，适度的经济泡沫可以增加市场活力，提高经济运行的效率，改善市场主体的未来预期，使整体经济运行趋于优化，是有利于经济发展的。此时防范的重点在于控制货币供应，防止经济泡沫向泡沫经济转化。如果政府采用宽松的货币政策来干预经济运行，那么防范的重点就在于控制局部市场上的经济泡沫，使之不要膨胀过度和蔓延过广。

6.4.3.1 防范局部市场经济泡沫的膨胀和蔓延

(1) 改善资产供给价格弹性

经济泡沫之所以容易在证券市场和房地产市场产生，主要因为证券和房地产的内在价值难以准确衡量，而且证券和房地产的供给在短期内相对固定不变且缺乏弹性，所以明确资产的内在价值或增加资产供给价格弹性都可以有效地防止资产市场经济泡沫的膨胀和蔓延。但是很多资产的内在价值都与投资者对未来的预期有关，根本就不可能准确把握。因此通过调节资产供给、增强资产的供给价格弹性，更容易实现对资产市场经济泡沫的防范。

在证券市场上，如果投机气氛导致价格上涨，我们可以通过以下三种方式进行调控：①放宽证券发行上市的条件，以增加证券供给达到市场扩容的目的。如果某类型证券价格过高，则可以增加同类证券的发行上市作为替代品种，提高该类证券的供给弹性来平抑这类资产上出现的经济泡沫。②采用分流证券市场上的投资资金的方式来消减投资者对证券的过度需求，即增加其他市场上的投资品种以分流证券市场投资资金，抑制证券市场泡沫。③采用建立证券市场平准基金的方法。证券市场平准基金的运作类似于中央银行的公开市场操作，在证券市场价格出现异常波动时，采取适量适时买入和卖出证券的方式，改变证券市场的供求状况，平抑市场价格波动。证券市场平准基金可以由中央银行进行管理，不以营利为目的，目标在于根据证券市场供求状况进行调节，一旦发现异常波动，便及时进行调控，以避免证券市场价格暴涨暴跌，引发经济泡沫进一步膨胀。

我国证券市场诞生于 20 世纪 80 年代末，由于社会公众所能接触到的投资渠道较为有限，因此大量资金开始涌入证券市场。一度由于符合条件的公司数量少、规模小，发行的股票债券数额有限，证券市场需求远远超过供给，证券市场价格高企，出现了大量经济泡沫。针对这种状况，证券监管当局采取了一系列有效措施，其中就包括加快证券市场扩容、增加股票债券供给。上市公司的数量和规模都有了大幅提升，在一定程度上缓解了经济泡沫膨胀的压力。

因为房地产资产的特殊性，要想在短期内改变房地产市场上的供给价格弹性是十分困难的。房地产的市场均衡价格是由真实需求和市场供给共同决定的，虽然可以采取抽样调查的方法，通过房地产真实需求率和已售房地产使用率等指标来确定房地产的整体市场均衡价格，但是由于统计结果受到样本选择、样本容量及数据处理方法等诸多因素的影响，统计所得的市场均衡价格的置信度低，很难为社会公众接受，当然就无法为防范房地产市场经济泡沫的膨胀提供支持。一般而言，要防范房地产市场的经济泡沫，政府常通过合理的政策手段直接入市干预，主动打压过度膨胀的价格上涨趋势。此外，对于一般的民用住宅类房地产，政府也常用修建保障性住宅等方式来调节民用住宅的供求，缓解在民用住宅领域的投机需求，也可以达到防范经济泡沫膨胀的目的。

(2) 防止信息不对称

在完全有效市场上，市场信息相当充分，资产泡沫产生和膨胀的可能性也会大大降低。然而在现实生活中，完全有效的市场环境并不存在，市场参与者所能获得的信息不论在质量还是数量上都存在着较大差异。而且就算市场主体能够无差别地获得完全同质同量的信息，不同个体的信息处理能力不同，这就决定了他们对信息的利用程度也会有很大的差别，因此市场上不可避免地会出现非理性行为、羊群效应，导致资产价格泡沫的产生和扩张。虽然信息不对称的现象不可能完全消除，但是监管机构通过法规制度要求信息公开化、标准化，打击内幕交易，实现市场信息透明，可以在很大程度上改善信息不对称，尽可能地减少各类市场主体之间在信息的质和量上的差异。对于证券市场而言，证券监督管理机构可以督促上市企业及时准确地披露其生产经营状况及相关重要信息，规范市场信息的公开方式。在房地产市场，相关机构可以通过定期发布房地产供需状况、建设成本等信息，使信息变得更加充分和对称。此外，还应该鼓励和扶持投资咨询服务机构和教育培训服务机构的发展，使投资者能够获取更多这些领域的专业知识，增强现代投资所必需的风险收益意识，提高信息处理能力，减少信息利用程度上的差异，避免非理性决策和投资行为，避免追涨杀跌的羊群效应。

(3) 打击市场价格操纵

市场操纵行为不同于一般意义上的套利。套利会利用市场上存在的无风险获利的机会，消除市场价格的异常波动，导致市场从非均衡逐渐回归均衡状态。而市场操纵行为却恰恰相反，通过控制大规模资金和所掌握的内幕信息优势，甚至是故意制造虚假信息，扰乱正常的市场交易机制，制造市场价格异常波动，从中创造价差以获取利润，掠夺其他市场参与者的财富。市场操纵行为显然不利于正常市场秩序的建立，破坏了市场交易公平、公开、公正的原则，损害了广大投资者的利益。监管机构应该通过立法来严格限制和禁止投资者和金融中介机构操纵市场，制造虚假的涨跌趋势，诱使其他投资者低价售出或高价买进证券来牟取暴利的不正当行为。

凯恩斯在《就业、利息和货币通论》中指出："投机而仅为企业（长期投资）洪流中之一小水波，也许没有什么害处；但设企业为投机漩涡中之水泡，情况就严重了。设一国之资本发展变成游戏赌博之副产品，则此事大概不应做得。"① 凯恩斯的这一观点在现实中不断得到印证。从日本泡沫经济到东南亚金融危机，从美国次贷危机到欧洲债务危机，正是大量的市场操纵导致的投机活动加速了经济泡沫的产生和扩张，催生出泡沫经济，最终泡沫膨胀破裂酿成了金融危机的恶果。所以，政府通过立法来规范投资者和金融中介机构的行为，打击市场价格操纵，限制投机活动，对防范经济泡沫的膨胀起到了十分重要的作用，也对防范泡沫经济的产生具有重要而深远的意义。

(4) 调整交易费用

受到商品交换、运输、保管、仓储等活动的制约，真实需求的交易成本往往要比投机需求的交易成本高得多。在一般情况下，投机活动中并不涉及真实商品的交换，而代之以数字和文件，因此其物化的交易成本很低。因此灵活调整交易费用，可以在一定程度上抑制市场投机需求的过度膨胀，防范由此而产生的经济泡沫的多度扩张和蔓延。交易费用包括交易税、转手税、印花税、所得税、手续费、过户费等。通过调节交易费用，可以提高或降低投资者进入市场完成交易的难易程度，对于调动市场热情或是打压投机气氛都有着积极的作

① 约翰·凯恩斯，阿尔文·汉森. 就业、利息和货币通论《M》. 长沙：湖南文艺出版社，2011.

用。例如在证券市场和房地产市场过热时，通过提高印花税、个人所得税、营业税、房产税、交易手续费、过户费等，不但可以增加投资者的交易成本，降低其频繁买卖轻易转手的意愿，也可以通过宣示效应向投资者表明管理层对待过度投机的立场和态度，使之产生相应的心理预期，打压经济泡沫的过度膨胀。而在证券市场和房地产市场不景气时，可以采取相反的措施，以调动市场气氛，活跃市场交易，推动市场复苏。有针对性地调节某些特定市场的交易费用，在防范特定领域经济泡沫的产生和膨胀方面，比货币政策、财政政策等全局性的政策有着更大的优势，因为这种有针对性的措施不会对经济泡沫之外的正常经济活动产生较强的不利影响，可以实现很好的“靶向治疗”的效果。

凯恩斯在《就业、利息和货币通论》中就描述了交易费用对市场行为的影响：“伦敦证券交易所之罪恶，所以较华尔街为少，恐怕倒不是因为两国国民性质不同，而是因为前者对于一般英国人，比之华尔街对于一般美国人，取费甚昂，不容易进去。要去伦敦证券交易所交易，需付介绍费、高额经纪费，又需向英国财政部缴纳转手税，税额甚重。”[①] 这样看来，在任何国家、任何时期，都可以通过调节交易成本来分离投资行为和投机行为，改变市场投机气氛，防范经济泡沫的膨胀，化解泡沫经济产生的隐患。

(5) 反对社会腐败风气

每一次泡沫经济膨胀时，都伴随着社会腐败风气盛行。催生经济泡沫的投机活动需要大规模资金，部分投机者可能会与少数监管部门的官员或金融机构的高级管理人员相互勾结、规避监管，采用违法违规的挪用资金、内幕交易等行为来获取和瓜分暴利。监管部门官员或金融机构高级管理人员的为虎作伥、贪污腐败，不但方便了投机者的资金获取，也会加剧市场上经济泡沫的膨胀速度。因此加强对违法违规的监管部门官员以及金融机构高管的内控和惩戒，避免官商勾结，提高信息透明度，反对社会腐败风气的滋生和蔓延，对防范泡沫经济的产生是十分有效的。在泡沫经济的膨胀阶段中会出现大量官商勾结的金融腐败案件，其中有很多都是投机者与少数监管机构官员相勾结，或是套取政府和金融机构的资金，或是打着政府担保的幌子进行非法集资，以大规模资金来操纵市场价格，从中牟取暴利。所以，在防范泡沫经济时，反腐败也是必不可少的一个环节。

---

① 约翰·凯恩斯，阿尔文·汉森. 就业、利息和货币通论［M］. 长沙：湖南文艺出版社，2011.

6.4.3.2 审慎应对持续宽松的货币政策

审慎应对持续宽松的货币政策，具体的着眼点在于防止过量的货币供给或过低的利率水平。在局部市场存在经济泡沫的情况下，如果限制信用的过度扩张，提高消费和投资的过低成本，阻碍资金过多地流向出现了经济泡沫的市场，那么即便是出现了经济泡沫，那么它也会是无源之水、无本之木，无法扩张和蔓延，就无法转化为泡沫经济。

(1) 确保中央银行的相对独立性

货币供应量对经济泡沫的产生和膨胀有着决定性的影响，因此也是催生泡沫经济的关键因素。一国中央银行应该按照既定的货币政策目标，根据货币政策的实际运行状况，对货币政策按照既定目标进行及时调整。在货币政策的制定和执行过程中，中央银行应该保证相对独立性，不受财政部等其他部门或其他经济目标的左右和干扰。宽松的货币政策往往是政府应对经济增长不力或是财政收支失衡的常用手段，这既妨碍了货币政策目标的实现，也体现出其他目标或部门对中央银行相对独立性的干扰，而且相对宽松的货币政策往往也是投机活动盛行的温床。因为当货币供应量过多时，市场利率较低，投机者的心理预期过度乐观，经济泡沫随着产生并快速扩张。如果此时中央银行能够坚守自己的相对独立原则，排除其他政策和部门的干扰，审慎应对货币供应量过多和市场利率水平过低的状况，就可能会从源头上抑制投资者获取的低成本的增量资金，使得证券市场和房地产市场等领域的投资行为更加谨慎。

因为货币政策自身所特有的宏观性、全局性、长期性、需求侧等特点，目前大多数经济发展达到一定水平的国家都采用了单一目标的货币政策，即以稳定币值防止通胀为目标，而把经济增长、充分就业、国际收支平衡等目标交由产业政策、财政政策、外贸政策等来实现。这样，在正确分析货币供应量、市场利率水平与资产价格之间关系的基础上，明确经济泡沫与泡沫经济的转化机制，维系中央银行在货币政策的制定和实施过程中的相对独立性，可以很好地防范经济泡沫的产生和扩张。

(2) 强化金融监管

中央银行、金融监管部门通过立法维护金融市场上的合法交易行为，打击违法违规交易，对金融机构和金融活动实施有效合理的监管，这也是防范经济泡沫的重要手段。虽然国际化、自由化是当前经济金融发展的不可逆转的大趋势，但这并不意味着完全依赖内部自控或行业自律，放弃政府的监督管理。在国际化的大背景下，各国金融开放也都是有管制地对外开放，这个世界不存在也不可能会出现全球通行的监管制度。在金融自由化的大趋势中，政府金融监管并没有放弃或放松，而是与时俱进地采用了一些新工具、新手段、新措施，金融监管创新与金融产品创新、金融服务、创新一同构成了金融创新的主要内容。强化金融监管可以有力地抑制金融机构参与投机活动的冲动，限制货币乘数的过度放大，为经济金融发展提供一个持续稳定健康的金融市场环境。

（3）妥善应对国际协调机制

在目前的国际经济交往中，随着全球化、国际化程度的不断提高，经济泡沫、泡沫经济乃至金融危机在国际上的扩散和蔓延都变得非常迅速和剧烈，因此也需要适时地考虑如何更好地发挥国际协调机制的作用，以应对泡沫和危机。例如在东南亚金融危机爆发后，我国政府坚决承诺人民币不贬值，不打贸易战、价格战，这就为维护东南亚地区乃至世界经济的稳定和复苏做出了巨大的贡献。

但是当国内经济目标与国际协调机制产生根本性矛盾时，是否也必须以维护国际协调机制为出发点呢？有观点认为，日本泡沫经济的根源就在于1985年的“广场协议”。当时日本政府出于国际协调机制的需要，放弃了国内经济目标，日元随后持续大幅升值，国内国际投机资金疯狂炒作各类资产，导致日本经济泡沫急剧膨胀，最后泡沫破裂，经济长期陷入低迷。但这一时期的德国却成为鲜明的反面参照，虽然德国马克当时也出现了大幅升值，但由于及时修正了超低利率，实施稳健的货币政策，防止了经济泡沫的进一步膨胀，也就避免了未来资产贬值而导致的经济衰退的厄运。因此在发挥国际协调机制的作用时，还必须考虑到本国经济目标的需要，采取合理的措施妥善应对，保持国内政策的自主性，坚持以本国国民经济利益为核心的政策目标。

（4）其他防范泡沫经济的举措

在防范泡沫经济时，不但要积极打造和维护健康的外部经济金融环境，还必须要调动各类金融机构内部的主观能动性。具体来说，要启发各类金融机构确立正确的经营方针，主动地在日常经营中贯彻流动性、安全性和收益性的金融三性均衡原则，以达到在金融机构内部消除泡沫经济的隐患，维系整个金融体系持续平稳发展的目标。当发现银行贷款被挪用于证券市场和房地产市场的投资或投机活动，并出现了经济泡沫时，银行必须要提高呆账、坏账准备金比率，并利用法律手段追讨这些贷款，以加强银行的避险能力。这样，即使资产的经济泡沫破裂，危及银行贷款资产的安全，也不会造成过大的损失，不会演化为泡沫经济，导致金融危机的爆发。

思考题

1. 如何区分经济泡沫和泡沫经济？

2. 虚拟经济中必然包含经济泡沫吗？

3. 虚拟经济的发展一定会导致泡沫经济的爆发吗？

4. 泡沫经济与金融危机之间是否存在必然的因果关系？

5. 结合实际，试述在虚拟经济发展过程中，应该如何应对泡沫经济的产生与扩张。

拓展阅读

能够防止泡沫再次发生吗？[①]

历史上出现的任何一个“泡沫故事”都很相似。尽管事后回头看时大多非常可笑，但是泡沫还是三番五次再现。其原因就在于泡沫具有“只要投机继续就可以产生利益”的本质特性。有鉴于此，我们不能否认泡沫再次发生的可能性。至少，在股票市场上要完全预防泡沫的发生是困难的。

但是，把土地这样一种生活不可或缺的要素作为投机对象，是我们必须尽力防止的。防止地价泡沫的再次发生，应该是今后经济政策的重要课题。

针对这次地价暴涨而采取的措施，大多是一些头痛医头、脚痛医脚的措施。1987 年导入的“监视区域制度”是其典型。这是通过行政的介入与指导来抑制地价的制度。如果是在投机的初期阶段，这样的措施在降低投机热度方面或许可以发挥一定的作用。但是，由于它不能消除地价上涨的原因，所以它至多只能是一种应急措施。如果把它作为防止泡沫再次发生的措施，它不仅不充分，而且也不合适。

在日本，把土地作为投机对象的重要原因在于税制的扭曲。因此，要防止地价泡沫的再次发生，最重要的是要实现土地税制的合理化。在本次泡沫发生的初始阶段，改变土地让与的征税方式，即对短期保有土地征收更高的税。然而，这也是一种对症疗法式的措施。因为对土地让与征税的负担是有可能转嫁给买者的。而且，让与征税还具有抑制土地出售的负面效果。

实际上，固定资产税等土地保有征收的税负过轻，助长了把土地作为资产保有的倾向，这才是问题所在。为了改变这种状况而引入的“地价税”，从方

---

① 野口悠纪雄. 泡沫经济学［M］. 曾寅初，译. 北京：生活·读书·新知三联书店，2005.

向上看是正确的。但是，由于征税对象有限、实际税率低等原因，地价税还不可能成为将来防止泡沫再次发生的有效工具。

对资产价格的动向产生了重大影响的是金融政策。金融放松成为本次泡沫发生的导火索，而成为泡沫崩溃导火索的是对不动产相关融资的总量控制与金融紧缩政策。因此，将来为了预防泡沫的发生，合理地运用金融政策是不可缺少的。现在为止，金融政策的作用主要是影响设备投资、物价等经济流量。今后，金融政策还必须有意识地防止资产价格的过度剧烈变动。

除了上述预防泡沫的直接对策外，还要进行更大范围的经济结构调整。如果说汇率利益返还机制的不完备是使金融放松效果产生扭曲的原因，那么对此返还机制进行改革就是一个重要的课题。虽然这些改革看起来似乎是舍近求远，但是经济结构的整体调整十分重要。

第7章　虚拟经济与互联网金融

［教学目标］

1. 了解在互联网发展背景下虚拟经济基本的特征，掌握互联网发展背景下虚拟经济的范畴、形态、波动和简要的网络技术特征，以及它们在后续学习中的作用。通过不同形式的自主学习，发现相关进阶知识领域。

2. 掌握互联网金融在不同具体应用下的表现形式的相关知识，了解互联网金融和传统金融的异同，了解相关虚拟经济下的互联网技术在其领域的应用形式，了解互联网在银行、保险、支付平台、众筹、虚拟货币等经济领域的发展和应用，了解区块链的概念、发展状况和应用。

3. 掌握互联网金融特征、金融风险、网络安全风险、技术风险和监管风险的基本概念。

4. 提高相关问题的提出、分析和解决（包括简单的实际问题）能力，激发对相关知识的兴趣，发展独立获取相关信息的能力。

［教学基本内容］

1. 互联网发展下的虚拟经济，包括虚拟经济的新范畴、虚拟经济的波动加速、虚拟经济的电子化形式和特征。

2. 互联网金融的内涵和模式，包括互联网金融的含义和类别，互联网金融的虚拟经济性质，互联网金融的现实应用、类别和运作，以及虚拟货币和区块链技术的基本概念和应用形式。

3. 互联网金融的特征，包括其长尾性、普惠性、高效、低成本、发展速度和高风险特征。

4. 互联网金融风险，包括金融固有的流动性、信用风险，监管机构的行业监管风险和法律风险，网络安全技术风险，以及金融创新风险。

7.1 互联网发展下的虚拟经济新特征

虚拟经济的发展对实体经济健康运行具有极大的推动作用，是其有益补充。自数字革命兴起，互联网快速发展以来，虚拟经济逐步脱离实体经济，具有自己的一套单独的经济系统。在日常生活中，我们经常见到以产权、风险和信用等为依托的虚拟经济活动，它们与实体经济单位发生交易，产生连锁反应。自此投资或投机资本流转速度急剧加快，市场投资结构反复更迭、频繁变化，经济规模成倍扩张，经济泡沫成分成倍增加并且快速形成债务链条，而风险与信用作为金融的重要因素在虚拟经济各个成分之间不断交换，最终使得虚拟经济的快速发展逐渐和实体经济的发展相背离，具有清晰且高度的独立性。

虚拟经济的定义一般涵盖三个方面。首先在马克思的诸多著作中不止一次地提到以虚拟资本为支撑的金融领域，这些信贷金融并非实物资本，自身并无价值，但是它们能够“用钱生钱”，并以“记账式商品”作为凭证形成交易体系。其次随着信息技术的高速发展，虚拟经济以此为工具所进行的各种经济形式（virtual economy）的交易，可称之为信息经济或数字经济；最后是纯粹用计算机或虚拟环境下模拟的可视化经济形式（visual economy），这种一般多依托一个或若干“虚拟社区”，这种社区可以和现实经济环境有联系或完全无关，并在其中形成自己的一整套经济运行规则。

虚拟经济和实体经济相对应，而互联网经济则可同时在这两种经济模式上有所体现，比如互联网对现代金融的发展和支持、互联网在信息技术上对实体经济的补充和服务。因此互联网经济和实体虚拟两种经济模式的范畴有交叠，并且由于信息技术的引入，实体经济和互联网经济的界限也愈加模糊。

7.1.1 虚拟经济范畴扩大

早在当今熟知的虚拟经济概念诞生之前，许多学者就对其范畴进行过探索性论述，虚拟资本就是其中之一。虚拟资本在当时主要指的是多空头汇票等以信用为依托的商业票据，这一概念最早出现在威·里瑟姆 1840 年的著作《关于通货问题的通信》中。之后，马克思在其著作《资本论》第 3 卷中提出，虚拟资本（fictitious capital）的关键在于借贷资本和银行信用制度，其本身虽然不具有价值，但却能够和现实中的资本一样，通过其独有的循环方式产生利润。除此之外，马克思还指出各种非私有的有价证券也在虚拟资本的范畴内，比如国债券、国库券、各种股票以及房产抵押凭证等。按照马克思关于虚拟资本的理论，他认为生息资本的社会化使得金融市场产生，从而货币供需双方在金融市场中实现各自的资本借贷平衡。今天各类金融衍生品为这种借贷行为创造了便利的工具。从虚拟经济的观点来看，信用资本、知识资本和社会资本三种资本形式都是虚拟资本，这几乎包括了迄今为止的所有金融市场工具。虚拟资本虽然价值无法确定，但可以创造利润，这种不具有实物和货币形式的经济模式是创建了信用基础上的一种隐形条件。虚拟资本的蓬勃发展标志着曾经的唯一价值载体——实物价值的时代已成为过去，非实物价值即虚拟价值已经在实体价值之外形成了牢不可破的另一种价值体系。在这一过程中，作为最早金融体系产生的信用制度正是虚拟资本产生发展的基石。

虚拟经济脱离实体经济，逐渐形成了独立存在、自成体系并且能够反过来影响实体经济的新形式。只就狭义虚拟经济理论，即金融论探讨的话，20 世纪传统金融学相关理论的发展和实践，标志着一个全新的虚拟经济时代已然来临。这里的狭义虚拟经济（Fictitious Economy）指证券、期货、期权等建立在信用资本上的一系列金融产品和相关衍生产品，以及围绕以上金融产品和市场进行的一系列金融活动。这些金融产品本身不产生价值，但是其所代表的实体资本能够产生收益，所以具有交易价值，并伴随着信用的发展而快速发展。虚拟经济概念逐步独立于实体经济概念，自成一派，它影响着国际经济体系的各个方面。虚拟经济的运行依托和活动结果表现在货币、信贷和金融资产等当前世界最重要的交易工具上，这些因素密不可分，互为因果。狭义金融体系下其虚拟性扩大的直接原因在于信用体系下金融资产的疯狂膨胀和金融产品信用交易的无限制发展所导致的经济失衡，这是在传统金融下就具有的特征。之后随着互联网技术的飞速发展和信息通信技术的广泛使用，世界经济交易运行机制发生了根本性的变革，国际商务已突破以往的时空等物理界限，实现了信息的快速接洽，数倍地提高了资本流转速度和交易规模。因此，当今的虚拟经济（virtual economy）是网络经济和信息经济催化下的产物，是科技革命和技术创新的结果，当今的虚拟经济和互联网已经不再分隔。自此，虚拟经济的概念经过简单的仅区别于实体经济的信贷资本、生息资本，过渡到之后金融领域大发展的狭义虚拟经济，即货币、信贷和金融资产形成的一系列现代金融体系。但是要注意的是，这里的科技工具依然是服务于整体的金融领域，只是在形式和方法上使金融运行和以往的传统金融学有了区别。

随着网络技术的发展和覆盖，虚拟经济的概念和范畴延伸到纯粹虚拟社区下的信息化、数字化经济范畴。扩展之后的广义虚拟经济概念，以信息技术为工具所进行的经济活动，也可称为数字经济或信息经济，甚至有虚拟货币和网络游戏货币之类的计算机模拟的可视化经济活动（visual economy）。信息技术经济从以往的涉及物质与能源从一种形态转换到另一种形态的经济领域，到涉及信息从一种形式转换到另一种形式的经济领域，信息、信息资源、信息劳动、信息活动等一系列经济范畴成为经济测量的重要指标，这无疑又拓展了狭义的虚拟经济，即仅收益于网络技术提供交易便利化的金融资产证券化下的虚拟经济范畴。而纯粹虚拟社区或虚拟环境下的计算机模拟的可视化经济活动是广义虚拟经济的又一个表现形式。这种经济运行往往有一定的虚拟社交环境，比如社交网络和游戏，其经济的独立性更强，相当一部分和现实中的金融系统互不干涉而独立存在，但是有一部分又对现实经济甚至整个人类经济活动有变革性的影响，比如比特币之类的电子货币，这是虚拟经济在网络化深度发展下的另一个范畴扩大的表现。

7.1.2 虚拟经济波动加速

将整个经济的本质看作是一个价值生产系统，是虚拟经济理论的出发点。与虚拟经济相对的实体经济是将整个经济看作一个物质生产系统。实体经济的定价是以成本为支撑的。而虚拟经济中商品的购买已经不是为了消费，而是一种投资，这时该种商品的定价不再是由这种商品的成本来支撑的，而是用“预期收益折现”的方式定价，也就是资本化定价的方法，它是以心理为支撑的，基于这种定价方式同时确定了虚拟经济的研究范畴。其实，任何一种商品的价格都是成本和心理的函数，也就是商品定价都是糅杂着成本和心理定价的成分，否则，产品的广告和促销工作就没有任何意义了。只是虚拟经济研究范围中的商品心理定价的成分占主体，而实体经济研究范围中的商品成本定价的成分占主体。经济系统的所有商品集合就是成本和心理连续变动的物质表现。也就是说，虚拟经济的研究范围根据其实际载体表现形式的不同是不断变化的，早期它可以是郁金香、土地，到现在则是股票、期货及衍生产品。

互联网技术的引入使得虚拟经济所遵循的边际收益递增以及正反馈规律效应放大，其价格的波动性呈现出自己独有的特征，如波动集聚性和持续性。这种虚拟经济波动特征很大程度来源于投资者之间相互学习、投资者与环境制度之间相互反馈的结果，而互联网的信息技术大大强化了这种效应。这种主体与客体之间的互动关系是作为社会科学的虚拟经济研究同自然科学研究主要的分界线。虚拟经济中各种资产的定价模型的构造以及相应的投资策略是思想的产物，这种思想改变了被研究的客体，因为预期决定了价格，这就导致预期的进一步变化。金融波动不仅具有短期的相关性，同时具有长期的相互影响，也就是说，金融波动具有长记忆和持续性。早期基于 ARCH 类模型、SV 类模型以及后来将分数维时间序列建模方法引入金融波动和异方差建模的分数维 ARCH 类和分数维 SV 类模型的大量研究表明，当前的信息和波动会对未来的波动产生长期和持续的影响，这反映了金融波动的非线性和分形特性。

当互联网金融进入调整期之后，越来越多的资金开始关注互联网金融，国际金融市场进入调整期，开始收缩，全球主要的金融中心在经济扩张时期不断地拓展新的业务领域、新的业务增长点，而互联网金融使金融业对外扩展受到了约束，开始向内重组自己的架构。互联网金融的兴起会加剧波动性，对于原来需要比较长的时期内才会被竞争稀释掉的盈利空间，互联网金融可能一个程序就会吸引众多的人加入，很快把利润挤掉，整个市场的波动会变得非常频繁。而在这个过程当中，互联网金融本身变得越来越重要，需要开发新的交易流程、交易方式，也使得整个市场资金的流动越来越集中在一小部分，能够更好地运用互联网技术进行投资，由此我们看到国际金融市场新的变化趋势。

7.1.3 虚拟经济活动电子化

金融的虚拟性与互联网和信息技术的发展密不可分，这一特征是虚拟经济在网络应用之初就有的直观体现。网络时代之前的经济模式离不开实物货币，不论是我国早期的钱庄发行的“交子”还是之后现代银行的存储交易凭证，都是以实物为传播媒介，但在互联网迅速发展的今天，交易往往是双方数字的变化。从网络最初应用于经济活动开始，相当一部分的业务就可以免去实物货币的媒介，比如汇款转账，在经济网络化初期就实现了交易数字化，其虽有支付收据，但这个凭据并不是交易的必须要件，在信用系统完善的情况下支付收据可以免除。再到当前发展迅速的互联网金融领域，交易、审核、支付、储存等几乎所有金融复杂业务都可以实现数字化，完全不需要实体的货币、证件、凭据等。实现上述金融“无纸化”功能也离不开当今极其发达的网络信息技术的支持，尤其是在以大数据、云计算为依托的专业化数据分析，对微观层面的行业和消费者的数据和信息进行精准挖掘，使得企业能够对客户“精准制导”，对行业和市场格局理解更加透彻，对营销和市场拓展更有针对性，以及对行业变化和系统性风险更加敏锐。以货币基金为例，2013 年余额宝的横空出世就是源于客户精准定位和大数据挖掘，货币基金传统金融机构早已有之，但没有一个能够在当初达到余额宝的利率和流动性，就是因为余额宝基于用户习惯和行为数据分析，更加高效地预判了资金流动和系统性风险，使得基金利用效率提高，其规模急速扩张。当然随后余额宝利率下降是因为腾讯和传统银行同样有着巨大的客户群，并且纷纷效仿形成同质竞争，但总的来说，提高了普通储户的收益，可见数字化对互联网金融具有重大的作用。

7.1.3.1 移动化

随着便携式终端设备（手机、平板电脑）的发展和普及，虚拟经济越来越多地引入了移动信息技术，移动支付使得用户凭借移动终端进行消费和服务的支付，使银行服务逐渐退居幕后，甚至使家用个人电脑面临一定的竞争压力。经济活动的互联网移动化使手机这种移动终端在金融领域具有广阔的发展空间，其方便、随身携带、随时支付的特点使互联网经济更多地融入人们的日常生活。随着移动终端技术水平的提高，手机上网的普及，移动金融应用更加多样和广泛，传统的金融模式在移动化的冲击下逐步使传统的普通消费类业务更加电子化和标准化。而实体网点的发展趋势：类似高级金融服务会所，一般地面向高净值财富人群提供专业化、个人化和差异化的金融理财服务。

传统的金融机构如银行、证券通过互联网使其主要业务网络化，互联网公司也依靠其信息技术优势挖掘金融服务的商业价值。其主要产品和服务越来越像商品电子商务模式，在网络实现买卖交易。依赖于海量客户资源和数据挖掘，互联网金融产品和服务电商化相比较传统机构更加具有前瞻性和创新性，网络理财和各类新型网络贷款都具有电商的普遍特征。因此，金融领域今后的电商模式将越来越多地成为金融业务的主流模式。

7.1.3.2 一体化

当今信息时代的网络公司完全可以承担传统商业银行的基本金融功能，随着金融改革，市场更加开放，在利率市场化、资本全球化浪潮下的各种金融机构和类金融机构将迎来新的机遇，更加强化跨界合作创新，建立一体化的网络金融平台。完整成熟的综合性网络金融平台可提供一体化的金融服务，客户在一个界面可以办理各种传统金融业务，甚至可以跨界开展信托保险、网上消费、投资理财、咨询服务等。这将有利于节省时间和成本，同时也能提高金融实体融合度，实现行业共生共栖、协同发展，增加市场容纳能力，实现金融市场升级。

大数据时代，互联网金融更加强调竞争的行业本质，需要通过不断创新产品和服务来谋求思想的变革和发展，现存的广泛应用的网络金融产品无一不是从传统金融领域的封杀拦截下突围出来的变革性产品，其本身创新的逻辑内涵就代表着今后互联网金融发展的趋势。不断提高产品服务质量，创新服务方式是未来互联网金融的经营主旨。可以预见，不断推出符合客户需求的金融创新产品才是立足行业的核心竞争力，互联网金融领域的创新“军备竞赛”才刚刚拉开帷幕。

互联网金融产生之初，容易存在各种金融公司相互无序竞争的乱象，品牌认知度不强，各种违约也层出不穷，但随着市场淘汰不合格者，留下一些具有广泛认知度的优秀企业，其互联网金融品牌也逐步拥有了行业价值。随着竞争加剧，客户不断提高金融服务要求，优秀互联网金融品牌必定会被赋予更高的信誉度和商业价值，这本身就代表了客户对其的认可程度和产品安全度，并且互联网金融品牌也一定会和传统商品的品牌一样具有可操作的品牌战略价值。

7.1.3.3 传统经济模式和互联网加速融合

除了现有的金融机构信息化建设和营销渠道网络平台化之外，传统经济模式和互联网金融联合越来越紧密，实体经济行业、金融业、互联网行业之间的交叉融合将越来越迅速。当前这些大大小小的各类金融、非金融机构逐步实现了产品服务整合、成本管控整合、资源匹配一体化、风险管控和信息共享，并且逐步建设网络供应链融资平台，将企业经营网络、物流网络在线服务等各个环节进行电子化对接，信息、技术、渠道、产品高度融合。在未来可预见的时间里，传统金融和互联网金融的行业界限将越来越模糊。

7.2 互联网金融内涵与模式

互联网金融是传统金融机构和互联网企业利用互联网技术、信息通信技术实现资金融通、支付、投资和信息中介服务的新型金融业务模式，具体包括依附传统金融机构的互联网金融模式、非金融机构（主要指互联网企业）推出的互联网金融模式以及二者合作的互联网金融模式等。

7.2.1 互联网金融的内涵

互联网金融目前还没有一个在理论界获得广泛认可的统一概念，只是从功能上讲，它是传统金融行业和互联网理念、技术相结合的新兴领域。互联网金融狭义的含义是传统金融资金融通和金融服务的基本功能依托互联网技术实现的方式，这从最早的银行金融电脑网络系统能够体现出来，可以说那时的金融模式已经具备互联网金融的基本含义了；而互联网金融广义的含义则是指所有具备互联网精神、理念、经营模式和技术条件的类金融业态。从历史上到当前的互联网金融形态都在这个狭义和广义的含义范围内。

广义互联网金融与传统的银行借贷金融或是其类似模式有所区别，更多接近当今新兴商业领域存在的互联网金融的概念。这种新型的金融模式依靠互联网资源，以云计算、大数据、社交网络、搜索引擎对交易中的金融参与者进行实时资金匹配，是风险分担的信息高度对称、贴近完全竞争市场的新型金融模式。从互联网和金融相结合的状况来看，互联网金融可分为：与我们日常生活息息相关的“硬性条件”，即网络技术条件与金融的结合，这种影响是我们能够真实感触和体验到的；而以文化价值观，即开放、平等、共享、协作等互联网精神这些“软性条件”体现在互联网金融之中的理念。这种结合是现代互联网金融的重要表现之一。这种文化因素虽然没有足够的硬性制约力，但这一特征是互联网这种事物从诞生之日起就与之伴随而来的，互联网的原始机制会使所有具备互联网内核的事物与这些特质高度契合，自动淘汰不符合者，使竞争优势者站在最后并获得成就，在现实生活中有无数的例子（公司）佐证了这一事实。如果仅就字面上来看，可以将互联网金融分解为“互联网+金融”，因此，可以分为互联网金融和金融互联网，其分别对应着不同的含义，并与之前的广义狭义和硬性软性条件相互对应。金融互联网多是指传统金融行业进行的互联网业务延伸，体现的是互联网的“硬性条件”在金融中的应用，多由金融行业主导，是狭义的互联网金融概念，比如网上银行、手机银行等业务；而互联网金融则是指由网络实体或企业进行的金融业务，体现的是互联网“软性条件”在金融中的应用，是更加广义的概念，比如余额宝、财付通等网络公司运营的金融业务，见表 7－1。

表 7－1　金融互联网与互联网金融

金融互联网	互联网金融
网银 手机银行 无大数据和云计算的银联网络（传统金融网络） 证券/保险网络化运营 银行理财/基金业务网络化运营	大数据为依托的 P2P 借贷 阿里小贷 网络微贷 互联网支付 云网络资源下类资金池和网络众筹

续表7－1

金融互联网	互联网金融
众筹融资、P2P借贷、小贷公司，网络金融理财和第三方支付平台等以业务发展成熟程度为路径逐步从传统金融依附者，过渡到以大数据为依托的互联网和金融交互作用的新型互联网金融领域。	

总的来说，互联网金融市场在配置资源方面相当有效，市场摩擦远远小于传统金融在运行中造成的效率损失。在这种模式下，互联网第一次成为金融活动的直接参与对象，成为金融获取信息、形成产品的指引对象，也是金融汲取资源的场所，这和以往的网络技术平台有了较大的区别。通过大数据处理、云计算和搜索引擎等技术，形成依托互联网导向型的数据驱动金融服务模式，在筛选金融服务对象、降低市场摩擦、提高风险品定价能力和管理能力、提升金融资源配置效率方面，拓宽了金融服务的广度和深度，有利于金融产品创新，降低成本，规模扩张，满足新型金融需求，对传统金融体系形成补充并督促改进传统金融服务理念和方式，满足了金融变革的深层需求。

因此，互联网技术与金融功能的结合从本质上说是在互联网平台上的资源互补和利益扩展。互联网金融依托大数据和云计算等形成的开放体系，在金融业态的表现上来看，包括但不限于网络资源下的金融组织市场体系、产品和服务、参与主体和对象以及监管框架等。

7.2.2 互联网金融的虚拟经济性质

从经济活动的基本层面来看，金融活动本身对应实体经济运行的虚拟化，互联网服务于经济活动，又导致经济运行介质的虚拟化，这两个层面虚拟化相互叠加，将对经济活动的本质产生深远的影响。首先，金融活动是虚拟经济活动的重要组成部分，这在国内学术界已经达成共识。其次，网络经济也是虚拟经济的一部分。按照马克思对虚拟价值做出的开拓性阐述，把每一个有规则的会反复取得的收入按平均利息率来计算，把它算作是按这个利息率贷出的一个资本会提供的收益，把这个收入资本化。因此，可以认为虚拟价值是能够带来一定收入的所有权证书所代表的价值。运用上述理论逻辑研究网络经济，可以得出网络经济也具有虚拟经济的特性。基于网络信息技术应用的新生产方式以虚拟性为根本特征，具体表现为复制性、规模性和共享性，这些特征产生了网络虚拟价值。网络虚拟价值具有与网络规模呈相关性、临界性和规模递增性特征。因此，金融活动与基于互联网的经济活动都是虚拟经济的一部分，金融资本与投资及互联网经济活动的部分资本均具有虚拟资本的特性，然而其虚拟价值的形成机制有所不同。金融资本通过资本的所有权与使用权相分离、资本使用价值即其预期收益的资本化获得了虚拟价值，而网络经济活动通过提供虚拟化的经济运行介质从而产生虚拟经济的特征。

7.2.2.1 基于互联网空间虚拟介质的连续投资产生的虚拟经济性质

通过构建物理网络空间，将传统金融业务融于互联网虚拟介质之中，不仅可以获得传统金融业因为提供金融中介、支付等的金融利润，还可凭借这一虚拟介质达到扩大客户群体、提高服务效率、降低服务成本的目的。具体表现在：一是通过物理网络空间构建，开发简化金融服务组织模式的手段，包括网上银行、在线支付和第三方支付等。通过相关软件开发，将提供服务的相关网络进行连接与融合，互联网金融实现了在互联网空间的虚拟介质上处理各种金融业务，节约了设立实体营业网点的大量人力、物力，只需保证互联网平台正常、高速、有效的运转。这样，等级提升后的互联网空间可以大大简化传统金融企业的组织模式，节约开设实体网点的投入成本和运营成本。二是通过持续运营，延长服务时间，可以打破传统金融服务在时间和空间上的限制，扩大金融服务客户的涵盖范围。一方面，在一些传统金融机构（如银行、保险等）的营业网点无法覆盖的偏远落后地区，网络金融服务可以填补其物理网点的空白，通过虚拟空间对有潜在金融需求的客户提供服务，扩大了金融服务的受众群体；另一方面，互联网金融可以不受传统营业时间限制，实现 24 小时服务，从而更方便、更快捷、更高效。

7.2.2.2 基于信息收集、处理和披露产生的虚拟经济性质

基于互联网空间的社交网络、大数据、云计算等信息处理方式，对相关信息的收集、处理和披露，将颠覆传统金融市场的信息生成和信息处理方式，形成信息采集全面化、信息处理高效化、信息主体诚信化和信息结构定制化等四大特征。因此我们可以获得传统金融服务在信息便捷服务基础上提供资源跨期跨地域配置、资产定价、风险管理等服务的金融利润。

一是信息采集全面化。互联网金融不像传统金融依靠实地访问、问卷调查、人工统计等方式搜集客户的信息，而是依托社交网络生成来传播经济主体（包括机构和个人）的相关信息，特别是个人和机构没有义务披露的信息，同时它可以采用标准化的系统形式在线采集客户信息，减少主观评价不公允的风险。这种信息采集具有即时性、便捷性、客观性的特征。

二是信息处理高效化。互联网金融通过云计算保障海量信息的高速处理能力的实现颠覆了传统金融市场的信息处理方式。社交网络在揭示和传播的资金供需双方的信息上，可以借助大数据、云计算等相关技术进行处理，被搜索引擎组织和标准化，最终形成时间连续，动态变化的信息序列，达成对相关客户动态的持续跟踪，辨识各种金融主体的相异金融行为。同时获得的这些连续性的信息可以使得互联网金融企业和机构及时更新、更正用户信息的误差，为市场提供最及时、最有效的客户信息。从而用更加标准化、结构化、系统化的信息取代片面化、单一化、零散化的信息，为各市场主体搭建了一个相对透明的信息交互平台。这样不仅可以给出任何资金需求者的风险定价或动态违约概率，大大降低投融资双方的信息不对称性，而且成本极低。

三是信息主体诚信化。互联网金融依托社交网络和大数据云计算的声誉机制改变了经济主体的信息传递偏好。由于大数据和云计算技术的存在，人们的任何诚信或不诚信的行为均将被“记录在案”（储存于互联网云端），因此相当于建立起了一个信息相对充分和有效的重复博弈机制。个人和机构均可以通过信用积累起“社会资本”，而失信的行为将受到严厉的惩罚，从而将改变经济主体的信息披露偏好，促使人们偏向于诚实传递自己的各项信息。这就进一步提升了信息提供的有效性和降低了信息采集成本。

四是信息结构定制化。上述新的信息处理模式使金融服务设计呈现出定制特征。频繁的互动以及有效的信息收集与处理，使互联网金融企业更能准确了解客户的真实需求，可以更加精准地针对客户定制差异化的服务，注重金融服务的个性化设计，真正实现“以客户为导向”，使得广大新老客户被牢牢地吸附在互联网金融上面，用户范围越来越广泛，互联网金融越来越具有黏合性。

7.2.2.3 基于简化金融服务流程的虚拟经济性质

依托互联网空间虚拟介质和独特有效的信息处理方式进行互联网金融服务还大大简化了金融服务的流程，减少了金融活动的中间环节，形成新的虚拟经济特性。一是互联网金融机构的虚拟化加速了金融脱媒的过程，促使金融机构缩简。传统金融模式下，资本的供求双方由于信息不对称，缺乏专业的搜寻交易对象信息的知识和技能，很难了解到交易对象的真实情况，只能依赖银行等中介机构完成投融资交易。然而在互联网金融模式下，无论是交易信息的搜寻还是资本交易，抑或是本金的偿还，利息、红利的派发等，都是在互联网平台完成的。因此，资本交易双方直接跨越中介，在互联网金融平台实现信息的匹配和交易，畅通了个人、企业、机构的投融资渠道，使完全竞争的多方市场主体共同参与资本的竞争交易，优化了资本的配置结构，提升了资本的配置效率。因此，在互联网金融模式下，银行、证券、保险等金融机构的资本中介作用在一定程度上被互联网金融搭建的高效、快捷的网络交易平台所取代，中间交易链条被缩短，呈现出金融机构脱媒的状况。在今天的小额贷款公司里，如人人贷，个人可以通过互联网直接借贷，它部分替代了传统存贷款业务。又如众筹融资，筹资者可以通过互联网为投资项目募集资金，这又代替了传统证券业务。二是简化了服务流程，降低了交易成本。互联网金融企业借助云计算、搜索引擎、大数据、移动支付等各种先进的网络技术，突破了时空对金融服务的限制，依靠标准统一的操作流程随时随地为客户在线提供高效的金融服务，这样，客户足不出户就可以在互联网金融模式下"一站式"搜寻到自己所需的金融服务信息，自助办理各种业务，既节约了互联网金融企业的运营成本，又节约了客户的时间成本和交易成本。同时，在传统金融制度下，金融服务要依托一定的规则、制度运营。例如企业以发行股票、债券等方式进行直接融资，需要遵循相关金融制度的要求，按照规定的时间节点进行，还需要相关机构审批。如果通过网络进行 P2P 融资等，没有既定的范式和制度，也几乎没有门槛，可以十分迅速地实现资本集中。

从上述三个角度分析可见，互联网金融对虚拟经济有非常重要的作用。随着互联网金融等级的提升，互联网金融产品中虚拟性质呈现泛化和深化。这些互联网金融的虚拟特性与传统金融服务本身产生的虚拟特性在现实经济活动中已实现有机融合，难以区分。

7.2.3 互联网金融商业模式和运作机理

7.2.3.1 依附金融机构的互联网金融模式

（1）互联网银行

互联网银行大致有两种模式：一种是无实体网点完全网络化的银行，另一种是传统银行的网络化。

网络银行在国外也称直销银行，它通过网络开展业务。在美国，互联网银行以 SFNB 为代表，此外，NetBank、First Internet Bank、CompuBank 等都是如此。一般来说，这类网络银行在客户群和风险管理上依然依赖传统银行母公司，但该类银行网络业务已经分割出来独立于母公司，并且经营业务独立核算，因此也被归入网络银行的范围内。还有一些是由企业为依托发起的电子商务平台或物流邮购平台设立的网络银行，如日本的乐天银行和德国的 Entrium Direct 等。

网上银行则是传统银行依托互联网技术将业务处理网络化，是互联网技术对原有实体金融服务优化的体现。目前国内绝大多数的传统银行都开通了网上银行服务。传统银行依靠网络银行方便客户，拓宽了业务范围，降低了成本，同时也有丰富的风险防控经验。这种线上线下结合的方式给传统银行经营提供了完美补充。随着金融创新的深化，网上银行也不仅仅是互联网和传统金融业务的简单结合，而是推出了一系列高度市场细分后的衍生业务，比如针对客户需求的信用贷款、抵押质押贷款、供应链融资、电子联保贷款、抵押循环贷款等。此外，传统银行在互联网化后在投资理财和电商平台上也有新的金融探索。

(2) 网络保险和网络证券

这里的网络保险和网络证券是指同时包括其他基金信托等传统金融机构的业务网络化，其形式与上述的网上银行模式相类似，强调了金融机构利用互联网技术实现业务再造的过程，略区别于其他层面的互联网金融业务结合方式。它除了当前主流的类似银行的自建独立网站进行业务销售的模式外，还与其他企业合作，利用其他企业的客户资源和原有优势拓展业务，从而有利于网络金融业务的发展。保险公司会和门户网站、基金网站、旅游网站、物流网站合作共同进行业务扩张。客户群体包括个人和公司两类，推出各种人寿保险、养老健康险、财产险、货运险、小型公司责任险等。证券公司会租用财经门户网站的交易平台，或联合证券服务媒体，或自行建立专业的以软件技术为依托的证券交易平台等，比如天天基金网、和讯咨询平台、大智慧等。

7.2.3.2 非金融机构推出的互联网金融模式

(1) 网络小微贷款

小额贷款公司是在互联网高速发展过程中非存款类机构在组织形式上的金融创新。这类公司从事专业的贷款类业务，但其公司性质不属于存款业务金融机构，这种“只贷不存”最典型的例子就是阿里金融中的阿里小贷。阿里小贷以交易参数为基点，结合线上线下的交易模式，使互联网成为线下交易的平台，其主要模式是线下的阿里巴巴、淘宝这些电商平台与它旗下的两个小贷公司之间进行贷款交易。阿里巴巴（以及淘宝等）电商积累大量客户信息和经营数据，以领先的互联网信息技术有效管理了用户信用信息和经营能力信息，精确把握了贷款人的真实还款能力，解决了传统金融模式下的中小企业信息不透明的难题，因此在一定程度上解决了中小企业的融资难问题，并且依靠计算机技术实现了程序化的高精度的贷前审核、信用评估与信息汇总，完全可以进行批量化的贷款发放。目前，京东、腾讯等多家互联网企业都设立了自己的微贷平台，为客户提供多元化的贷款服务。从趋势上看，微贷业务从起初只涉及购买销售到今天它所涉及的领域已经延伸到制造、采购、物流等各个产业链，实现了产业链协同，提高了对细分市场的渗透能力。

（2）P2P 贷款

P2P 是指个人与个人之间通过网络实现贷款，交易双方本质上来说是个体，通过互联网的信息交互，匹配资金充裕方和短缺方，从个人角度来看它是融资和理财的一体两面性的金融平台。P2P 模式表现为个体脱离传统金融中介，债权债务关系仅仅依赖于个体之间的信息获取和资金流动，其业务包括但不限于信息公布、信用审核、法律投资咨询、贷款追偿等，有些还提供资金中间结算业务。一般来说，P2P 平台只有信息匹配和咨询功能，不被允许设立资金池以从事和传统金融机构同样的揽储业务，这和上述的微贷十分相似，然而这种限制容易失控，也存在很大的监管漏洞。P2P 兴起于欧美国家，2005 年，第一家 P2P 成立于英国，因为 P2P 的便捷性、可得性、高流动性特征，多个 P2P 平台不断创立并且其业务也在持续创新，包括在社交互联网对用户信息的搜寻应用以及金融产品拍卖竞标等新兴模式。P2P 资金渠道顺畅，能够极大地满足借贷双方的金融需求，且操作简单透明、门槛低、信息与资金均规模巨大，使得互联网金融参与者日趋增多。但是也正因为其借贷的广泛性和分散性，对平台设立方有极高的自律性要求，而平台往往难以做到非债权债务方的独立性，一旦形成庞大的资金池很容易诱发平台从事影子银行业务。若 P2P 平台仅仅是信息提供者，没有资金形成杠杆缓冲，又容易引发资金链断裂，形成债务难以清偿的连锁反应，这也是过去几年我国不少 P2P 龙头企业卷款跑路的原因之一。

（3）第三方支付平台

与上述贷款平台不同，第三方支付平台独立于买卖双方，建立直接与传统银行相互关联的交易平台，实现资金划拨与支付功能。我国最典型的第三方支付平台就是支付宝，其设立之初是为了便利自己公司旗下的电商和客户之间的支付，买卖双方达成交易后通过第三方支付平台进行支付，并且在买方购买到买家满意收货这个时间，资金一直逗留在第三方支付平台中，直到买方满意同意付款后第三方支付平台才会将款项打给卖方。第三方支付平台本身就拥有巨大的资金池，因不涉及存贷（至少在设立之初的初衷）业务，仅作为资金支付，因此本身有远高于微贷的安全性和稳定性。之后随着电子商务的广泛兴起，腾讯的财付通，银联的银联在线、汇付天下等一系列第三方支付平台纷纷进入市场加入竞争。但这些平台大多都和传统银行相关联，基本功能都能够得到有效保障并且具有高度同质性，也因为第三方支付平台存在的巨大资金池，这些平台也和互联网理财紧密结合，逐步发展出了相关的存贷款业务，从这个角度上讲，第三方支付平台和传统银行已经没有区别。

（4）众筹

众筹又被称作大众筹资，主要是指资金需求方通过互联网连接沟通社会大众，为某项目或经济个体筹措资金，以支持自己的经济活动。这里的资金需求方可以是个人、团体或者企业，项目可以是投资、产业、经营、科技产品等，资金的供给方一般是个人，但也有团体或企业，总之只要出资方自愿即可。一般众筹的每个出资方单笔金额较少，采用团购或预购的方式获得比正常购买具有优势的价格，但也有非营利性质的项目以此方式进行社会资金筹集。总体来说，按照筹资方式不同，众筹大致有捐助型、报偿型、借贷型和权益型几类方式。捐助型多集中于公共健康、环境、教育、宗教、医疗、社会救助等，报偿型多为科技或创意产品的团购和价格折扣，借贷型多为项目理财，权益性多为软件互联网等新兴技术的融资入股分红，一般后两种众筹相对少见。众筹门槛极低，一般不限制发起人身份职业，个人给予资金支持仅源于对项目的兴趣，是否具有吸引力成为项目成功的关键。众筹项目一般多样化且注重创意，具有社会公众实现自我愿望的性质，而且一般成功项目具有资金规模远大于设立项目时的资金需求、支持者众多、单笔支持金额极低等特点。如果项目不成功，则筹集资金全额返还投资者。在国外，正规专业众筹网站通常规定项目发起人不能允诺资金投资收益，必须有实物或服务作为回报。从这个角度看，众筹还是属于产品服务购买范畴。

7.2.3.3 金融机构与非金融机构合作的互联网金融模式

（1）互联网理财

投资者通过互联网获取金融产品和服务，包括但不限于金融投资、理财信息查询分析、理财方案设计等。互联网理财通过网络大数据挖掘，分析客户需求，精确定位客户资源，有针对性地提供特色金融服务。互联网理财具有时空和成本上的优势，客户可以通过互联网掌握全球理财信息，交易委托速度远超传统模式，同时通过互联网理财能够节约大量日常运营成本，有利于扩张业务规模，扩展市场边界。在美国，互联网银行、互联网基金和电子券商等均提供理财服务，最知名的当属 PayPal，在成立第二年就设立了货币基金。在我国，支付宝和天弘基金合作的余额宝应当是互联网理财的先行者。此后，东方财富、华夏基金等联合第三方机构纷纷推出了活期宝、收益宝等网络理财平台，刺激了网络金融市场的竞争。

（2）互联网保险

这里的互联网保险有别于前文中的传统保险公司网络化，而是真正无实体利用互联网技术平台、由网络公司发起运营的保险销售公司。最典型的例子就是 2013 年由阿里巴巴、平安银行和腾讯联合成立的众安在线财产保险公司，开创了我国互联网保险的先河，成为我国首家互联网保险公司。它除了注册地在上海外，全国不设立任何分支机构，完全通过互联网处理业务，主要的保险产品就是责任险和保证险两种。并且其目标客户群与传统保险业有很大差别，它主要的服务对象就是互联网经济参与方，如电商平台、互联网平台、门户网站、网络服务供应商、网购消费者、社交网络参与人等。众安的首款产品“众乐宝”就是为电商服务的，电商参与者中的卖家如果想在淘宝上经营，需要首先进行注册，在淘宝平台上需要交纳最低 1 000 元的保证金，但如果购买众乐宝这款保险产品，则只要交纳每年保费 30 元，众安公司负责淘宝那 1 000 元的保证金部分。这样卖家能够盘活剩下的 970 元资金，作为直接运营资本投入经营，因此其保险标的是电商保证金。互联网保险打破传统保险业思路和渠道瓶颈，突破传统保险同质化发展的经营窘况，探索了传统保险业难以触及的新领域，为保险行业提供了新的发展空间。

（3）网络信用卡

到目前为止，我国的网络信用卡还是以商业银行为基础、通过互联网构建的平台所发行的信用卡。2014 年，中信银行宣布国内首张网络信用卡在支付宝平台内发行，它可以用于所有在线消费。尽管消费模式基本与传统信用卡相同，但在审核发放环节有极大差异。消费者可通过支付宝钱包关注中信公众号，在线即时申请即时审批，申请成功后只会有一个信用卡号产生，凭借此卡号完成支付宝快捷支付操作后消费者就能够进行网购，或进行其他各种网络支付。支付宝累积的海量消费者信息免除了传统银行发行信用卡的收入资产征信审核，互联网的非实体特性也免除了冗长的业务办理时间及等待时间，银行方从而节省了开卡发卡的成本，同时以其熟悉的风险管控传统优势成功地融合了支付宝的网络覆盖面，有效地避免了互联网金融的固有风险。之后，中信银行和腾讯联合又发放了微信信用卡，并且引入众安互联网保险作为合作机构，在金融支付、授信贷款、金融产品营销、信用保险和信贷风险管控等各个环节形成了强强联合。网络信用卡的上述诸多优势使金融服务于众多低端用户成为可能。信息安全成为它继续拓展业务的重要因素。正因如此，中国人民银行因信息安全的原因暂停了支付宝和腾讯的网络信用卡业务，重启时间暂未确定。

7.2.3.4 虚拟货币以及相关技术

当今世界诸多央行或类央行的金融管理机构对于虚拟货币的讨论集中于虚拟货币是否应当受到管制，以及如何受到管制。欧盟银行监管局作为其中较为权威的金融监管部门对此给予了相对较早且全面详尽的评估，并向 28 个成员国的欧盟立法者和国家监督机构提交了结果。2013 年 9 月，虚拟货币正式列为当时欧盟银行监管局监控的众多新晋监管领域之一。欧盟银行监管局认为虚拟货币是一种价值的数字代表，既不由中央银行或公共机构发行，也不一定附加于传统法定货币，但是它能够被自然人或法人接受为付款方式，可以电子方式转让、存储或交易，主要参与者可以是用户、交易所、交易平台、发起人和电子钱包提供商。

当抛开货币金融监管角度来探讨虚拟货币的起源、历史发展和种类模式的时候，其范畴十分复杂。虚拟货币从最初的游戏币、虚拟社区币、电子支付券慢慢发展形成加密离散货币（比特币）。其中游戏币（如魔兽世界等大型线上游戏）和虚拟社区货币本质相同，都是由某个类似央行的“管理员”发行的集中式虚拟货币，本身主要是为一定范围用户的虚拟经济运行服务，对实体经济的影响很小。但今天以比特币为首的加密离散型货币，对当今或未来的经济却有着深远的影响。

（1）加密型离散货币

①比特币。

比特币是一种加密货币和数字支付系统，起初有传言说是由名称为 Satoshi Nakamoto 的程序员发明，后来媒体报道，计算机科学家 Ted Nelson 在网络上发布视频称比特币创始人是京都大学数学教授望月新一（Shinichi Mochizuki），中本聪是其使用的化名，但也有中本聪另有其人的说法。比特币在 2009 年被作为开源软件发布，主要被在线商户使用。这个系统是对等计算（P2P）的，交易不经过中间商直接在用户之间进行，这些交易由网络节点验证，并记录在一个叫作区块链的公共分布分类账户中。由于系统没有中央存储库或单一管理员，所以比特币被称为第一个分散的数字虚拟货币。除了作为采矿奖励获得货币之外，比特币可以在合法市场或黑市上获得，也可以交换其他货币、产品和服务。截至 2015 年 2 月，超过 10 万家商家和供应商接受了比特币的付款。根据剑桥大学

2017年的研究，使用加密货币钱包的用户中有290万至580万的用户使用比特币。比特币这个词第一次在2008年10月31日发布的比特币白皮书中出现，它是单词“数位”和“硬币”的复合词（Bitcoin）。

区块链是一种记录比特币交易的公共分类账，这是一种无需任何中央集中式权威机构管理的新型账户解决方案，其维护由运行比特币软件的通信节点网络执行。通常的交易模式为付款人将一定量的比特币支付给收款人，这个交易被通过现有的软件程序发送到该通信节点网络，网络节点由此验证该交易，将其添加到其分类账的副本账户并将这些分类账添加到其他网络节点。区块链这一分布式数据库为了独立验证任何一个比特币所有权，每个网络节点都会存储自己的区块链副本账户。每小时大约六次，一组新的已实现交易将会被创建为一个区块添加到区块链中，并快速发布到所有节点，这使得比特币软件能够确定何时花费了特定的比特币数量，以防止在没有中央监督环境中的重复支出。如果说传统的分类账只能记录实际账单或本票以外存折账户的转账的话，那么可以说区块链是唯一能够使比特币以未动用交易产出形式存在的场所。

比特币交易使用类似Forth（一种程序语言）的脚本定义，交易通过程序语言输入，类似于支付货币，按照等价交易原则每个购买都必须是前一个交易行为中未使用的输出，类似于获得货币，这种电子交易系统只是用程序语言来进行输入输出的模拟。比特币的交易必须携带每个支付者的数字特征（印记），交易也可以有多个输出，使用多个输出命令对应于在现金交易中使用多个硬币，类似于允许一次性进行复数货币付款。交易输出可以指定为一单位货币的任意倍数，这样现金交易中使用的金额（用于支付的硬币）可能会大于付款金额，但超过需付款金额的输出将返回给付款人。“矿工”可以选择支付那些交易费用，并优先处理那些需支付较高费用的交易。费用产生基于交易的规模大小，这取决于用于交易时的货币量。此外，之前形成的交易中的未使用输入会被优先考虑。

比特币有其单位体系，一般广为人知的比特币符号是BTC和XBT（基于是否被ISO承认以及是否由比特币交易平台使用），用作替代单位的少量比特币是毫比特币（mBTC，千分之一BTC）和微比特币（μBTC，百万分之一BTC，有时也称为1bit）和satoshi（中本聪）。为了向创作者致敬，一个satoshi（中本聪）是比特币中最小的单位，表示0.000 000 01比特币，即亿分之一的比特币。

比特币的形成机制就是用户使用计算机解决数学问题（联立方程组），获得算法接受的答案即得到“赏金”，这被称作“挖矿”。挖矿者通过记录保存服务，通过反复验证和收集新实现的交易到一组称为区块的新集群交易记录账目来保持其一致性、完整性和不可更改性。每个区块包含前一个区块的加密散列，使用 SHA-256 哈希算法，将其链接到前一个块，从而给出块链的名称。最初的赏金奖励是在 2009 年比特币诞生的 10 分钟后形成的，共 50 个比特币。通过成功的挖矿找到新的区块将获得新创造的比特币奖励，截至 2016 年 7 月 9 日，每个奖励量为 12.5 个。今天人们通过一个名为 coinbase 的交易系统进行交易可以获得比特币，现存的所有比特币都是通过这个系统产生的。根据比特币协议规定，在网络区块中添加的奖励将每 21 万个区块（大约每四年）减半一次，最终奖励将降至零，达到 2 100 万比特币的限额，换句话说，比特币的发明者中本聪在比特币开创的基础上制定了人为稀缺的货币政策。它们的数字大概每十分钟释放一次，直到所有的货币流通在市面，电子记录保存的成本将仅由交易费用支付。

比特币是匿名的，其不与现实世界实体绑定，而是与比特币网络地址相关联。比特币地址的所有者并非有明确标识，区块上的所有交易都是公开的。此外，交易可以通过“公共使用命令”与个人和公司相关联，例如，从多个输入端中花费硬币的交易表明这个输入命令可能具有共同所有者，并通过某些特定地址的所有者的已知信息确认公共交易数据。在比特币交易所进行与传统货币类似的交易，相关部门根据法律可能需要收集个人信息。为了提高财务隐私，可以为每个交易生成一个新的比特币地址，例如，分层性钱包可以从单个节点为每个交易生成伪随机的“滚动地址”，只需要记住简单密码来恢复所有相应的个人密钥。此外，比特币平台的货币联合（CoinJoin）服务聚集多个用户的硬币并将其输出到新地址以增加隐私。斯坦福大学和康科迪亚大学的研究人员还表明，比特币交易所和其他实体机构可以通过“零知识证明”（Zero-Knowledge Proof，密码学和网络安全领域中不通过获得任何咨询证明一件事物的方法）认证资产、负债和偿付能力，而无需揭示他们的地址。

截至 2015 年，接受比特币的商户已经超过 100 000 户，密码钱包的使用者从 2013 年的不到 130 万迅速增加到 2017 年的约 580 万，微软、戴尔、Paypal、时代杂志、Mozilla 基金、Overstock、维基百科、萨克拉门托国王队（NBA 球队）等营利性或非营利性机构都是其使用者。比特币在医疗保健、金融、风险投资和支付系统等领域也有涉及。

比特币虽然在密码学意义上能够保证每一枚货币的安全性，但是由于成立交易平台没有门槛，在交易平台不规范以及网络安全性不能得到保证的情况下，交易环节上容易发生被盗、被入侵等风险，如同银行发行的货币，没有明确的归属人，谁持有就属于谁。2013 年 10 月底，香港比特币平台 GBL 携款潜逃，2 000 万人民币资金下落不明。该网站没有 SSL 安全协议，仅依靠经纪人发展新客户的"类传销"模式进行经营。2014 年 2 月 7 日首家比特币交易平台 Mt. Gox 网站因遭到网络攻击，85 万个比特币被盗，损失高达 4.67 亿美元，Mt. Gox 临时停止比特币提取，首席执行官马克·卡尔普勒当天在东京举行的新闻发布会上鞠躬致歉，称"比特币丢失是因为公司系统存在漏洞"。2 月 25 日，网站称为保护用户暂停所有交易，网站下线且公司被迫申请破产保护，因为此次事件比特币行情大幅下跌，比特币遭遇严重危机。2015 年 5 月 1 日，名为 CTB-Locker 比特币敲诈病毒在国内传播，该病毒使用远程加密向用户勒索比特币，用户只能在支付后打开文件。

比特币是虚拟货币的领军者，因为其传播速度快、风险极高，绝大部分国家对这一领域十分警惕，比如，欧盟央行、英国央行和我国央行都多次明确表示应当立法将比特币纳入货币监管。在比特币活跃的各个经济领域以及比特币所依托的区块链技术上，如何实施监管，实现安全运用成为当今科技金融研究的重要前沿方向。

②Litecoin。

Litecoin 是根据 MIT / X11 许可证发布的点对点加密和开源软件项目，货币的创建和转移是基于开放源代码加密协议，不由任何中央机构管理。尽管技术上它几乎与 Bitcoin（BTC）相同，但 Litecoin 比比特币和大多数其他主要的加密货币在技术上有所改进（如采用分离认证和闪电网络）。它有效地允许在给定时间内由网络处理更大量的事务，从而减少了比特币遇到的潜在瓶颈。Litecoin 有几乎为零的支付成本，并有比比特币快约四倍的交易时间。

Litecoin 是 Google 前员工的查尔斯·李于 2011 年 10 月 7 日由 GitHub 的开源客户端发布的。它是 Bitcoin Core 客户端的一个分支，主要是通过减少区块生成时间（2.5 分钟）、增加最大硬币数量、运用不同的散列算法和略微修改的 GUI 形成的。这一系统内可开采的 Litecoin 总数为 8 400 万个，到目前为止的开采量约为 20%。在 2013 年 11 月份，Litecoin 的总价值大幅增长，在 24 小时内涨幅曾达到 100%。Litecoin 的市值在 2013 年 11 月达到了 10 亿美元。截至 2017 年 5 月 9 日，其市值超过 15 亿美元，每个硬币约为 30 美元。2017 年 5 月，Litecoin 成为采用分离认证技术加密货币的第一。同年 5 月份，第一次闪电网络交易便是通过 litecoin 完成的，在不到一秒钟内将亿分之一单位的 LTC 从苏黎世转移到旧金山。

Litecoin 和 Bitcoin 主要有三个区别：首先，Litecoin 网络旨在每 2.5 分钟处理一个区块，而不是 Bitcoin 的 10 分钟，开发人员声称，在需要的情况下还可以更快。同时与 Bitcoin 相比，它对可能出现的网络双重支付攻击有更大预防能力。但是 Litecoin 网络的一个缺点是孤立区块的概率较高，另外综合的工作也要考虑。例如，如果 Litecoin 网络的区块工作效率比 Bitcoin 网络的少了十倍，那么 Bitcoin 的确认会更高效，即使 Litecoin 网络可能以四倍的速度添加确认区块。其次，Litecoin 在其工作验证算法中使用 scrypt，一种比非存储记忆算法更渐进性地需要更多储存能力的贯序存储器记忆函数算法。而比特币使用 SHA－256 算法，虽然不需要 scrypt 算法那样多的存储能力，但是却会造成不同硬件“采矿”效率的大幅差异。最后，Litecoin 网络将生产 8 400 万个 Litecoins，是比特币网络发行的货币单位 2 100 万的四倍，因此 Litecoin 拥有更多的交易单位。

使用 scrypt 的原始目的是允许“矿工”同时挖掘比特币和 Litecoin。使用 scrypt 也有一部分是为了避免用视频卡（GPU），FPGA 和 ASIC 的“矿工”比 CPU 采矿者更占优势。由于 Litecoin 使用 scrypt 算法，为采矿 Litecoin 制造的 FPGA 和 ASIC 器件比使用 SHA－256 的 Bitcoin 创建更昂贵，生产成本更高。这很大程度上是由于 scrypt 散列方案的内存密集程度更高，增加了 ASIC 和 FPGA 的内存需求。

③Ripple。

Ripple 既是一个支付网络，也是一种虚拟货币。Ripple 协议的开发者是硅谷公司 Open Coin。该公司表示，它们的目标是让尽可能多的用户使用 Ripple。目前已开采的 Ripple 总数约为 1 000 亿个，其中大部分都在 Open Coin 手中。该公司创始人之一及 CEO 克里斯·拉尔森（Chris Larsen）表示，Open Coin 即将向约 4 万名用户每户发放 2 000 个 Ripple，并计划在未来几年内共发放约 500 亿个 Ripple。目前，消费者可通过 Ripple 网站注册以获得 Ripple 钱包，并利用第三方服务 Bitstamp 从银行账户汇款，以使用 Ripple 钱包。

④亚马逊 Coins。

亚马逊是少数几家自主开发虚拟货币的大型科技公司。大部分情况下，这些公司的虚拟货币只能在各自网站上使用。亚马逊于 5 月份刚刚推出亚马逊 Coins 服务，目前可用于在 Kindle Fire 平台，以及应用商店和网站上购买游戏、应用和其他数字内容。1 美元可购买 100 个亚马逊 Coins，如果大量购买则将获得一定折扣，例如 1 000 个亚马逊 Coins 售价为 9.5 美元。

（2）区块链

①区块链的起源和诞生。

区块链技术在化名为“中本聪”（Satoshi Nakamoto）的学者于2008年在Cryptography Info Page的密码学邮件组列表发表的《比特币：一种点对点电子现金系统》中首次出现，目前尚未形成行业公认的区块链定义。区块链是一种去中心化网络共享数据库，其按照时间顺序将数据区块以链条的方式组合成特定结构，并以密码学方式确保其不可篡改和不可伪造的特性，能够安全存储简单的、有先后关系的、能在系统内验证的数。随着该技术的发展和应用，迄今区块链广泛适用于加密链式区块结构来验证与存储数据、利用分布式节点共识算法来生成和更新数据、利用自动化脚本代码（智能合约）来编程和操作数据，形成一种全新的去中心化基础架构与分布式计算范式。

区块链从它诞生起就与比特币有着密不可分的关系，比特币也是迄今最为成功的区块链应用场景。据区块链实时监控网站blockchain.info统计显示，平均每天有约7 500万美元的120 000笔交易被写入比特币区块链，目前已生成超过40万个区块。比特币区块链的第一个区块（称为创世区块）于2009年1月4日诞生，由创始人中本聪持有。一周后，中本聪发送了10个比特币给密码学专家哈尔芬尼，形成了比特币史上第一次交易。虽然区块链技术最初源于比特币，但区块链技术不仅仅限于比特币应用，其具有普适性的底层技术框架，可为金融、经济、科技甚至政治等各领域带来深刻变革。按照目前区块链技术的发展脉络，区块链技术将会经历以可编程数字加密货币体系为主要特征的区块链1.0模式、以可编程金融系统为主要特征的区块链2.0模式和以可编程社会为主要特征的区块链3.0模式。目前，一般认为区块链技术正处于2.0模式的初期，在股权众筹和P2P借贷等各类基于区块链技术的互联网金融的应用相继涌现。然而，上述模式实际上是平行而非演进式发展的，区块链1.0模式的数字加密货币体系远未成熟，距离其全球货币一体化的愿景还很遥远。

②区块链的技术特征。

区块链具有去中心化、时序数据、集体维护、可编程和安全可信等特点。首先是去中心化。区块链数据的验证、记账、存储、维护和传输等过程均是基于分布式系统结构，它采用纯数学方法而不是中心机构来建立分布式节点间的信任关系，从而形成去中心化的可信任的分布式系统。其次是时序数据。区块链采用带有时间戳的链式区块结构存储数据，从而为数据增加了时间维度，具有极强的可验证性和可追溯性。第三是集体维护。区块链系统采用特定的经济激励机制来保证分布式系统中所有节点均可参与数据区块的验证过程（如比特币的“挖矿”过程），并通过共识算法来选择特定的节点将新区块添加到区块链。第四是可编程。区块链技术可提供灵活的脚本代码系统，支持用户创建高级的智能合约、货币或其他去中心化应用。例如，以太坊（Ethereum）平台即提供了图灵完备[①]的脚本语言以供用户来构建任何可以精确定义的智能合约或交易类型。最后是安全可信。区块链技术采用非对称密码学原理对数据进行加密，同时借助分布式系统各节点的工作量证明等共识算法形成的强大算力来抵御外部攻击，保证区块链数据不可篡改和不可伪造，因而具有较高的安全性。

一般说来，区块链系统由数据层、网络层、共识层、激励层、合约层和应用层组成。其中，数据层封装了底层数据区块以及相关的数据加密和时间戳等技术。网络层则包括分布式组网机制、数据传播机制和数据验证机制等。共识层主要封装网络节点的各类共识算法。激励层将经济因素集成到区块链技术体系中来，主要包括经济激励的发行机制和分配机制等。合约层主要封装各类脚本、算法和智能合约，是区块链可编程特性的基础。应用层则封装了区块链的各种应用场景和案例。该模型中，基于时间戳的链式区块结构、分布式节点的共识机制、基于共识算力的经济激励和灵活可编程的智能合约是区块链技术最具代表性的创新点。

③区块链的固有风险。

区块链技术随着发展和应用暴露出一些风险和问题。安全性威胁是区块链迄今所面临的最重要问题。其中，区块链主要面临的是51%攻击问题，即节点通过掌握全网超过51%的算力就有能力成功篡改和伪造区块链数据。虽然实际系统中为掌握全网51%算力所需的成本投入远超成功实施攻击后的收益，但51%攻击的安全性威胁始终存在。基于部分技术的推进（例如POS共识过程）在一定程度上解决了51%攻击问题，但同时也引入了区块分叉时的攻击问题。更为安全和有效的共识机制尚有待于深入的研究和设计。但区块链的非对称加密机制也将随着数学、密码学和计算技术的发展而变得越来越脆弱。据估计，随着量子计算机等新计算技术的发展，未来非对称加密算法具有一定的破解可能性，这也是区块链技术面临的潜在安全威胁。

---

① 图灵完备一词来自数学家艾伦·图灵，他首次引入图灵机的概念。在计算机科学中的分支，可计算科学——研究不同计算模型下那些算法问题能够被解决——理论中，如果一系列操作数据的规则，比如指令集、编程语言、细胞自动机，可以用来模拟单带图灵机，那么这些规则是图灵完备的。图灵机会受到物理存储能力的限制，但是图灵完全性通常指“具有无限存储能力的通用物理机器或编程语言”。Michael Sipser，Introduction to the Theory of Computation，PWS Publishing，1997. ISBN 0－534－94728－X.

区块链的隐私保护也存在安全性风险。区块链系统内各节点并非完全匿名，而是通过类似比特币公钥地址（和电子邮件地址类似）来实现数据传输。虽然地址标识并未直接与真实世界的人物身份相关联，但区块链数据是完全公开透明的，随着各类反匿名身份甄别技术的发展，实现部分重点目标的定位和识别仍是有可能的。区块链效率也是制约其应用的重要因素。首先区块链要求系统内每个节点保存一份数据备份，这造成了区块迅速膨胀，对于日益增长的海量数据存储来说是极为困难的。其次是交易效率不高，目前比特币区块链每秒仅能处理 7 笔交易，极大地限制了区块链在大多数金融系统高频交易中的使用。最后是区块生成时间过长，比特币区块生成时间为 10 分钟，因而交易确认时间一般为 10 分钟，这不符合当今绝大多数的金融交易要求。

过程高度依赖区块链网络节点贡献的算力造成了大量的浪费，这些算力主要用于解决 SHA-256 哈希和随机数搜索，除此之外并不产生任何实际社会价值，因而一般意义上认为这些算力资源是被“浪费”掉了，同时被浪费掉的还有大量的电力资源。随着比特币的日益普及和专业挖矿设备的出现，比特币原生挖掘已经在资本和设备方面呈现出装备竞赛趋势，进一步凸显了资源消耗问题。因此，如何能有效汇集分布式节点的网络算力来解决实际问题，是区块链技术需要解决的重要课题。未来的潜在发展趋势是设计行之有效的交互机制来汇聚和利用分布式共识节点的群体智能，以辅助解决大规模的实际问题。

另外，区块链网络作为去中心化的分布式系统，其各节点在交互过程中不可避免地会存在相互竞争与合作的博弈关系，这在比特币挖矿过程中尤为明显。通常比特币矿池间可以通过相互合作保持各自稳定的收益，然而矿池可以通过称为区块截留攻击（Block Withholding Attacks）的方式、伪装为对手矿池的矿工、享受对手矿池的收益但不实际贡献完整工作量证明来攻击其他矿池，降低对手矿池的收益。如果双方矿池相互攻击，则双方获得的收益均少于不攻击对方的收益，形成“囚徒困境”。如何设计合理的惩罚函数来抑制非理性竞争，使得合作成为重复性矿池博弈的稳定均衡解，尚需进一步深入研究。此外，区块链共识过程本质上是众包过程：一个公司或机构把过去由员工执行的工作任务，以自由自愿的形式外包给非特定的（而且通常是大型的）大众网络的做法。如何设计激励相容的共识机制，使得去中心化系统中的自利节点能够自发地实施区块数据的验证和记账工作，提高系统内非理性行为的成本以抑制安全性攻击和威胁，是区块链有待解决的重要技术科学问题。

7.3 互联网金融特征

相比与传统金融，互联网金融具有普惠性、长尾性、高效率、低成本、发展快、风险大等特征。

7.3.1 普惠性和长尾性

互联网金融在有互联网联通的地方都能够实现其金融功能。在偏远山区，互联网相关企业甚至会自行建立站点，比如电信、移动、联通等通信公司，或者是长城宽带等次级网络公司，或者是电视公司，这使得互联网几乎能够覆盖全球任何角落，只要有一定的居住者，建立互联网站点在技术方面几乎没有阻碍。由于互联网的这个固有特征，所有的通过互联网进行金融交易的用户都是平等开放的。相较而言，传统金融实体网点则具有局限性，偏远地区的消费者会受制于地理和时空上的硬性条件约束，其所接受到的服务也必然是基于区域层级形成一定层级的地域歧视，尽管这种歧视也会形成于互联网金融。但仅仅是因为网络技术普及的差别，或者说落后地区太过落后以至于无法安装互联网，这种情况在当今社会很大程度上可以逐渐消除，因此互联网金融具有普惠性。加之互联网的单位产品边际成本极低，因此在每笔交易下成本相同（或者为零），更能发掘低端零散客户的需求，更能在整体规模和服务细化上取得优势。比如在传统金融业务中，在有限的单位时间金融服务条件下，传统金融临柜业务显然更愿意处理大额存款或贷款，因为这样能够提高单位时间产生的利润。而互联网金融没有空间、时间上的成本，能够随时处理大额、小额的金融业务，创造更多利润，这也是余额宝在诞生之初极具竞争力的原因之一。除此以外，基于其开放性特征的 P2P 平台、众筹等新兴、多元化的网络金融模式使得许许多多中低阶层客户群的零星资金聚集起来，形成一个相当规模的资金池，提高了资源配置效率，使个性化、差异化、零散的小量需求在互联网金融需求曲线上形成一条长长的“尾巴”，形成比传统金融更大的市场，从而产生长尾效应。

然而，互联网金融随着竞争和适用的广泛性最终会走向垄断。从现实的企业行业发展来看，用户选择或者能够选择的金融服务方也是有限的几个，只是这种新型产业的垄断方式与传统金融机构的垄断有所差别。互联网金融企业的用户可以随意地转换当前的产品提供者，因为基于金融产品的低边际成本形成的产品具有高度同质性，呈现完全竞争行业的典型特征，因此现存的大型互联网金融机构也是经过充分竞争产生的，因此在服务和产品以及用户体验上必然有其独到之处，很少会出现传统垄断金融机构“质次价高”的不良情况。同时互联网金融消费者大多存在消费惯性，在品质能够保证的情况下，他们一般不会随意更换服务商去承担不必要的替换成本。再者互联网用户因其群体交互体验能够通过互联网产生福利而提升，这便于互联网巨头企业锁定“客户资源”，形成规模效应。比如QQ因其拥有众多的客户资源，具有规模效应，在与其他小型公司的同质产品竞争中它能够轻易获胜，这对新进入市场的小型互联网公司来说是不利的。除了因为低边际成本形成的迅速扩张的规模外，互联网金融领域的初始投资并不比传统金融机构少。互联网金融机构从现实来看必须搭建自己的互联网平台。一般的金融机构进行互联网转型，由于其对互联网陌生，这种互联网平台多数是外购的，因此其价格远超一般的实体网点。除此之外，互联网金融机构在竞争过程中必须投入大量资金进行业务扩张，在网络打“舆论战”“广告战”，在短时间投放大量资金进行市场抢占，在推广过程中用免费的方式培养客户消费习惯和消费依赖，这种资金规模往往高达数千万甚至上亿，比如滴滴、饿了吗以及共享单车等。这种当今互联网行业发展的共同特征对相同行业新进入者形成了极高的资金门槛。因此，相对于传统金融行业来说，新型的互联网金融的垄断性本身是通过充分竞争形成的，但在形成足够规模后，这种垄断又有其固有黏性，其并不依赖或无法依赖地域保护或行政干预，而是来自厂商本身的产品服务竞争能力，或来自客户的消费惯性，或来自资金门槛和宣传压制，或来自互联网交互模式形成的规模效应等。互联网金融产业格局产生的变化通常并非来自类似传统金融“群雄割据”下的同质产品竞争，而是来自彻底的消费习惯变化和产业创新。显然互联网环境下的产业格局变化更迭远较传统行业剧烈迅速，竞争程度也远较传统行业强，但是一旦适应了环境突然变化，剩下的成功者较传统行业更容易出现赢者通吃和显著的“马太效应”或“二八效应”，这种胜利者在相当一段时间内会比传统行业的垄断更加广泛、渗透更深。

由于网络具有交互性特征，客户的消费体验和所使用的网络平台规模一般呈正相关效应，并且客户和商家的福利同时提升，即使用者、参与者越多，网络平台的受认可程度越高，越有利于平台规模扩张以及产品服务普及到用户，并且使用者能够和更多其他使用者互动交流，也能使互联网产品的体验性更强。以支付宝为例，使用者和商家参与进该第三方支付平台的人数越多，支付宝就能越广泛地进行支付保证参与者的交易，其可靠度和认可度也越高，也越能够吸引更多的参与者进入，形成规模效应，这也是互联网前期投入大量资金，抢夺市场客户群的原因之一。比如腾讯为了抢夺第三方支付市场，推出微信支付平台与支付宝竞争，而这两个平台所属公司之前已经积累了相当数量的客户群，为了更快地扩张商业规模，它们又继续花费大量资金进行价格竞争，吸引更多客户资源，培养消费习惯，进而占领市场，形成规模经济。

7.3.2 高效率、低成本

互联网金融具有前期高投入、边际成本低的垄断行业特征。我们知道，传统的金融机构在互联网成立之前必须建立实体网点，因此传统金融机构的营业范围受到其实体网点的时空限制，局限于某一个或几个区域，其业务扩展是以其实体网点的扩张为依据，因此各个金融机构在地域上有其固有的势力范围，也因为实体网点的资本投入门槛能够形成地方垄断势力。互联网金融机构的实体网点一般不具备决定性作用，其通过网络关联，使客户打破时空限制进行金融操作，在规模扩张的过程中，每一个金融产品或服务的成本相较于传统金融机构远远降低，同时互联网的固有特性使得互联网金融机构扩张起来在技术上极其容易，在理论上一个新兴的互联网金融企业可以一夜之间在一国范围内有互联网的地方迅速建立。

传统的价格搜寻匹配在互联网的帮助下变得极其便利，资金供求、借贷配比、信息甄别、定价过程在互联网平台上的成本十分低廉，这也是传统金融行业的中介服务所面临的巨大竞争压力之一。传统金融中介一方面必须减少实体网点（或成本），利用互联网的实时反应特性，鼓励网上银行等网络金融服务的应用推广，使客户更快、更准确地在互联网的公开平台找到适合自己的金融服务，减少因时空等客观原因造成的效率损失。另一方面，传统金融机构也能够利用互联网的开放性，拓展传统业务，开发新业务，创新性地变革传统金融信息业务处理方式，为客户提供多元化、方便快捷的金融服务，提升传统金融机构的竞争力和利润，拓宽业务渠道，增加服务规模和质量，提升运营服务效率，增加潜在客户。比如，小额贷款公司，从申请到放贷只需几秒钟，通过网上银行进行客户注册直接扫描身份证进行审核，以及各种证券买卖的实时交易等依赖网络技术进步的类似业务，在互联网产生之前是很难想象的。通过互联网金融，以往的柜台面对面接触式业务处理变成了高效便捷的新型交互联络服务方式，使客户和金融机构双方都受益于更快捷的市场信息获取和反馈时间，有助于整体社会福利的提升。同时，互联网行业也有效地利用其擅长的网络资源整合能力，在不熟悉的金融市场充满了创造力和竞争力，搜寻每一个可能获利的细分市场，同时冲击着传统金融行业的固有领域，提高了金融行业整体的透明度和开放程度，有利于金融行业整体的良性发展。

7.3.3 发展快、风险大

互联网的开放性同样也极大地提升了信息传播的速度，使得其本身以及和其高度关联的电子行业发展迅速，硬件设备更新换代的速度十分迅速。比如，英特尔前总裁戈登·摩尔早在1965年就预测，单硅芯片的运算处理速度每18个月就会翻一番。这个定律基本准确地描绘了之后至今几十年电脑硬件的发展特征。不只是硬件，曾经微软公司更新升级自己产品的时机高度契合英特尔总裁安迪格罗夫向市场推广新型芯片的更替过程，各个软件公司在设定自己产品时，尽管整体上依然有硬件技术储备相对充裕的事实，但“硬件杀手”也层出不穷，常常总有在各个时期具有代表性的远超普通市面上常规硬件性能所需的软件出现。毫无疑问，这种电子产品领域的“军备竞赛”使该行业发展极其迅速，带动着互联网产业发展的步伐，也带动着几乎所有和电子行业以及互联网行业相关的产业发展速度。由于新产品更新换代快，上一代的产品迅速降价，在一定的研发成本投入后，其生产成本及其低廉。因此整体上来看，电子产品和互联网的高速更新换代，使总经济成本确实降低了。

互联网金融的这些特点区别于传统金融，创造性地发展出了一系列新型金融模式，颠覆了传统金融的盈利模式，打破了传统金融对市场的垄断，使金融潜力得到进一步的发掘，盈利渠道得到进一步扩展。当然，在互联网金融释放巨大潜力的同时，新的挑战和风险也出现了。

7.4 互联网金融风险

金融业有其本质上的风险，其中高杠杆性和流动性等因素是造成传统金融业风险的主要因素。互联网最近几年的高速发展也有其本质上的风险，主要体现在信息安全上。互联网金融结合这两者的优势，同时也继承了这两者的风险。因此伴随着互联网金融的产生，其高风险性也是难以避免的。

7.4.1 传统金融风险

(1) 流动性风险

流动性风险是传统金融业固有风险，并非互联网金融独有。流动性风险是指金融机构没有足够的流动性资产及时清偿债务，进行支付或应对增长所需的资金产生的风险。这种风险的产生并非金融机构没有清偿能力，而是在需支付时间没有足够资金或无法及时使资产变现应对清偿支付需求。一般来说，流动性风险会使经营无法正常运作，甚至会造成资金链断裂以致破产清算，这在历史上层出不穷。而在互联网金融的环境下，债务、偿付、资本、交易虚拟化，突破时间和空间限制，使风险的传播速度加快。同时，由于新型互联网金融业务导致许多资金池并未纳入银行流动性监管范畴，或蓄意避免被纳入流动性风险防控体系，虚拟的资金流动和账户也极难监管，一旦资金链出现问题，恐将引发巨大的金融危机。

(2) 信用风险

信用风险也是传统金融业的固有风险，交易一方不履行义务导致合同失效令另一方遭受经济损失。而与传统金融业相比，互联网金融的创新业务，如众筹、小微贷款、P2P 等，由于杠杆率更高、抵押更少、契约违约成本极低，容易导致信用风险。这种信用风险要比传统金融领域中的风险更高，交易双方都有极高的违约可能，恶意骗贷、断贷、金融诈骗、卷款跑路等案件层出不穷，在一定程度上加剧了信用风险对金融业的冲击。

7.4.2 网络安全风险

互联网金融的高速发展得益于计算机和网络技术的进步，技术进步也使互联网金融规模扩张速度极快，远超传统金融。随着网络经济的成长，互联网金融中资金规模越来越大，资金流动运转对网络系统的依赖性也越来越强，而互联网安全问题至今都是世界难题，互联网的开放性导致了它和安全性有其内在矛盾，在网络安全技术提升的同时黑客技术也在提升，网络金融犯罪时常发生。一旦网络安全受到威胁，用户信息将可能泄漏，资金将可能损失，网络系统稳定性将可能遭受巨大伤害，甚至造成整个金融网络系统的瘫痪。相比较传统金融的安全受损，互联网金融的信息技术安全问题已经成为关乎整个金融行业的系统性风险。

7.4.3 互联网金融创新风险

互联网金融的高速发展成为传统金融业必须重视的领域，它除了给金融市场和行业带来冲击以外，也引起了金融监管部门的高度重视。然而由于互联网高速爆炸式的发展，互联网与金融的跨界融合使得传统金融监管部门监管难度极大，金融监管部门往往不了解互联网的技术和发展状况，而信息风险管理部门也不了解金融监管问题，监管部门的监管政策出台速度往往跟不上互联网金融产品服务的发展速度，并且在人才方面，往往也没有互联网金融专业人员，甚至出现监管部门人员由于薪酬问题流向互联网金融行业的现象。我国至今也没有出台系统性地覆盖互联网金融领域的法规和政策，往往是“按人下药”，只针对出现的已造成严重后果的有代表性的案件进行专项治理，法律法规没有普适性，监管空白地带依然很多。

7.4.4 监管风险

（1）行业监督风险

互联网金融在今天依然是一个新兴行业，市场混乱和无序竞争依旧存在，稳定市场和制定市场规则是保证互联网金融健康发展的必要条件。互联网金融当前监管问题主要是由进入门槛较低、行业企业质量参差不齐、业务开展不规范、行业信息不透明、监督部门分工不明确、监督混乱导致。互联网金融发展尚属初步阶段，行业并无一个明确的发展规律和路径，因此监督一定要谨慎对待。要完善互联网监管体系，应当从国家层面梳理互联网监管体系，明确其业务范围、企业性质和监管部门，要探索相关监管办法和细则，认真思考监管实施方式，建立互联网准入评价系统，制定分类标准，加强网络技术监管，增强监管信息透明和部门间信息共享，建立网络预警机制推动金融业务合法化和规范化。同时要培养行业自律协会，鼓励第三方针对互联网金融的仲裁机构的发展，加强行业自律经营规范，和国家监管部门交换行业信息，传达监管通知和报告，在商家、用户和监管部门之间发挥桥梁作用。

（2）法律风险

在国家法律层面应当针对互联网金融制定法律法规，发布能够指引网络金融行为和具体监督规则的法律文件和国家标准，加快相关法律体系的建设，使互联网金融规范制度化。完善法律法规有利于促进互联网金融的良性竞争，有利于互联网金融监管，保护知识产权，保护信息安全，保护消费者权益，严厉打击互联网金融犯罪。

总之，互联网金融尚处于发展阶段，行业还远远不成熟，并且是极具有投资价值的新兴产业，因此需要政府制定相关政策扶持互联网金融发展，优化产业环境，为互联网金融的发展铺平道路。政府需要积极支持各类互联网金融的设立，扶持互联网金融研发和帮助互联网金融要素市场发展，可以在研发、投资、税收等方面给予互联网金融行业一定的经济扶持；同时也要建立互联网金融信用体系和经营标准，以及针对各种业务的消费者保护措施。建立跨区域跨行业的互联网金融参与者保护协调机制，建立跨地区跨行业的互联网金融纠纷协调平台，加大互联网金融参与方教育，提高各方的风险意识和保护能力，以此，基于谨慎管控理念下肃清不良企业，净化行业环境，提升行业质量，为真正优质互联网金融企业的良性发展扫清道路。

政策制定部门应当鼓励互联网和金融的跨界融合，促进互联网与金融的融合，实现双方的优势互补，共同抵御各个领域的固有风险，支持突破行业固有限制，鼓励探索金融创新。扶持互联网金融的创新主要体现在：一是行业制度创新，在互联网金融设立公司组织制度上进行引导扶持；二是加强传统金融联合互联网金融的战略指导和内部协调，使互联网金融和传统金融不断借鉴，扶持不同方式的良性融合；三是鼓励互联网金融行业在产品技术上的创新，互相发挥其主要优势，金融领域创新金融产品，互联网领域创新网络技术支持，并使两者有机结合，努力形成全面、高效、共同发展的互联网金融行业创新环境。

思考题

1. 如何看待比特币的泡沫性质？
2. 去中心化虚拟货币能够真正地在未来成为“无政府”货币吗？
3. 区块链和金融以及货币的结合真的没有前途吗？
4. “挖矿”这一行为形成的算法浪费，除了费电和装备竞赛外，有没有在其相关技术发展中的必要性？
5. 如何看待监管部门对互联网金融的“抓”与“放”？
6. 如何看待互联网+对金融领域的推进作用与实体经济中挤占作用的相互影响？

拓展阅读

专家谈区块链：用来“造币”没前途　须为实体经济服务

4月10日，博鳌亚洲论坛2018年年会“再谈区块链”分论坛在海南博鳌举行。

过去一年多时间里，多种虚拟货币涨幅惊人，区块链作为虚拟货币核心技术引发人们热烈讨论。对财富渴望、对新概念陌生，使得区块链技术既神秘又充满诱惑。

在以“再谈区块链”为主题的博鳌亚洲论坛2018年年会分论坛上，中国人民银行参事盛松成表示，区块链是一种技术，把这项技术全部应用于“造币”上是没有前途的。他认为，人类社会历史中，货币分两个阶段：一是实物阶段，从远古时代的贝壳到黄金、白银等；二是信用阶段，布雷顿森林体系崩溃后，美元与黄金脱钩，货币就完全脱离了金属价值，成为一种观念上的计量单位，同时国家信用成为货币发行权的基础。

当前，世界各国货币政策的基础就是国家控制货币发行权，是一个中心化色彩强烈的治理体系。而区块链的“去中心化”特点与当前的货币体系相悖。盛松成直言，从一开始虚拟货币就不是真正意义上的货币。“区块链技术只用在虚拟货币方面是没有前途的，最好也不要应用在金融领域，但现在用到最多的却恰恰是金融。”盛松成表示，作为一种技术，应用场景其实可以非常广泛。

2017年6月，京东与农业部、国家质检总局、工信部等部门，运用区块链技术搭建区块链防伪追溯平台；今年4月份，腾讯云发布区块链TBaas白皮书，阐述区块链在物联网领域应用的设想；目前，雄安新区已建成区块链租房应用平台，这是国内首例把区块链技术运用到租房领域——尽管炒币造富的“神话”频频出现在社交网络，但真正的应用却与“币”无关。

分论坛上，Visa副董事长Ellen Richey表示，区块链只是一种工具，需要开发更多样的应用场景，以继续提高其在系统效率方面可以发挥的重要作用。迅雷集团首席执行官陈磊也认为，最好不要把区块链“放在实验室”里。“当技术投入实际应用中时，市场会逼着企业去提升自身的技术水平。提升不了，用户就会骂你，这才是最有效的技术进步方式。”

盛松成坦言，大多数人认识区块链是通过虚拟货币，但如今已经开始把区块链和比特币等虚拟货币视作不同的事物区分看待。“现行的法律法规、技术水平都不是未来发展的障碍……大家已经逐渐用区块链为真正的实体经济服务了，这才是区块链真正的前途。”

——新华网，http://www.xinhuanet.com/fortune/2018-04/10/c_129847662.htm.

第 8 章　虚拟经济的风险管理

［教学目标］

1. 掌握虚拟经济与金融风险之间的相互关系。

2. 掌握虚拟经济风险管理与金融风险管理之间的区别。

3. 理解虚拟经济适度性指标体系、风险度量指标体系和风险预警指标体系。

4. 理解虚拟经济风险管理的流程、制度环境和市场环境。

［教学基本内容］

虚拟经济在发展和扩张过程中，一直伴随着很多的不确定因素。虚拟经济不但存在着内在的不稳定性，同时还会强化经济运行中的风险因素。因此在虚拟经济飞速发展的时代，对风险管理的要求也在不断提升。因为虚拟经济有别于金融，包含了房地产、大宗商品等领域，因此虚拟经济风险管理既与传统的金融风险管理相关，又存在着较多差别。虚拟经济的风险管理，既要重视指标体系的构建和体制的设计，也要重视国际合作、国际经验借鉴，同时也要立足于本国实际，采取有针对性的举措，才能引导虚拟经济发挥良性的推动作用，防范和化解虚拟经济中存在的风险因素。

随着虚拟经济的快速发展和规模的迅速扩大，尤其是虚拟经济近现代发展的规模已经远远超过了实体经济，虚拟经济在整个经济体系中的影响力越来越大，因此虚拟经济的稳定性也对整个经济体系的稳定性产生着至关重要的影响。为了确保宏观经济运行的稳定，就必须要对虚拟经济的运行进行必要的监管，尤其是针对虚拟经济中最重要的组成部分——金融领域。一般而言，对虚拟经济进行监督和管理，重点是对金融领域的监管。

当虚拟经济的稳定性被打破时，最极致的结果就是爆发金融危机。以当代美国金融危机为例，美国自 2008 年爆发次贷危机以后，影响范围迅速扩散，危机从美国蔓延至世界各国。这次危机给整个世界经济造成了严重的损失，特别是金融市场相对较为成熟的西方发达国家，甚至还引发了欧洲债务危机。很多针对美国金融危机的研究都显示，纵然导致金融危机的因素很多，但是普遍认为金融监管的失败是触发金融危机的主要原因之一。危机爆发后，美国财政部和美联储等政府主管部门都承认，出现金融危机的主要原因就是政府金融监管部门的不作为和失责。

8.1 虚拟经济与金融风险

从理论上讲，虚拟经济的规模增长和质量提升，为金融风险管理奠定了坚实的基础，同时金融风险管理也为虚拟经济的持续增长和升级创造了条件。但在现实中，虚拟经济与金融风险之间却更多地呈现出矛盾性的一面，虚拟经济发展越快，金融风险越大。

8.1.1 虚拟经济具有内在的不稳定性

在理论研究的历史长河中，许多学者都探讨过金融风险问题，尤其是在20世纪以后，专家学者从宏观和微观等层面、封闭和开放等模式展开了多维度的研究，对金融风险加以解释。无论是理论分析还是实证研究，都表明在货币信用关系的基础之上形成的虚拟经济，从成型以来就伴生着金融风险。

自从货币产生、开始发挥流通手段和支付手段职能以来，经济运行中就已经开始孕育不稳定性的种子了。当货币制度演进到现代信用货币，再加上经济全球化的共同作用，经济运行中又催生出了购买力风险和汇率风险。现代经济活动中最常见的信用活动，也就是以还本付息为条件的价值单方面转移，不但导致了债权债务关系的产生，还为经济运行带来了大量的信用风险。当货币、信用、银行之间的联系日益紧密并逐渐结合在一起，最终演化成了现代金融范畴之后，现代信用货币与各式各样的信用活动、融资活动叠加在一起，更是加剧了经济运行过程中的信用风险暴露的可能。

金融机构和金融市场不但是金融业的重要组成部分，也是虚拟经济的重要构成。商业银行等金融机构是专门经营货币、信用业务的特殊企业，与一般工商企业相比，它们在经营对象、经营方式上的高负债性，导致了其天然地具有内在不稳定性。而金融市场作为金融机构活动中各种关系和机制的总和，其交易方式、交易对象、定价原理、交易机制等也具有其独特性，使得金融市场上的各种交易活动也充满了不确定性。也就是说，风险是金融业与生俱来的属性，只要开展金融活动就会出现风险。从这个角度分析，金融业乃至整个虚拟经济都具有内在的不稳定性。

由于利益的驱动，在现代虚拟经济发展过程中人们往往更多地注重数量、规模的增长而忽视质量、效率的提升，尤其是痴迷于虚拟资产总量的上升、金融工具数量和类型的增长、虚拟经济产业规模的扩张、博取短线投资收益等。这种“重数量、轻质量”的倾向削弱了现代虚拟经济发展的安全性。一方面，在经济总量和产业规模的急速扩大中，放宽了对经济主体的监督管理，放大了由信息不对称所带来的逆向选择和道德风险等问题，并因此加剧各种金融风险累积和暴露的可能性；另一方面，在经济规模和总量快速增长的过程中，忽视了产业结构的优化调整以及经济效率的提升，就很有可能会导致产业结构的失衡以及经济发展的低效率，这种失衡和低效不但会削弱虚拟经济乃至实体经济安全发展的基础，更有可能会加大虚拟经济的内在不稳定性。

8.1.2 虚拟经济加大了金融风险

从 20 世纪 70 年代开始，伴随着科技进步和金融创新的浪潮，虚拟经济出现了快速发展的态势，导致现代金融业在整体上进行了更加深入的变革，金融活动形式日益丰富多样，货币金融关系更加纷繁复杂，经济金融虚拟化特征日趋明显，而金融风险也随之不断加大，主要表现在以下几个方面。

第一，在国际化的浪潮中，金融业的国际风险显著提升。国际化的发展新趋势在金融业中表现为金融机构的国际化、金融市场的国际化、金融业务的国际化以及资本流动的国际化。这些金融领域的国际化进程加剧了信息不对称以及由此导致的金融活动中的不确定性的风险。在金融国际化进程中，既有利也有弊，在促进各国经济发展的同时往往还伴随着国际金融犯罪和金融风险的国际性转移。尤其是发展中国家，金融国际化为它们提供了经济发展的新动力和新机遇，但是也给它们带来了大量国际金融风险的冲击，虽然这种冲击同样会作用于发达国家，但是在国际金融风险面前，发展中国家明显处于劣势。具体来说，对于发展中国家而言，巨额国际资本的跨国流动，不但可以带来其发展所需的资金，也会加大汇率风险；在国际游资快进快出之际，发展中国家的金融结构与资产负债状况也随之起伏不定，经营风险和流动性风险随之增大；国际化带来的全球和地区间的高关联度使得金融风险更容易在各国间蔓延和传递，外部的金融风暴会波及本国金融业；发展中国家为了推动本国经济金融发展而构建的新兴离岸金融市场，在缺乏资本管制情况下成为冒险者的乐园，投机行为的猖獗促进了国际游资的流动，使得这里成为国际金融风险的策源地。

第二，在社会金融资源的充分开发利用过程中，金融产业化发展趋势不断加强，金融机构调动社会闲散资金并加以充分利用的能力大大提升，不过同步出现的负面后果却是在金融机构中累积的风险也随之增多。尤其是持续创新出来的新型金融工具，不仅有可能会加剧固有的信用风险、市场风险、流动性风险、利率风险、购买力风险等传统的金融风险，还有可能会带来信息风险、表外业务风险、信用卡风险等新型的金融风险。在金融产业化发展趋势中，金融业务规模不断增长，金融机构类型和数量迅猛扩大，金融竞争日益加剧，金融机构的超额利润逐渐消失，利润增长率趋缓甚至开始下降。作为经营货币的特殊企业的金融机构在逐利动机的驱使下，为了实现利润最大化的经营目标，往往更加愿意从事高风险的业务和交易。虽然高风险的经营策略有可能会带来更高的收益，但是降低了日常经营管理的安全系数和风险控制，也会增加金融机构的内在不稳定性。

第三，经济金融虚拟化的趋势会导致实体经济与虚拟经济之间的内在联系被进一步削弱，虚拟资产便会因为逐渐与实体经济基础分离而开始膨胀，最终使得虚拟经济呈现出一种极为不稳定的“倒金字塔形”结构。在这种“倒金字塔形”结构中，处于上层的虚拟资产的规模远远大于处于底层的实体资产的规模，这样就会给实体经济运行带来巨大的压力。此时如果出现对虚拟资产能否转化为实体资产的信心动摇，或者在实体资产的生产流通环节出现了预期之外的波动，那么就极有可能会产生经济泡沫。同时经济金融虚拟化程度越高，以金融资产为代表的虚拟资产的膨胀程度就有可能会越强，那么金融市场中的投机气氛就有可能会越浓重，这样金融风险也就越大。尽管泡沫膨胀的最终结局一定是破裂和崩溃，但是在这种泡沫崩溃的过程中极易造成金融市场的动荡，甚至可能会危及整体经济金融的稳定运行，催生泡沫经济并引发金融危机。经济金融虚拟化过程中的经济泡沫以及由此导致的泡沫经济，会扭曲各类资产的市场价格，使得实体经济运行中出现大量的潜在投机空间。投机活动盛行又会激发金融寻租行为，在金融市场中催生出专门从事金融寻租活动的金融投机者。投机资金为了获取超额收益，会凭借其强劲的资金实力，故意制造市场波动，提高市场风险，这对经济金融的健康稳定的运作有着极强的破坏力。

第四，2008 年的美国金融危机凸显了金融资产证券化趋势对风险的不良影响。这种不良影响主要表现在两个方面：首先是在金融资产证券化过程中，不仅政府和信用等级较高的企业依然能够通过直接或间接渠道获得融资，而且原来很难获得资金支持的信用等级更低的中小企业，也可以利用金融中介机构的创新以更低的标准更加便利地获取资金，这加大了金融市场上的金融风险。同时由于直接融资渠道为资金赤字部门提供了更多的便利，导致大量信誉好、信用等级高的资金短缺者转向金融市场进行资金融通，银行在金融领域的主导权逐渐丧失，被迫面对一些信誉差、信用等级低的借贷人，信贷资产的风险因此大大增加。其次是在金融资产证券化过程中，债权人资产流动性的增加往往是以资产存量风险的加剧为代价的。例如银行类金融机构将信用等级高、流动性强的优质信贷资产进行了证券化处置，那么给自己剩下的只能是信用等级低、流动性差的次级信贷资产，这也增加了银行资产的风险性。

8.1.3 虚拟经济对金融风险管理的积极效应

虚拟经济在金融领域的重要发展就是金融工具、金融制度和金融市场的各种创新。金融创新在不断对金融业提出新挑战的同时，也为金融风险管理提供了必要的工具。因此，虚拟经济发展对金融风险管理既提出了新时代的挑战，也具有非常重要的积极效应。

金融创新是在金融领域构建“新的”生产函数，将金融领域内的各种既有要素和新的要素进行重构，包括对产品服务、交易方式、规章制度、市场机构等的优化组合和重新配置，其目标之一便是要化解和分散金融风险。从内容上来看，金融创新可以划分为制度创新和技术创新，其中制度创新是指各种金融制度的主动演进或被动调整，技术创新是指金融工具、交易技术和交易手段的改进。对大多数发展中国家而言，合理的金融创新应该是在本国的金融领域内实现“传统的创造性转换”，也就是要基于自身的金融资源要素的特点以及当前经济金融发展所处的阶段，顺应经济金融虚拟化的发展趋势，实现传统金融制度、技术与国际先进经验、成果的良性融合。只有通过制度创新和技术创新，发展中国家才能改变与发达国家之间的信息不对称状态，逐渐减小由于信息劣势而不得不承担的金融风险，进而保证本国的金融安全。

从技术发展的角度来看，金融创新则显得更加迫切。第二次世界大战后的相对和平稳定的环境，让西方发达国家在知识积累和技术进步方面有了很大成效。随后新兴技术在金融领域的应用，使得金融交易手段更加丰富，金融交易费用更加低廉，金融交易范围更加广泛，金融交易效率更高，经济金融化率大大提升。由于绝大多数的发展中国家在金融技术领域都处于相对明显的劣势地位，如果要缩小与发达国家之间在金融技术领域的巨大差距，就必须要借鉴、引进、消化和吸收发达国家的先进经验和成果，在金融技术领域实现传统向现代的持续转化和变革，这样才能够为本国的经济金融发展提供技术层面的保障和支撑。

从制度进步的角度来看，金融创新的制度目标就是要为金融交易活动打造一个协同的场景和架构，也就是让金融交易能够在一个成本相对低廉的规范性文本约束的场景和架构中简洁、平稳、高效地实现。这样既能让金融交易活动的各参与方都在交易过程中产生尽可能稳定的预期，也能够提升他们对交易结果的满意度。经济金融已经演进到高度虚拟化的现代社会，不仅是发达国家之间的金融交易日益频繁，发展中国家与发达国家之间的金融交易也在日益增多，发达程度的差异和金融制度的区别已经不再是金融交易中的障碍。但是不可否认的是，发达国家具备更高的金融资源禀赋，现代国际金融秩序和规则仍然是由西方发达国家所控制和主导的，发展中国家要更多地参与到国际金融活动中去，就只能在立足本国实际、确保本国利益的基础上，不断调整本国金融制度以适应国际金融秩序，将国际通行规则不断内化为本国制度的组成部分，从而降低在国际金融活动中的制度性风险，也为未来本国金融发展提供持续的制度保障。也就是说，金融创新不但为发展中国家拓展了金融技术进步和革新的空间，还带来了发达国家较为先进的金融制度创新成果，为发展中国家的金融制度重构提供了有益的参照。发展中国家要充分利用和吸收发达国家金融制度中的精华，积极与国际通行规则接轨，实现本国金融制度的创造性转化和现代化转型，降低金融风险，保障金融安全。

8.2 金融监管与虚拟经济监管

虚拟经济具有内在的不稳定性特征，使其在运行中极易引发投机行为，这是产生泡沫经济并最终引发实体经济危机的根源所在。因此，加强虚拟经济监管极为重要，核心是加强对虚拟经济运行中潜在的投机因素的监管。

8.2.1 金融监管

8.2.1.1 金融监管的定义

一般意义上的金融监管，是指根据既定的法律法规的要求，由政府专门设立的机构，对金融市场、金融机构和金融活动进行监督和管理，保障金融市场有序发展、金融机构健康运行、金融活动顺利开展。这里的名词“监管”，在各个地区与国家的有关资料中的表达形式是有着极大差异的。部分资料中叫作“管制”，而美国多称之为“监管”，在日本又常将它写作“规制”，而在中国一般是用“监管”一词来进行描述的。从“金融监管”这个词汇的字面意思来看，包含着对金融领域的监督和管理这两个层面的意思。在不少西方发达国家的专业论著中，通常会采用 regulation 与 supervision 这两个词汇表达“监管”的含义。尽管在汉语的日常或专业表述中经常对监督与管理二者不会加以准确区分，但是 regulation 与 supervision 这两个词汇在词义上是既存在着区别又存在联系的。首先来看 regulation，在中文里常翻译为“管制”，根据《新帕尔格雷夫经济学大词典》的解释，它更加强调制定规则以及执行的含义，在现实生活中更多地表现为政府依据法律法规等制度性规范，约束和规范市场秩序以及经济主体的行为。其次来看 supervision，在中文中一般翻译为“监督”，也就是政府机构按照有关的法律制度，借助于各种非现场与现场的举措，来引导、约束、监管市场活动与市场主体的行为。

在经济金融运行的现实活动中，金融监管是一个较为笼统的范畴，可以按照不同的标准来划分其类型。按照对象来划分，可以将金融监管划分为对行为的监管和对机构的监管。对行为的监管主要指针对金融市场中各种具体的金融交易活动以及各类行为主体的交易行为的监管，目标是规范金融市场的健康运行；对机构的监管是指针对金融机构的日常业务活动、市场准入和退出的门槛和机制等领域的监管，目标是保障金融机构的正常运作。

如果根据监管涉及的范围来划分，可以将金融监管划分为广义的金融监管和狭义的金融监管。在广义的金融监管中，监管的范围包括对金融行业的监管、对社会相关中介机构的监管、对行业协会等自律性组织的监管以及金融机构内部的自律自控管理；而狭义的金融监管主要是指法定的政府监管机构对金融领域进行的监督管理。

最早的金融监管大约出现在 19 世纪。此时爆发的银行倒闭危机不但给社会公众带来巨大的储蓄存款上的经济损失，也为政府造成了大量的经济负担，并导致了整体宏观经济下行。这一切都让政府清楚地意识到，必须要尽快针对金融领域成立专门的机构来进行监督、管理和规范。在金融监管中首先要解决的问题就是目标定位，这既是进行金融监管的理论基础和依据，也是实现有效的金融监管的前提条件。否则即便是成立相应的专门机构，也会因为目标不清、方向不明而导致低效率和高风险并存的恶劣局面。因此只有首先确定科学合理的金融监管目标，再根据切合实际的组织原则和模式来构造专门的监管机构，并将相应的监管权利与义务赋予它们，设定金融监管的技术细节、实施内容、监管对象等，通过有效的金融监管，保障金融市场活动健康、高效地开展。

关于金融监管的目标定位，理论界的讨论很多，比较具有代表性的观点有多重目标论、双重目标论以及单一目标论。多重目标论是由贺林（Richard J. Herring）在其著作《什么是最优的金融监管》中提出的。该观点认为金融监管的基本目标是多重的，应该包括提高金融市场效率、维护金融消费者权益、预防金融风险以及其他相关的社会目标等。双重目标论由梅耶（Laurence H. Meyer）提出，强调金融监管必须兼顾两大目标：其一是维护金融系统的长期稳定和安全运行，防范和化解系统性风险；其二是维护金融领域的公平竞争，为金融产业的发展提供保障，以使其能够为经济运行提供持续高效安全的金融产品和服务。单一目标论是由巴塞尔银行监管委员会提出的，强调了金融监管的基本目标就是保证金融体系的信息公开和安全，稳健地发展。

在关于金融监管的目标定位的理论探讨中，虽然尚存在着大量分歧，但其中关键性的共同点在于都包含有安全性和收益性的考虑。出于安全性考虑而开展的金融监管，要在确保金融监管的相对独立性的基础上，维持金融体系的安全运行，预防金融领域的各种风险。而基于收益性考虑而开展的金融监管，就必须从提高金融体系的效率入手，为更高效的金融产品和服务提供保障。需要注意的是，金融监管的安全性目标和收益性目标在一定程度上是矛盾对立的。追逐安全性目标，就必须加强对金融市场和金融机构的监督管理，强化金融体系的行业自律和内部控制，势必会影响金融体系的活力和效率，削弱收益性目标；而追求收益性目标，就必然会要求放松安全性监管，为金融创新提供更加便利的条件和环境，以增强金融系统的内在活力，提高金融效率。因此在实务中金融监管需要在安全性和收益性之间进行权衡，必须根据时代背景、制度环境、市场特征等因素来确定具体的金融监管目标或侧重点。假设当前的金融体系稳健有余，但效率低下，那么此时金融监管工作就可以适当地放松管制、鼓励创新，以突出收益性目标；如果现在金融领域的风险累积较高，金融活动过于活跃和膨胀，那么维护安全性就成为金融监管的主要任务。当然这种金融监管工作重心的适时转换并不是主观臆断的结果，而必须要借助科学合理的监管制度和监管技术才能够实现。纵观20世纪金融发展的历史，不难发现，金融监管目标是一直处于动态调整的过程之中的。例如在20世纪30年代，金融监管的重点是银行系统的安全稳健运行；到了20世纪70年代以后，金融监管将侧重点转向了鼓励创新，放松管制，提高金融效率；20世纪90年代以后，金融监管更是在安全性和收益性目标之间进行综合权衡。当前全球各国或地区关于金融监管目标的确立，首要考虑的问题就是金融体系的稳健运作与金融监管之间的协调，除此之外还要考虑到各国或地区的实际状况，包括历史文化传统、金融市场发育程度、微观金融机构设置等。

8.2.1.2 有效的金融监管

现在理论界尚没有为有效金融监管提出相关的统一结论。有观点认为，有效金融监管就是成本最小化和收益最大化的金融监管，也就是说，从强调经济效率入手，根据成本—收益原则来衡量金融监管的成本及其收益，要求用最低的成本获得最高的收益，以此来判断金融监管是不是有效。也有观点从质量和效益的角度来考察有效金融监管问题，将金融监管的有效性等同于金融监管效率，将有效的金融监管定义为效率高、效果佳的金融监管。效率高、效果佳的金融监管包含三个层面的内容：首先是成本性标准。任何方式的金融监管都是有成本的，它既包括金融机构内部在监管活动开展过程中发生的人力资源管理成本、经营管理运作成本等直接成本，也包括金融监管活动流程中所必需的合规成本、报告成本等间接成本。那么有效的金融监管就是要在实现既定监管目标的同时，消耗最低的监管成本的金融监管。其次是适度性标准。如果金融监管过多过滥，就必然会影响甚至阻碍金融机构创新活动的开展，这不但会妨碍金融领域自身的发展，更会对金融系统对实体经济的推动作用的发挥造成不良影响，最终影响到整体宏观经济的发展。但是如果金融监管过少过松，也不利于金融领域的持续稳健运行，由此带来的金融风险也会对整体宏观经济产生毁灭性的冲击。因此有效的金融监管一定是具有良好的松紧适度性的金融监管。最后是全面性标准。具体来说，就是金融监管的范畴必须涵盖金融市场与金融机构及其交易活动的各个方面，不要有遗漏和缺位，不可以出现金融监管的死角。

通常来讲，金融监管的目标是保持金融部门的稳定、推动产业发展、维护市场主体的合法权益。也就是说，金融监管应该致力于增强市场主体的福利水平，提高金融机构的风险管控能力，实现金融产业的持续稳健高效发展。打造科学、系统的金融监管体系，需要经历一个复杂烦琐的过程。梅耶提出了有效金融监管的三个制度性前提：首先，在公共信息披露中需要确立一定的市场纪律，它是金融监管制度的积极有效的补充。其次，对要进入金融市场开展金融业务的银行等金融机构需要有严格的市场准入门槛。最后，针对问题金融机构和金融危机的需要建立健全应对机制。在有效金融监管的实务操作中，除了以上三个制度性前提之外，还需要一定的外部环境，例如明确的会计审计标准、完善的金融安全网、有关信息披露的规范性规定、金融监管的审慎性原则等内容，这些对有效金融监管同样具有重大的影响。

有效金融监管本质上就是对可能出现的金融风险做出提前的应对准备，因此必须围绕着金融机构的活动、监管制度的执行、金融风险累积和暴露的状况等展开金融监管。巴塞尔银行监管委员会在 2006 年制定的《有效银行监管核心原则》为各国的有效金融监管提供了有益的参考和借鉴。根据巴塞尔银行监管委员会的思路，有效金融监管必须具备稳定的宏观政策环境、完善的稳定协调机制、健全的公共基础设施、清晰的危机防范化解体系、完备的公共安全网络、有效的市场约束等先决条件，并且在遵循信息公开透明、持续监管、审慎监管、保持相对独立性、加强协作等原则的基础之上，强调将监管的重点放在并表及跨境金融活动、金融信息披露与会计处理、业务准入及退出等方面。通过提高金融监管的有效性，可以在整体上提高金融系统的稳定性，充分发挥金融对经济发展的促进作用。但是有效金融监管并不能完全保证不会出现金融风险、金融机构不会破产倒闭，更不可能确保金融系统在整体上的绝对安全。也可以说，完全杜绝风险，确保所有金融机构都能够持续稳健经营，这并不是实施金融监管的根本宗旨。在市场经济的大环境中，外部因素也会对金融监管的有效性产生极大的影响，这些外部因素甚至是无法依靠金融监管部门的力量来应对的，这时就需要宏观经济领域中的各部门共同来尽可能减轻这些不利影响。

国际货币基金组织在 2002 年发布了《监管的独立性和金融稳定》和《危机防范和危机管理：监管治理的角色》两份研究报告，其中的核心观点也为有效金融监管提供了很好的理论依据和实践参照。根据国际货币基金组织的观点，有效金融监管必须具备监管机构的独立性、问责制度、透明性、品格操守等 4 项标准。也就是说，监管机构必须要保持相对独立自主，能够进行客观理性的判断和决策；监管机构不仅要对政府负责，也要对被监管对象和社会公众负责；监管活动必须公开透明，杜绝权力寻租和暗箱操作；监管人员要有良好的职业品格操守，不能违法乱纪谋取私利。国际货币基金组织为了更有效地指导各国的金融监管活动，根据其《货币和金融政策透明度良好实践准则》，结合具体的金融基础设施与宏观经济结构的特征，进一步提出了评判金融监管有效性高低的基本根据，涉及银行监管核心原则、证券监管目标与原则、保险监管核心原则和方法等准则。因为国际货币基金组织提出的标准和准则具有很强的实用价值，同时银行也是各国金融系统中的关键组成部分，因此在很多国家的金融监管实践中，将其部门设置及工作要求与这些标准和准则协同在一起。通过各国实践发现，应用国际货币基金组织的标准和准则，可以很方便地识别金融监管中的不足，并且可以有针对性地对风险因素进行处理。这为提高各国金融监管有效性，增强各国金融安全甚至是全球金融稳定起到了不可忽视的积极作用。

8.2.2 虚拟经济监管

8.2.2.1 虚拟经济监管的必要性

自从20世纪70年代“滞涨”出现以来，新自由主义逐渐替代了凯恩斯主义的主导地位，成为西方发达国家的主流经济意识形态。但是与实体经济相比，虚拟经济领域存在着更加严重的市场失灵、信息不对称等问题，由此导致的道德风险、逆向选择、羊群效应会对虚拟经济乃至实体经济造成非常严重的不利影响，尤其是非理性的心理预期所导致的市场行为，更有可能会催生资产价格泡沫。2008年爆发的美国金融危机就宣告了过度倚重新自由主义的失败。所以，政府加强对虚拟经济领域的监管，对于维护整体经济秩序的稳定是非常有必要的。

首先，加强虚拟经济监管是实体经济发展的必要保证。通过建立健全虚拟经济领域的法律法规，提高虚拟经济监管的有效性，防范和化解虚拟经济活动可能带来的经济泡沫和泡沫经济，既能够实现虚拟经济对实体经济的促进作用，也能够保证实体经济的可持续发展。在对实体经济进行结构化调整的同时，稳健发展虚拟经济，能够对实体经济产生良好的推动和补充作用。

其次，加强虚拟经济监管是积极推动经济供给侧结构性改革的必要保证。以虚拟经济的发展来推动整体经济的供给侧结构性改革持续向纵深发展，是提高社会生产力水平的必由之路。当前，我国整体经济中还存在大量的结构雷同、布局分散、集中度低、规模小、效益差等问题，这与企业资本严重固化、缺乏流动性密切相关。对整体经济进行供给侧结构化改革，一定会涉及行业、地区和所有制等领域的结构调整，在这一过程中如果都是采用实物形态的资产转移，那么难度和成本都是十分巨大的。但是采用价值形态的资本转移，通过企业之间的兼并收购来完成产权重组，借助虚拟经济的手段、工具和活动来实现资源优化配置，可以保证整体经济的供给侧结构化改革的深入推进，保证社会生产力水平的持续稳定的提高。

最后，加强虚拟经济监管是优化宏观行政管理职能的有益补充。由于虚拟经济领域内在的高风险性、高杠杆性、高传递性的特征，决定了政府行政干预的力度较大，但是一旦宏观行政管理职能操作不当，就会影响虚拟经济良性作用的发挥。因此优化政府行政管理职能，就必然包含着虚拟经济监管的强化和有效。

8.2.2.2 虚拟经济监管的核心内容

虚拟经济的不确定性特征使得在虚拟经济运行中极易引发投机活动，这也是产生泡沫经济并最终引发实体经济危机的根源之所在。因此虚拟经济监管的核心内容并不仅仅是监督和管理金融创新活动或是金融衍生工具本身，关键是针对金融创新活动或金融衍生工具中潜在的投机因素的监管。从当前在虚拟经济领域的监管实践来看，最迫切需要解决的问题是如何提高监管技术和监管效率。如果虚拟经济监管的技术进步没有跟上金融创新的步伐，那么监管效果就不可能得到充分发挥，甚至还会因监管效率低下而诱使金融机构频繁违法违规。这样既会导致虚拟经济监管的成本上升，也会导致虚拟经济风险提高。

8.2.3 虚拟经济监管的对策

8.2.3.1 优化促进虚拟经济发展的宏观经济政策

一是虚拟经济的发展要与产业结构调整相适应。在虚拟经济的发展过程中，要积极发挥资本市场在产业结构调整中的促进作用，大力推进创业投资，以高新技术企业为龙头，推动高新技术产业的快速发展，加快高新科技的产业化进程。产业结构调整过程中的重点是促进高新技术知识向现实的生产力转化，其中创业投资的推动功能至关重要。为了促进创业投资的持续健康发展，应鼓励社会各界积极参与创业投资，要努力创造条件，构造良好的制度环境、市场环境和生态环境，不断开发新技术、新工艺和新市场。在提供虚拟经济支持的产业中，要以经济支柱产业、高新技术产业、高成长型产业、具有独特发展优势产业等为重心，并且要公平公正地对待不同所有制形式、不同经营规模的企业。在虚拟经济与地区经济发展的关系中，要逐渐引导资本从传统产业集中和资金使用效率较低的地区转移出来，流向高新技术产业汇聚和资金使用效率较高的地区。地区间的贫富差距、地区经济发展和区域贫困差异之间的矛盾，则由财政、税收等政策来进行调节，维护社会稳定，促进经济发展。

二是采取稳健货币政策和市场利率浮动机制。货币供应量一旦超出了经济运行的实际需要，就可能会导致通货膨胀，使得实际收入水平和购买力水平下降。而那些超出了经济运行真实需要的货币供给，也可能会引发虚拟经济的过度膨胀，导致虚拟经济运行的速度加快，在虚拟经济领域催生经济泡沫，金融风险逐渐累积，最终可能会破坏整体经济持续、稳定和健康的良好发展态势。从各国虚拟经济过度膨胀的历史经验教训来看，都与这些国家货币供应量过多有一定的关系。因此货币政策的稳健性对于虚拟经济和实体经济的运行和发展而言都具有非常重要的意义。此外，虽然低利率可以在一定程度上缓解投资成本的压力，但是由低利率导致的资金价格信号失真、社会资源配置效率偏低等状况，却是直接影响经济运行效率的根源。因此在利率形成机制中，应该深化利率市场化改革，让市场在资金定价中起到主导作用。也就是说，应当通过由市场形成的浮动利率制来引导资源配置，协调实体经济和虚拟经济的运行，更好地发挥虚拟经济对实体经济发展的推动作用。

8.2.3.2 营造良好的虚拟经济发展的信用环境

一是完善虚拟经济信用体系的架构。社会主义市场经济应当建立在稳定、完善的信用体系的基础之上，虚拟经济由于其活动的特殊性，更加需要完善的信用体系的支撑。信用体系的建立健全必须依赖全社会的努力，信用体系必须包含个人信用、商业信用和国家信用这几个层面的内容。作为社会主义市场经济的重要组成部分的虚拟经济，需要稳定完善的信用体系基础，充分协调和调动社会各方的力量，化解社会矛盾和利益冲突，支持整体经济的和谐稳定增长。

二是规范信息披露制度，实现信息的公平公正公开，化解信息不对称难题。信息披露是否充分有效，会对虚拟经济活动的参与者的决策过程和效果产生重大影响，实现信息的公平公正公开，可以降低决策和交易过程中的盲目性，减少虚拟经济的不确定性。如果虚拟经济活动的参与者没有获得充分的信息，或者是被错误的信息所误导，其决策和交易行为中就必然存在着大量风险，既有可能给微观市场主体带来经济损失，也有可能会引发泡沫经济，严重损害宏观经济的正常运行。因此在政府主导下，以法律等形式来规范信息披露制度，为市场参与者获取信息提供平等的权利和机会，加大对虚假信息的查处力度。建立健全信息有偿使用制度来提高信息获得和处理的效率。建立信息中心与各类市场主体进行长期稳定的合作，推动信息公平公正公开的持续完善。在社会各界的共同努力下，最大限度地消除信息不对称，降低虚拟经济活动中的不确定性。

8.2.3.3 强化虚拟经济领域的风险监管

一是由于虚拟经济运行本身的特殊性，因此在虚拟经济发展过程中，一定要增强风险意识，强化风险监管，不但要积极防范和化解虚拟经济运行中可能产生的经济泡沫，更要防止经济泡沫膨胀扩张转化为泡沫经济。泡沫经济是现代经济剧烈波动和金融危机的主要根源，是造成虚拟经济和实体经济出现大起大落的重要原因，其结果往往是导致整体经济运行陷入长期的萧条和衰退。虚拟经济领域潜在的泡沫经济因素，从表面上看是由于虚拟经济过度发展，经济泡沫过度膨胀，金融投机过度泛滥。但是究其根源，泡沫经济的内在根本原因应该是由于实体经济的内在结构性失衡，以及虚拟经济与实体经济发展之间的背离，金融投机只不过是泡沫经济产生和破裂的导火索和催化剂。因此，强化虚拟经济风险监管的基础在于稳定和优化实体经济，在虚拟经济发展中掌握好适度性原则，注意监测和识别虚拟经济与实体经济发展之间的偏离度，确保虚拟经济与实体经济之间的良性互动效应的发挥。

二是加强对国际资本流动的监控。国外融资利率和本国投资决定了资金流向。国外融资利率高则会出现资金的跨国流动，反之则逆向流动。国外资金包括生产性资金和投资性资金。投资性资金会对泡沫经济产生直接影响；即便是生产性资金，也会通过增加总需求而间接作用于泡沫经济。在经济金融全球化的趋势中，由于国际资本流动的规模和速度都超出了以往，其导致的影响也大大增强，因此必须加强对国际资本流动的监控，防止国际资本流动规模过大、速度过快，对虚拟经济产生过大的冲击，影响虚拟经济的正常发展。资本市场既是国际资本活动的主要场所，也是虚拟经济的重要组成部分，因此加强对资本市场的监管，对于虚拟经济风险管理有着非常重要的意义。资本市场的总市值揭示了市场的广度和深度，因此对资本市场的监管首要的就是进行宏观市值管理，也就是通过调节资本市场供求关系来管理总市值，保证虚拟经济与实体经济发展相适应，并确保二者的良性互动。当前政府监管部门主要通过新股发行、配股增发以及批准新基金成立、社保基金入市、增加 QFII 资格和规模等方式来调节资本市场供求，对资本市场进行宏观市值管理。虚拟经济与实体经济之间存在着既相互制约又相互促进的对立统一关系，因此监控国际资本流动必须强调本国的宏观市值管理，这又要求国内相关政府部门之间要统筹协调，才能确保实体经济与虚拟经济之间的相互配合和相互促进。在房地产市场、证券市场等投机行为较为活跃的领域，必须加强风险监管，同时大力推广正确的投资理念，抑制投机行为，打击违法乱纪行为，压缩虚拟经济领域的经济泡沫成分。对虚拟经济运行状况要做到信息透明公开，揭露和惩治人为操纵市场的投机行为。建立健全信用评级制度，以专业化的手段来帮助市场参与者进行投资决策。另外，还要不断优化调整和完善市场微观组织的架构，充分发挥中介机构良好的服务、协调、公证和监督等职能。

三是建立虚拟经济的风险预警指标体系。建立风险预警指标体系的目的在于，以技术手段来确定符合实体经济发展需要的虚拟经济的最优比例，其中既包含规模指标，也包含速度指标；既要保证虚拟经济正确发挥对实体经济发展的促进作用，也要避免虚拟经济中的泡沫成分、不确定因素向实体经济领域的转移和扩散。西方发达国家在经济发展中已经具有了一定的经验和教训，因此可以借鉴当前它们已有的风险预警指标体系，但是必须充分考虑到本国国情和经济金融结构的特殊性。针对虚拟经济中影响深度和广度较为显著的几个领域，如金融、房地产等，可以构建专门的风险预警指标体系，尤其是针对外债依存度、通货膨胀率、不良金融资产占比等指标进行重点监测，为政府风险防范和治理的政策制定和执行提供信号和依据，使虚拟经济风险预警指标体系在实务中更加具有可行性。在当前金融混业经营的趋势中，中央银行作为银行体系的最后贷款人，应该进行全面综合的风险分析和监控。中央银行和各类金融监管机构应该加强信息交流沟通和业务协作配合，共同发挥稳定金融发展的核心作用，组织金融等虚拟经济重点领域的专家开展对各种市场信号的分析和判断，尤其是要强化对跨行业的金融控股集团、创新工具的风险监控，并在此基础上构建具有可操作性的虚拟经济风险预警指标系统。

8.2.3.4 完善支持虚拟经济发展的配套政策

为虚拟经济的发展提供完善的制度环境。就像是植物生长需要适宜的土壤一样，虚拟经济的健康发展也需要有完善的制度环境。虚拟经济领域完善制度环境应该包含以下内容：培育健康有序的虚拟经济市场体系，加大金融等虚拟经济领域的改革开放力度，经济稳妥地推动市场创新活动；推进和完善利率市场化机制，约束和提高资金使用效率；改进和完善虚拟经济风险管理，调整相关制度规则，强化对虚拟经济领域的市场准入和市场退出的限制，协调各类监管机构的风险管理职责；切实培育行业协会组织，充分发挥行业自律的积极作用。

为虚拟经济的健康发展提供健全的配套措施。虚拟经济发展所需的配套措施包括：在宏观调控中尽量避免采用行政手段，更多地使用经济手段、法律手段，通过市场机制来调节经济运行的积极性和资源配置的效率；发挥金融在现代经济运行中的核心作用，逐渐扭转金融抑制的局面，放松管制，推进利率市场化，完善金融市场，构建适应实体经济发展需要的金融市场体系；建立健全现代企业制度，做到产权明晰、权责明确、政企分开、管理科学，鼓励企业技术创新和高新技术的产业化；积极构建和完善虚拟经济领域的各类中介机构，严格限制其准入和退出，健全行业自律机制，强化自我约束。通过建立健全配套措施，为虚拟经济的健康发展扫除障碍，推动整体经济又好又快地发展。

完善中介组织的服务、协调、公证和监督的职能。随着经济运行中虚拟化趋势的增强，中介组织的地位和作用也显得越来越重要。如果虚拟经济运行过程中，中介组织发展滞后，机构设置不健全，缺乏专业稳定的从业人员队伍，相关中介活动的制度规范不完善，那么就有可能会影响虚拟经济的正常运行，阻碍虚拟经济对实体经济发展的推动作用。所以必须要建立健全虚拟经济领域的中介组织，充分发挥它们的服务、协调、公证和监督的职能，推动虚拟经济和实体经济的健康稳定发展。

建立健全稳定高效的虚拟经济风险监管人才队伍。虚拟经济是现代宏观经济的重要组成部分，高效完善稳定的风险监管体系是虚拟经济正常运行和健康发展的前提条件，也是整体经济发展的先决条件。完善监管体系，提高监管水平，首要解决的问题就是要大力培养专业化、高素质、高水平、有经验的人才队伍。通过开展针对性的专业培训，提高监管队伍的思想素质和专业水平，建立健全相应的激励约束机制，严格监管执法制度，强化权力监督和制约，既要防止权力寻租也要防止不作为，提升监管人才队伍的业务能力和适应能力。同时也要提升监管体系的技术装备，充分利用现代信息化的高新技术手段和工具，推动监管人才队伍的能力提升。

加强虚拟经济领域的立法和监督。吸取国际先进经验和教训，根据国际惯例来规范市场行为，在通过经济手段实施宏观调控的同时，也要适时地制定有效的法规，并严格监督其执行。相关的立法工作必须包括：制定和完善税收法律，充分发挥税收对虚拟经济发展的调节和制约作用；制定和调整相关的会计准则，以应对虚拟经济发展的需要；建立健全信用评级制度，提高虚拟经济领域的市场透明度，帮助市场参与者更好地进行投资决策；完善信息披露制度，增强虚拟经济中的公开性，确保市场主体的合法权益。总之，加强立法和监督，是在虚拟经济领域实现依法治理的需要，也是虚拟经济发展的必要条件，是推动实体经济与虚拟经济协同稳定发展的根本保证。

8.3 虚拟经济风险管理指标体系

8.3.1 虚拟经济适度性指标体系

社会经济资源的开发和利用过程及其效率状态构成了社会经济的生态环境。一个国家一定时期社会经济的生态环境将对虚拟经济活动产生约束性的影响，如果虚拟经济活动超出了这种约束，社会经济生态环境就会遭到破坏并进而反作用于虚拟经济，从而不但使经济发展过程出现停滞或倒退，而且也使经济的运行失去稳定和持续的基础。因此，在发展虚拟经济的过程中必须遵循适度性原则，防范由虚拟经济过度膨胀所带来的负面作用的危害。自从 20 世纪 70 年代开始，虚拟经济发展就引起各国的关注，但是关于虚拟经济的适度性问题却未能得到足够的重视。某些国家因为过于追求金融自由化和金融深化，却使得以金融为核心的虚拟经济过度发展，最终引发了严重的金融危机，对实体经济的持续稳定发展造成了巨大损害。尽管导致这些金融危机的具体原因是多种多样的，有的是政府监管不力，有的是国际投机资本的恶意冲击，也有的是本国经济结构的自身缺陷，但是在这些金融危机中都可以找到虚拟经济过度发展的因素。所以在虚拟经济风险管理中首先应该重视的就是虚拟经济发展的适度性。通过对有关宏观经济指标数值进行及时的观测分析，建立虚拟经济适度性指标体系，可以从宏观层面为虚拟经济风险管理提供预警信号，以便及时采取对策来防范和化解风险，避免风险暴露所导致的不利影响。根据虚拟经济在现代经济生活中的独有特征，我们可以采用下列指标作为评判虚拟经济发展适度性的参考。

(1) 金融相关率

金融相关率指标是美国经济学家戈德史密斯（Raymond Goldsmith）在 20 世纪 60 年代提出的。它是指一国金融资产总额与宏观经济总量的比率，一般可以采用国内生产总值来表示该国的宏观经济总量。通过金融相关率指标的高低，可以大致判断虚拟经济与实体经济的偏离程度。一般来说，金融相关率越高，一国经济的货币化、金融化的程度越深。但是过高的金融相关率指标则有可能是虚拟经济发展过度的预警信号。戈德史密斯认为，虽然金融相关率会伴随着经济增长而逐渐提高，但它的上升并不是永无止境的，一般发达国家的经验数据是在1.5～2.0。因此金融相关率指标目前已经成为各国在虚拟经济领域进行宏观调控的重要参考。金融相关率的高低，是与一定时期的实体经济发展的需要相一致的。

(2) 金融结构的发达程度

金融结构是指一国现存的各类金融工具和金融机构之和，既包括它们的分布、存在，也包括它们之间的相对规模、相互关系等配合的状态。金融结构可以通过主要金融工具的相对发行量、金融资产的分布比例、金融中介机构占比、金融机构发行的金融工具占比等指标来进行衡量。一般而言，金融结构的发达程度既反映了经济金融化程度的高低，也可以在一定程度上反映虚拟经济发展的适度性。根据戈德史密斯的研究结论，随着经济的金融化程度的不断提高，非银行类金融机构的资产在金融资产总额中所占的比重会呈现上升趋势，而银行类金融机构的资产的比重趋于下降。因为非银行类金融机构所面临的风险一般高于银行类金融机构，因此非银行类金融资产的过度发展也可能会导致虚拟经济的过分膨胀。

(3) 马歇尔 K 值系数

马歇尔 K 值系数即是英国剑桥学派的现金余额数量论或剑桥方程式中的 K 系数，$K=M/PY$，其中 M 为货币供应量，Y 为社会财富总额，P 为一般物价水平。K 值表明了货币在社会财富总量中所占的比重，也就是反映了社会的货币化程度，因此也可以作为衡量经济虚拟化程度高低的指标。在实际应用中，可以用 M_2 来表示货币供应量，用国内生产总值来表示社会财富的价值总量，即 P 和 Y 的乘积。K 值越大，说明货币量在社会财富总量中的占比越高，那么虚拟经济的规模也就越大，就越有可能因为发展过度而催生出经济泡沫。

(4) 跨国金融交易量与国内生产总值的比值

根据近些年各国泡沫经济产生的实践观察，一个共同的现象就是，跨国金融交易量出现了迅速增长，且与国内生产总值的比值持续攀升。因为跨国金融交易大多投向虚拟经济领域，与实体经济关联度较低，因此该比值上升并不能有效推动实体经济发展，反而会导致虚拟经济过度膨胀，引发泡沫经济。因此监控跨国金融交易量与国内生产总值的比值，有助于掌握虚拟经济发展的适度性状况。

(5) 金融衍生工具交易量

金融创新是虚拟经济发展的助推剂，作为金融创新主要成果的金融衍生工具的异常活跃，是导致虚拟经济过度发展的重要原因。在20世纪70年代以后兴起的金融创新浪潮中，各种类型的金融衍生工具快速发展起来，不但导致传统风险在虚拟经济领域的集聚，还带来很多新的不确定性因素。因此需要关注金融衍生工具交易量，尤其是对比其基础产品的交易量，可以对虚拟经济发展的适度性进行有效的监控。

8.3.2 虚拟经济风险度量指标体系

在发展虚拟经济的同时必须要不断提高风险管理意识，积极防御虚拟经济的膨胀演变为经济泡沫和泡沫经济。虽然在短期内，经济泡沫确实能够在一定程度上推动经济增长，但是经济泡沫总有破裂的时候，这时虚拟经济的风险和实体经济的风险叠加在一起，会使得整个经济体系迅速走向萧条，对国民经济产生极其不利的影响。因此必须构建虚拟经济风险度量指标体系，准确衡量由国内因素导致的内部风险和由国际因素导致的外部风险，作为虚拟经济与经济泡沫、泡沫经济之间的防火墙。

8.3.2.1 内部风险度量指标

其一，金融相关率。该指标指一国金融资产总额与国内生产总值的比率，它既是度量虚拟经济适度性的指标，又是度量虚拟经济内部风险的指标。一般认为金融相关率指标超过 2，就说明虚拟经济内部风险较大。20 世纪 80 年代日本的金融相关率的数据，印证了这一指标对虚拟经济风险的度量和预警作用。1955 年日本国民经济财富总价值为 33 万亿日元，到 1988 年末增长为 2 804 万亿日元，增长了 85 倍。在 30 多年的时间里，日本的名义国民生产总值从 8 万亿日元增加到 367 万亿日元，增长了近 46 倍。可是根据 20 世纪 80 年代日本的股票价格指数和房地产等资产价格上涨的异常程度来判断，当时日本经济中已经潜伏着相当程度的经济泡沫。在 1985 年以前，日本东京股市的股票市值总额或东京住宅土地的价格总额分别占当年国内生产总值的 50%左右。但是到了 1987 年，东京住宅土地价格总额已经上涨到了当年国内生产总值的 1.5 倍，而东京股市的股票市值总额也在 1989 年同样上涨到了当年国内生产总值的 1.5 倍。在 1987 至 1989 年间的日本经济增长贡献率中，金融资产占到了 59.23%，而实物资产只不过占 40.8%。到了 20 世纪 80 年代末，日本的金融相关率大约为 4，而同期美国的金融相关率也不过在 2 左右。从横向或纵向的数据对比都可以看出，当时日本的金融资产膨胀明显偏离实体经济，虚拟经济的发展过快，超出了适度的范畴，其中蕴含着的虚拟经济风险较高。

其二，市盈率。市盈率是每股股票的市场价格与每股盈利的比值，它可以被视为经过盈利状况调整后的股票相对价格，在投资决策中常被用作各个股票价格比较的参考指标。市盈率既可以反映个别股票价格的泡沫程度的高低，也可以对虚拟经济的重要组成部分——股票市场的整体泡沫状况进行描述，因此也是虚拟经济风险识别和判断的重要参考指标。市盈率的计算公式为：

$$P/E=(1-b)/(k-g)$$

因为：$g=ROE\times b$，

所以：$P/E=(1-b)/(k-ROE\times b)$。

在以上公式中，市盈率 P/E 与留存收益比率 b、红利增长率 g、股权报酬率 ROE 等指标呈正相关，与市场资本化率（可以用市场利率水平来近似地反映）k 呈负相关。一般而言，市盈率在 20 至 40 倍是合理的。市盈率在 40 倍后指标值偏高，股市泡沫越大，虚拟经济内部风险越大。如果 b、g、ROE 等指标并未上涨甚至出现下跌，而 P/E 却在持续升高，那么就预示着经济运行中可能存在泡沫成分；如果 k 没有下降甚至上升，但此时 P/E 却在快速升高，那么说明虚拟经济领域存在着风险。从美国股市运行的实际来看，从 1871 至 1992 年的 120 年间，美国整体股票市场的市盈率水平基本上在 5 到 25 倍的区间内浮动，整体股票市场的年度平均市盈率为 14 倍，相比较于 1987 年“黑色星期一”前夕的 22 倍市盈率和 1999 年网络股泡沫破灭前的 21 倍市盈率都是明显偏高的。

其三，市净率。市净率是每股股票的市场价格与每股账面净资产的比值，是反映股票市场价值与账面价值之间差异的指标。一般而言，市净率越低，说明其股票价值相对于其股价被低估，该股票具有较高的投资价值；但是如果市净率太高，则有可能是过度炒作的结果。因此市净率是可以用于衡量股票市场上的经济泡沫的指标。

其四，利税相关率。利税是企业经营利润和上缴税金的统称，利税相关率就是利税总额与宏观经济总量的比值，可以综合反映企业的微观经济效益和宏观经济贡献，是衡量微观企业生产经营状况的重要指标，也可以间接表现宏观经济运行的质量。虽然利税相关率并没有什么确定的标准，但从总体上看，如果利税相关率较高，就说明宏观经济总量的增长状况与利税的增长状况基本一致，那么就表明经济增长是以企业利税增加为基础的，是可持续的良性增长；如果利税增长与经济增长出现了背离状况，那么就表示整体经济运行中潜在的泡沫成分较多，经济发展的持续性和稳定性可能会受到不良影响。

其五，信贷增长率。从整体上看，如果信贷增长长期、大幅地超过经济总量增长，就有可能导致货币供应量过多、社会游资泛滥，引发投机盛行和通货膨胀率高企。尤其是过多资金非常容易地进入金融、房地产等高风险高营利性的虚拟经济领域，催生经济泡沫，加大虚拟经济和实体经济运行的风险。

其六，不良资产的比重。不良资产主要是指金融机构所持有的呆账、坏账等不良债权，它在金融资产中所占的比重可以用来反映金融系统的资产质量。不良资产的产生既有制度方面的原因，也有市场方面的原因，但是其占比过大，就是金融机构内在风险集聚的明显信号，说明金融系统中潜伏着较大的危机。

8.3.2.2 外部风险度量指标

其一，经常项目逆差占国内生产总值的比重。经常项目对应的主要是商品和劳务的进出口收支，从国际收支平衡的角度来看，经常项目长期逆差或长期顺差都应该得到重视。从经济发展的稳定性来看，经常项目逆差更容易招致外部冲击。如果经常项目逆差占国内生产总值的比重过大，就说明该经济体的外汇收支失去了平衡，甚至内部资金状况也出现了失衡，需要通过资本项目下的国际资金流入来进行弥补。这种逆差状况如果长期持续，就会对本币币值产生较强的贬值压力，极易引起国际游资的投机性冲击。同时逆差导致的外债规模上升，容易发生偿债危机。

其二，国内外实际利率差。国内外实际利率差由很多因素导致，但最主要的影响因素就是各国之间不同的风险溢价，而且实际利率差也会与汇率形成双向互动关系。一方面，如果国内外实际利率差超过了风险溢价的波动区间，那么就有可能会引起投机性资金的流动。这种资金快速流进流出，不仅不能给宏观经济持续稳定增长提供推动力，更有可能在风险暴露时因资本外逃而导致国内经济崩溃。另一方面，一国利率低于他国利率，会引起资本流出，出口减少，进口增加，引起本币汇率下降，外汇汇率上升。本币持续贬值也会产生国际游资攻击的风险。

其三，短期外债余额及其与国际储备总额的比值。国际储备总额在一定程度上可以反映该国的偿还外债的能力，而短期外债则是一国面临的现实的偿还债务的压力。如果该国的短期外债余额过大，要么说明其利用外资的政策有可能出现偏差，要么就表明该国短期偿债风险较高。尤其是即将到期的短期外债余额与国际储备总额的比值较大，那么就说明该国短期偿债能力较弱，未来经济运行的不确定性增大。

其四，境外资金的投向。境外资金有投资到实体经济领域和投资到虚拟经济领域两种方向上的选择。虽然投资到虚拟经济领域也可以间接作用于整体经济，但是在虚拟经济领域的资金更加偏重流动性和收益性，对整体经济的负面影响较大。一旦整体经济出现意料之外的波动，引起投资者的恐慌，以金融、房地产为典型代表的虚拟经济领域的交易便利又为资金外逃提供了可能。因此如果境外资金过多地投向虚拟经济领域，不但有可能会催化潜在的经济泡沫的膨胀和扩张，也有可能在泡沫经济破裂时加剧整体经济的波动。而国内经济也会在大量资金外逃后，因为缺乏资金支持而长期陷入衰退和萧条之中。

其五，通货膨胀率。通货膨胀率是反映一国整体物价水平波动状况的指标，通货膨胀率的高低会影响到国内经济运行以及该国在全球经济金融格局中所处的地位。如果通货膨胀率持续高企，本币币值就存在着内部或外部贬值的压力。此时政府如果要稳定外部汇率，那么就必须以对内贬值、经济增长减缓为代价来治理通货膨胀；如果采取干预或调整汇率来调整对外经济关系，稳定经济发展，但此时又必须承受本币贬值、资本外逃、国际储备流失的结果。不论是对外贬值还是对内贬值，在全球化的开放环境中，高的通货膨胀率都有可能会诱使国际游资的投机性冲击，为宏观经济运行带来较高的不确定性风险。

8.3.3 虚拟经济风险预警指标体系

如果将政策和制度的构建看作虚拟经济风险管理的第一道防线，那么建立预警指标体系就是防范虚拟经济风险的第二道防线。国内外研究成果表明，虚拟经济风险爆发以前总有一些相关的经济变量表现出异常的征兆。经济系统中虚拟经济风险不断聚集的时候，这些经济变量就会开始产生可以测量到的具有相关性的异常波动，这样就为衡量虚拟经济风险提供了可能。那些在时间上率先出现异常波动的经济变量就成为预警指标体系中的主角。

构建虚拟经济风险预警指标体系，我们首先要挑选出一系列先行指标，记录和整理历史数据得到其临界标准，然后监测现实经济运行中这些先行指标的数据，一旦某个临界标准被突破时，就确认该指标发出了一个风险预警信号。得到的风险预警信号越多，就表示某一个国家或地区在短期内爆发虚拟经济风险的可能性越大。

虚拟经济风险预警指标的选择一般应符合三个原则：首先是指标的可用性，指所选指标可以用来估计虚拟经济风险爆发的可能性。其次是指标的显著性，指预警指标在风险潜伏期和风险爆发期的表现必须是存在着显著差异的。最后是指标的可测量性，指关于这些指标的数据信息等能够被迅速准确地获得。而且，在进行指标选择时还应该考虑到各指标之间的相互影响并尽可能地消除这些可能带来干扰的相关性。在利用预警指标进行判断分析时，如果重复使用这些具有相关性的指标，就有可能会出现信号叠加或信号抵消的情况，导致夸大或忽视实际经济金融运行中出现的风险。为了避免这种情况发生，一是对指标要进行严格筛选，二是在模型中充分考虑各个指标的相关性，尽量消除或弱化这种相关性。

一般而言，虚拟经济风险预警指标体系及其经验取值范围包含以下几个内容。

(1) 国际储备与外债余额的比值

通常认为，一个国家的国际储备与外债余额的比值越高，那么它应对金融风险的能力就越强，外部冲击对国家金融安全的不良影响就越容易防范和化解。在南美、东南亚和俄罗斯等国家和地区出现的金融危机都表明，国际储备与外债余额的比值过低时，就很容易出现金融动荡的局势。一般来说，国际储备与外债余额的比值低于100%，就意味着一定有部分外债的偿还是无法用充足的国际储备作为保证，国际债权人的信心就有可能动摇。如果这一指标低到33%，也就是说当前的国际储备甚至都不够偿还1/3的对外债务时，这个国家的财政金融状况就岌岌可危了。

(2) 当年还本付息额与国际储备的比值

由于外债余额中包含了长期债务量，而长期债务在短期内是没有还本的压力的，因此国际储备与外债余额的比值是对长期偿债能力的总体反映。不过长期债务在短期内仍然需要偿还利息，而且随着时间的流逝，长期债务最终也要偿还本金。因此在评价偿债能力时，当年还本付息额与国际储备的比值更具有现实意义。虽然实际的外债本息的支付并不一定要动用国际储备，而且国际储备除了国际间债务清偿之外，还要应对贸易、资本领域的正常国际交往以及国内经济调节，因此从国际经验来看，当年还本付息额不超过国际储备的30%则较为安全。

(3) 短期外债与国际储备的比值

从实际情况看，这一指标最能反映一个国家短期内是否存在着较高的虚拟经济风险。这一指标如果高于70%警戒线，就说明该国的经济金融风险因素累积较高，存在着金融危机爆发的可能性。一般而言，基本安全的临界点在35%以下，高风险警戒线通常为45%左右，一旦达到55%就意味着进入了危机预警区域，此时政府必须采取措施强化风险管理，避免风险扩张和蔓延。

(4) 本币实际汇率的高估程度

本币实际汇率高估，是许多虚拟经济风险爆发之前的共同征兆，而且高估程度越严重，未来虚拟经济风险的爆发就越剧烈。如果采用固定汇率制、盯住汇率制度或有管理的浮动汇率制，因为汇率形成和调节的机制缺乏弹性，那么经济过热、外资流入、不当干预、外币升值等因素都有可能会导致本币实际汇率被高估。而且一旦这种高估被市场主体所认识，就会出现本币贬值的预期。高估程度越严重，贬值压力就越大，其中的虚拟经济风险就越大。因此本币实际汇率的持续、严重高估，一方面会直接影响实体经济运行（如进出口贸易），另一方面潜伏着巨大的虚拟经济风险。

(5) 经常项目差额与国内生产总值的比值

经常项目平衡是国际收支平衡的基础，也是经济持续稳定发展的基础。经常项目长期持续出现差额，即便是顺差，对出口导向型国家来说也未必是一件好事。国际上一般将经常项目差额与国内生产总值的比值的临界点设定为3.5%，如果长期超过这一临界点，那么经济运行的稳定性就很难保证，最终可能会引起汇率波动和国际金融震荡。

(6) 负债率

这里的负债率是指外债与国内生产总值的比值，它常用于测度一国经济增长对外债的依赖程度或一国外债的整体风险。国际公认的标准是负债率应为20%以下，即所谓的“警戒线水平”。但由于国内生产总值与偿付能力并无直接关系，因而用负债率测度外债风险、外债负担、外债偿还能力并不十分可靠，但仍是一个较好的预警指标。

(7) 外汇储备可供进口月数

外汇储备是现代国际储备中的主要内容，是一国政府可以灵活运用于国际支付、干预外汇市场的资产。维持适度水平的外汇储备，可以提高国际清偿能力，增强经济实力。从安全角度考虑，一般国际通行标准为外汇储备要能够满足支付本国至少3个月的净进口额的需要。因为外汇储备最基本的功能是平衡国际收支逆差，因此净进口额的高低就决定了适度外汇储备量。

(8) 相对通货膨胀率

相对通货膨胀率是指本国通货膨胀率与其他国家通货膨胀率的相对比较结果。相对通货膨胀率高的国家，极易发生资本外流、货币对外贬值的风险。如果用国内生产总值平减指数来表示通货膨胀率，比较1991至1996年东南亚各国与美国的相对通货膨胀率，可以发现在东南亚金融危机爆发前，相对通货膨胀率如果突破了年均2%，那么预示着较高的风险等级。

(9) 国际国内利率差

一般国际经验表明，如果国际国内利率差超过 4%，那么除去了转移成本、信息成本、管制成本等跨境资金交易成本，还存在着相当大的利润空间。这样就会诱使国际游资过度参与跨境套利的投机活动，增大虚拟经济风险。

8.4 虚拟经济风险管理的体制设计

8.4.1 常规风险管理流程

常规风险管理流程主要包含风险识别、风险评估、风险决策以及风险监督等四个基本步骤。

(1) 风险识别

风险识别过程是指风险管理者在微观、宏观风险环境中，通过一定的技术手段和方法，对所考察的系统中可能面临的风险进行甄别，确定各种风险的特征，并分析风险发生的损失及损失程度。风险识别的意义在于，通过准确地感知、辨别和归类系统所面临的各种风险，切实把握住防范和化解这些风险的机会，拟定风险处理预案或具体措施。在风险识别过程中需要处理大量的相关数据信息，也就是通过对搜集得到的各种数据信息进行整理、分析，找到其中的不确定性因素，判断它们的特征并进一步归类为各种风险，为后续的风险评估和风险决策等步骤奠定基础。

(2) 风险评估

风险评估是在风险识别的基础之上展开的，也就是指风险管理者在识别了各种潜在风险及其可能导致的损失后，对风险程度进行测评和度量，即对各种损失可能出现的概率以及这些损失可能造成后果的严重程度进行测评和度量，最终确定各种潜在损失的相对重要性，为风险对策中提出防范和化解的方案提供科学依据。

(3) 风险决策

在对风险进行了辨别和量化之后，在现实生活的多种不确定因素的作用下，风险管理者可能面临着多种防范和化解方案的选择。不论选择何种方案，未来的结果都是不确定的，又要承担一定的成本、风险，当然也会带来收益。那么风险决策的主要任务就是在各种风险预防和治理的备选方案中进行成本－

收益、风险—收益的比较及优选。

(4) 风险监督

风险监督就是对重点风险因素进行跟踪监控，判断决策选择的方案是否达到了预期效果，分析实际方案执行中是否需要改善和调整，是否有新的风险因素需要进行重新识别评估和应对，获得反馈信息以保证风险管理的顺利进行。

8.4.2 虚拟经济风险管理流程设计

为防范和化解虚拟经济风险，风险管理者应参照常规的风险管理流程，结合虚拟经济运作的内在风险特征，按照前后衔接先后呼应的步骤来设计虚拟经济风险管理的步骤顺序。

在设计虚拟经济风险管理流程时，既要考虑虚拟经济中存在的风险本质及风险发生的内在规律，又要注重实际操作人员和应用技术相结合。一般我们可以将虚拟经济风险管理流程划分为虚拟经济风险的识别与评估、虚拟经济风险的控制与决策、虚拟经济风险的转移与补偿三个步骤。在完善的虚拟经济风险管理流程中，这三个步骤虽然在时间和顺序上存在着先后的连续性，但是它们在整体上是同时存在和运行的。因为虚拟经济自身的复杂性和多变性，导致虚拟经济风险类型、表现形式以及后果也是纷繁多样的。在面对某项具体的虚拟经济风险时，通常第一步是要对风险进行识别和评估，衡量风险的扩散范围及影响程度，依据虚拟经济风险预警系统，判断风险影响后果，然后制定风险管理目标。第二步是对风险进行控制和决策，即针对已识别出来的虚拟经济风险采取预防、超前转移等措施来防范风险，完善风险管理制度，加强监督，并在决策过程中及时采取措施严格管制风险。第三步是风险转移和补偿，在一些风险防范与控制的措施未能完全奏效的情况下，必须及时通过合约、保险、交易等方式进行风险转移，减低风险暴露的影响程度，采用准备金、补贴、担保等措施对虚拟经济风险造成的恶劣影响进行及时的补偿。由于虚拟经济风险具有很强的蔓延性和传导性，所以在虚拟经济风险管理流程中，在防止虚拟经济风险急剧扩张的同时，还必须采取稳妥高效的风险监督举措，阻止风险在虚拟经济领域内部的扩散蔓延和交叉传导，更要防范虚拟经济风险向实体经济领域的扩散，尽可能地降低虚拟经济风险对整体经济运行造成的危害。

8.4.3 虚拟经济风险管理的制度安排

8.4.3.1 虚拟经济关系的制度监管

从现实社会中虚拟经济运行的状况来看，不管是对间接融资渠道中银行类金融机构的监管，还是对直接融资渠道中非银行类金融机构和金融市场的监管，又或者是对房地产市场等虚拟经济重点领域的监管，完善立法并严格执法都是加强虚拟经济风险管理的前提。为了给虚拟经济风险管理提供制度保证，应该通过立法把虚拟经济运行置于法规之内，让政府对虚拟经济风险调控有法律的依据，并且使虚拟经济风险管理更加具有强制性、规范性和稳定性。金融作为现代虚拟经济发展的主要领域，由于层出不穷的创新业务和工具，在化解和分散了部分传统风险的同时，也带来了许多新型风险。因此即便是在西方发达国家，由于金融创新活跃，传统监管制度和措施已经无法满足新时代的需要，制度建设已经成为虚拟经济风险管理中的重点。2008 年和 2009 年先后爆发的美国金融危机和欧洲债务危机，都深刻地揭露了在现代虚拟经济风险管理中存在的法制缺失、监管疏漏的问题。不论在发展中国家还是在发达国家，虚拟经济发展都带来了许多新型风险，如果制度不完善，政策有漏洞，监管不严密，那么投机活动就脱离了法制的约束，最终必将酿成所有市场主体都始料不及也无法承受的恶果。

8.4.3.2 虚拟经济的行业自律

行业自律是政府监管的重要补充，我们必须正确处理政府监管和行业自律的关系。在虚拟经济风险管理中，政府可以通过监管机构来发挥其主导作用，运用法律手段和经济手段进行风险管理。但是现代市场中环节多、分支细，政府监管很难深入到经济运行的每一个环节每一个分支，以致出现监管真空。因而在这些监管盲区，我们可以通过市场参与者相互之间的共同监督，通过行业协会等组织的共同自律，来降低政府监管的成本，提高风险管理的效率，降低虚拟经济领域，特别是金融交易中的风险。虚拟经济领域的行业自律管理包括银行、证券、保险等行业协会的自律管理，以及证券、期货等交易所的自律管理。银行、证券、保险等行业协会的自律，主要是根据国家有关部门法律法规、方针政策，依照协会章程和行业自律规则对所属金融中介机构实行行业内部的自律，监督金融机构遵守法规，维护金融中介行业的整体形象，保护金融市场参与者的合法权益，反映各机构之间的正当诉求，维护正常的交易秩序，鼓励倡导遵纪守法的行为，打击处罚违反协会章程和行业自律规则的行为，发挥行业内部自我风险管理的职能。证券和期货等交易所的自律管理是根据国家法律法规、主管部门规章以及内部规则，依赖其市场交易活动的组织者的优势地位，对证券、期货交易的相关参与者进行监督和管理，对证券、期货等的买卖行为的合法性进行监督。

8.4.3.3 虚拟经济风险管理的国际协作

随着金融创新及金融交易的迅猛发展，虚拟经济风险更加暴露出其强大的破坏力，尤其是美国金融危机爆发后，虚拟经济领域的风险防范和治理受到了国际社会的广泛重视。巴塞尔银行监管委员会和国际证券监管委员会自从成立以来就极力倡导各成员国加强在相关虚拟经济领域的监管合作，并且通过推动各成员国共同签署国际金融监管协作备忘录等形式，制定、更新和完善了许多金融监管协作原则。这些努力充分显示了国际性金融风险监管机构在虚拟经济风险管理方面正在发挥着越来越重要的积极作用。同时，由于虚拟经济风险越来越显示出强烈的国际性、全球性，虚拟经济风险管理不再是某一国家、某一地区的事情，也不可能是单独一国或一个地区能够解决的问题。全球经济稳定和国际金融安全需要各国在风险防范、控制与管理上的国际协作。

8.4.4 虚拟经济风险管理体制的健全

虚拟经济领域的风险管理目标是防范虚拟经济风险的过度扩张和膨胀，预防虚拟经济泡沫转化为泡沫经济，降低虚拟经济风险向实体经济领域蔓延的速度，减轻泡沫经济破裂对虚拟经济自身以及对实体经济带来的破坏性冲击。健全的虚拟经济风险管理体制中主要包括以下几个方面的内容：

构建科学合理的虚拟经济风险管理组织机构。我们应当根据虚拟经济风险的特征，建立符合虚拟经济稳健发展需要的风险管理组织机构。为此要从全局出发，根据虚拟经济各细分市场的特征设立机构，它们既便于上情下达，又便于下情上传，让各细分市场中的风险信息能够充分汇总，便于从整体上把握虚拟经济系统内部的风险交叉传导的程度，判断虚拟经济风险在内部蔓延的范围，掌握虚拟经济风险向实体经济领域扩散的速度，从而便于决策部门制定防范和化解风险的政策措施，最大限度地消除虚拟经济风险对实体经济乃至整体经济运行的负面影响。

明确虚拟经济风险管理机构内部的职责分工。虚拟经济风险管理机构内部的职责分工，既包括对各分支机构和专业部门的职责分工，也包括对各细分市场风险管理的职责分工。明确职责定位，有利于加强对各部门各机构的统筹管理，加强各机构各部门之间的协同合作。这样既可以避免机构重叠、权责不清，又可以避免监管缺失，在组织分工上确保虚拟经济风险管理的高效有序。

开发研制信息化、智能化的虚拟经济风险评级与管理系统。在完善虚拟经济风险监测和风险预警指标体系的基础上，利用相关经济发展指标和统计数据，根据风险识别与评估的结果，按照虚拟经济风险对整体经济的影响程度，采用高新信息技术手段来为虚拟经济风险划分等级，开发研制虚拟经济风险管理的信息化平台，提升虚拟经济风险评级与管理系统的信息化和智能化，增强虚拟经济风险评估的准确性与风险管理决策的实用性。

建立虚拟经济与实体经济协调发展状况的监控系统。虚拟经济只有与实体经济协调发展，才能真正有效地发挥虚拟经济的推动作用。一旦二者出现偏离，就有可能导致整体经济发展缺乏动力，或爆发泡沫经济的不利局面。因此从整体经济持续稳定发展的角度出发，必须加强对虚拟经济与实体经济协调发展状况的监控。根据相关的监测和预警指标，及时识别和评估虚拟经济与实体经济发展的协调状况，在出现过度偏离时，快速采取果断措施，控制和化解风险，减少虚拟经济风险所带来的不利影响。

8.5 美国次贷危机前后的风险管理及其借鉴意义

8.5.1 美国次贷危机前风险管理的缺陷

2008 年美国金融危机爆发，并以极快的速度扩散到全球主要经济体，在全世界造成了自 20 世纪 30 年代“大萧条”以来最严重的经济损失。该次危机的成因复杂，虽然根本原因是美国经济增长乏力，但是同美国在金融风险管理上的偏差、基本经济政策上的失误等有直接紧密的关系。

8.5.1.1 金融风险管理理论的滞后

美国 2008 年次贷危机的发生与金融风险管理研究跟不上金融创新的变化有关。自 20 世纪 70 年代后，由于发达国家出现的“滞涨”局面迟迟不能得到有效解决，导致以政府干预为核心的凯恩斯主义理论的没落，代之以强调放任自流的新自由主义理论。新自由主义理论的典型代表就是以弗里德曼为首的当代货币主义学派，他们认为应当减少政府对经济活动的干预，让自由市场这只“看不见的手”来主导社会资源的配置。

从 20 世纪 80 年代开始，在新自由主义理论的指引下，西方发达国家逐渐放松政府监管，开展以金融自由化为核心的金融体制改革，推动资产证券化等金融创新，却严重忽视了审慎监管的必要性。在金融自由化的大潮中，美国放松了金融风险管理。政府监管部门过分高估了自由市场的自我调节能力，片面地相信了金融创新对实体经济的推动作用，却忽略了发展中出现的金融风险累积、扩张和膨胀等问题。金融创新过度导致金融市场过分活跃，这又倒过来逼迫银行类金融机构放松资产负债业务限制，开始大量涉足次级贷款市场。资产证券化等金融创新与次级贷款市场结合在一起，逐渐催生了抵押贷款领域的经济泡沫。经济运行中累积和产生的不确定因素逐渐从房地产市场扩张蔓延到金融领域，又从虚拟经济领域传导到实体经济领域，最终引发泡沫经济，爆发金融危机。

新自由主义理论反对政府对经济的干预，提倡让市场来自由地配置社会资源，政府只需当好“守夜人”即可。这种观点虽然在一定程度上为提高经济运行的效率提供了理论依据，但是并不能很好地解释和解决市场失灵等问题，虽然同意必须借助政府的法律法规来规范信息披露和各种无序竞争行为，但是核心还是坚持抛开政府管制和干预，对经济活动放任自由。正是新自由主义理论的缺陷，导致了拉美债务危机、东南亚金融危机和美国次贷危机的不良后果。

8.5.1.2 政府缺乏应对金融风险的预案准备

在次贷危机爆发前，美国金融监管当局对金融风险的预警、防范和化解等预案准备不够充足，没有对先行指标给出的警示给予充分的重视。甚至当风险暴露、危机产生之后，财政部、美联储、证监会等金融监管机构与政策决策机构都没有能够拿出切实可行的解决方案，反应迟缓，未能及时地控制金融风险和金融危机的蔓延。在金融风险暴露的初期，金融监管机构没有意识到房地产泡沫的破裂对整个金融体系可能产生的扩张和蔓延效应。即使是贝尔斯登事件爆发后，也仅仅被视为只是个案，监管机构并没有对其他有着类似问题的金融机构给予足够的重视。贝尔斯登公司破产的主要原因在于它在次级抵押贷款证券化产品上的投资失败，由于美国房地产市场上泡沫的破裂，引发抵押贷款市场上出现大量严重损失，进而影响到资产证券化产品的崩溃。当得知贝尔斯登公司的次级债投资遭受了重大损失后，投资者信心下降并开始兑现投资资金，最终导致了贝尔斯登公司出现了“流动性危机”，使得贝尔斯登公司很快就陷入了面临破产倒闭的窘境。虽然它最后由摩根大通银行兼并收购，避免了破产倒闭，但在当时面临这种危机的金融机构绝不仅仅是贝尔斯登公司一家，就在几个月后，雷曼兄弟公司也走向了相似的道路，至此全面引爆美国次贷危机。

美国次贷危机的爆发，凸显了美国政府对金融市场的新发展、新变化了解不够、监管不足，仅仅考虑到通过金融改革和金融衍生工具的创新，可以分散传统的金融风险，但是对金融创新所带来的新风险估计不足。甚至就在决定收购“房利美”和“房地美”这两家专门从事住房抵押贷款的金融机构之前，美国财政部都还没有弄清楚“两房”的财务状况的恶化程度。在次贷危机全面爆发后，美国政府即便是决定了要对金融机构展开救助，但其救助对象等却非常模糊，其间还出现了多次反复。例如在危机全面爆发前救助了全美第五大投资银行贝尔斯登公司，却在危机全面爆发之时拒绝了全美第四大投资银行雷曼兄弟公司提出的救助请求，然而在稍后却又选择援助全美最大的保险公司美国国际集团。美国政府在危机爆发前后采取的这种选择性救助方式虽然有着充分的理由，但是也给市场的选择和判断带来了更加不确定的预期，增加了市场恐慌心理，加剧了市场异常波动。

8.5.1.3 政府放松了对金融衍生品的管理

自从 20 世纪 70 年代来，金融衍生品市场的迅猛发展已经在全球成为一种潮流和趋势。金融衍生品所具有高风险性和难以监管的特点逐渐显现，对实体经济领域的影响也在逐渐加大。在 20 世纪 70 年代以前，衍生品交易主要集中在实物商品领域，主要职能是套期保值，主要作用是风险对冲和价格发现，整体交易规模比较有限。但 20 世纪 70 年代布雷顿森林体系崩溃，全球金融风险加剧，再加上国际石油危机对全球经济产生的强烈负面冲击，为了分散和化解金融风险，市场推出了更多的以传统金融资产为标的的衍生品，交易机制更加灵活简便，衍生品市场快速发展并逐渐摆脱了实体经济对它的束缚，俨然成为一个独立的投资交易领域。

金融衍生品日新月异，产品结构复杂多变，市场规模剧烈膨胀，这本身就使得金融监管机构的监管难度日益加大，难以跟上形势的发展。而且美国的金融监管机构和政府决策部门在新自由主义理论的影响下，限制政府对市场的干预，坚持市场机制在资源配置的主体作用，放松了对金融风险的管理。尽管金融衍生品市场的发展在一定程度上为美国经济提供活力和动力，促进了经济发展，但是也带来不良后果。过度放松的政府监管，诱使银行、投资公司、证券公司、保险公司等各类金融机构为了获取高额利润，不断推出各种新型金融衍生品，使得美国金融监管机构本来已经过于宽松的风险管理，更加难以满足市场变化对监管的需要，最终因为严重的监管缺失而导致了危机的爆发。

8.5.2 美国次贷危机后风险管理的变化

8.5.2.1 强调宏观审慎监管原则

次贷危机后，美国理论界重新开始强调宏观审慎监管原则，根本原因就是为了维护金融系统的稳定性，防范和化解金融系统对整体经济运行产生的负面影响。宏观审慎监管原则的主要目标是预防金融风险的爆发，要求既要认真对待金融系统的外生性风险，也要重视金融系统的内生性风险。

通过对美国金融危机的经验和教训的总结，理论界认识到，对于单个金融机构而言，即便是审慎理性的金融行为，如果在市场上出现了趋同交易的趋势，那么这种合力的结果，反而会加剧金融市场的波动。例如金融衍生品中的期货、期权，它们设计的初衷是对冲实体经济领域的风险，为实体资产的价格确定提供帮助。但是当大多数市场参与者都形成了趋同的价格预期，采取类似的投资策略，那么反而有可能导致风险集聚，引发系统性风险的暴露。因此金融风险管理首先应该是从宏观层面确定审慎原则。

8.5.2.2 进行金融风险管理的新变革

美国次贷危机爆发后，美国政府逐渐对过去的金融风险管理政策和措施进行了调整。2008 年 3 月推出的《现代化金融监管架构蓝皮书》，提出了要继续坚持以银行、保险、证券和期货共同构成的分业监管模式，但是要用功能监管代替机构监管，即按照监管对象的具体业务功能来确定不同的监管措施。美国政府试图通过这种监管政策的调整来保护市场主体的经济利益，恢复市场信心和金融机构的竞争力，最终达到稳定金融市场的目标。

2010 年美国通过了被称为“大萧条”以来最全面、最严厉的金融监管法案《多德-弗兰克法案》，表明了美国进行全面金融监管改革的决心和稳定金融市场的信心。该法案提出要扩大监管机构责权范围，建立和完善对金融机构和金融市场的全面风险管理，监管范围包括各种类型的金融产品和服务；设立新的金融消费者保护局，赋予其更高的监管权力，全面保护金融消费者的合法权益。

美国在金融风险管理领域进行的这些新变革，对金融市场发展产生了深远的影响。重新划分和设定金融监管机构的权责范围，不但强化了传统的银行、保险、证券、期货等领域的金融监管，还把新兴的对冲基金、私募基金以及更多的金融衍生品等也纳入金融监管的范畴。通过金融监管改革，既保障大型金融机构稳健发展，也为中小型金融机构营造更加良好的市场环境；既发挥金融系统对经济的推动作用，又防范和化解了金融系统过度膨胀带来的风险因素。

8.5.3 美国金融风险管理的借鉴意义

美国金融风险管理的新变革不但完善了美国金融监管体系，也给其他国家和地区提供了有益的借鉴，可以说对全球的金融监管都有着相当深远的影响。

加强金融监管机构之间的沟通协作。当今主流的金融风险管理模式有两种类型：一是混业监管模式，即只设立一家金融监管机构来对各种类型的金融机构和所有金融市场进行风险管理，这个唯一的监管机构承担着所有的金融监管的权责。另一种就是分业监管模式，即是针对不同的金融市场或者不同类型的金融机构都设立相应的金融监管机构来进行金融风险管理，这些监管机构之间互不统属，属于同一个政府机构层级，仅仅负责本身职责范围中的监管责权。我国当前采用的就是分业监管模式，具体来说，微观审慎监管任务是由中国人民银行、银保监会、证监会共同来执行的。但是从组织架构上看，我国金融风险管理还是不能充分满足金融市场发展的现实需要。例如在美国次贷危机爆发前，我国许多商业银行就在国外资本市场上进行投资，购买了大量次级债券等高风险的新型金融衍生品。我国在这个领域却没有相应的机构进行专门的监管，不能不说是我国金融风险管理中的一个失误。而且我国国内金融监管机构之间、国内金融监管机构与国外金融监管机构之间的沟通协调不够，这对金融风险的防范和控制是很不利的。在很多情况下，金融风险是从一个金融领域或者某个国家向外扩散的，如果不同监管机构之间以及国家之间能够及时沟通和协调，是可大大减轻金融风险的影响范围和程度的。

建立健全金融监管相关法规。随着虚拟经济的发展，我国自从 20 世纪 90 年代末就陆续出台了大量金融风险管理的法律法规，这些法律法规为我国的经济金融的稳健发展提供了良好的支撑。但是在进入 21 世纪以后，我国各类金融机构之间的竞争快速激化，金融创新与时俱进，金融市场上出现了大量前所未有的新业务、新产品和新服务，也带来了许多新的金融风险。面对在金融领域出现的这些新状况，我国的金融监管法律法规却还没有进行及时的修订和完善，因此可能会影响到金融风险管理的效率和力度。而且，我国金融风险管理在具体实施上的可操作性也有所欠缺，不能对所监管的对象进行科学量化，不利于保证金融风险管理的客观、公平、合理。而且随着互联网技术的进步，越来越多的金融交易活动在线上进行，我国的金融风险管理机构虽然针对互联网金融出台了一些政策和措施，但是还不能做到全方位监管。

提高金融活动参与者的自律自控。随着外部监管的加强，政府在金融风险管理领域承担的责任越来越重，但银行、投资公司、证券公司、保险公司等金融机构却因此而增强了对政府风险管理机构的依赖性，放松了自身的内部金融风险管理，为金融风险的累积、金融危机的爆发埋下了隐患。因此，从美国次贷危机的经验和教训中可以得知，金融风险管理并不仅仅是政府金融监管机构的职责，还需要金融市场上所有参与者自控和自律，量力而行，根据自己的实际风险承受能力来开展业务活动。如果美国的商业银行、投资银行、保险公司等各大金融机构能够坚持采用审慎、稳健的原则去从事信贷、投资等金融业务，在日常经营管理中实现内部风险控制风险的目标，而不是片面地追逐利润目标，利用制度的漏洞来弄虚作假、欺骗投资者，那么这次金融危机是很有可能避免的。

思考题

1. 如何理解虚拟经济与金融风险之间的相互关系？
2. 金融监管与虚拟经济监管之间的异同比较。
3. 虚拟经济风险管理的总体思路是什么？
4. 虚拟经济适度性指标包括哪些？
5. 哪些经济指标可以用于衡量虚拟经济风险？
6. 虚拟经济预警指标的选择需要遵循哪些原则？
7. 在虚拟经济风险管理领域有哪些国际经验可供借鉴？

拓展阅读（1）

国务院金融稳定发展委员会设立

第五次全国金融工作会议于 2017 年 7 月 14 日至 15 日召开。本次会议提出设立国务院金融稳定发展委员会，强化人民银行宏观审慎管理和系统性风险防范职责，意在解决监管协调问题。金融稳定发展委员会的主要职能：坚持协同防范，统筹协调，健全风险监测预警和早期干预机制，补齐监管短板，健全监管制度，改进监管方法，进行监管问责，深化金融业改革开放，稳妥解决体制性、机制性问题。设立国务院金融稳定委员会的原因：当前不良资产风险、流动性风险、影子银行风险、外部冲击风险、房地产泡沫风险、政府债务风险、互联网金融风险等正在积累，金融市场上也乱象丛生，套利投机泛滥，利益输送严重，大案要案不断滋生。而金融监管不协调、监管缺失、执法不严等问题不断暴露，不适应跨行业、跨市场金融产品创新发展。

设立国务院金融稳定委员会是为了加强监管协调，补齐监管短板，有效防控系统性金融风险，促进金融体系健康发展，提高金融业服务实体经济的水平。

拓展阅读（2）

虚拟货币监管的国际经验

针对虚拟货币可能存在的风险，目前已有许多国际组织和中央银行对虚拟货币体系的监管问题进行了公开回应。这些回应大体可以分为四类：警告与风险提示、监管与登记许可、立法规范、明令禁止。

警告与风险提示：一些中央银行与监管机构对比特币及虚拟货币体系发出了风险警告。德国联邦金融监管局、法兰西银行、荷兰和比利时中央银行就针对使用比特币可能引发的洗钱与恐怖主义融资发出了公开警告。欧洲银行业管理局（EBA）在2013年底发布的报告中警告消费者虚拟货币存在的诸多风险，如兑换损失、电子钱包被盗、支付不受保护、价格波动等。西班牙虽然没有类似的风险警告，但及时发布了与虚拟货币有关的信息公告。

监管与登记许可：总体而言，国际组织均认为对虚拟货币的监管应在防范风险和促进创新之间找到平衡。瑞典从2012年开始要求与虚拟货币有关的交易必须在金融监管机构进行登记。另外一些国家则主重资质监管，进面使其间接满足审慎监管要求。还有些国家的监管主要针对虚拟货币交易的商业模式。法国金融审慎监管局将提供比特币流通买卖服务，并在此过程中赚取资金的行为视作是一种支付服务而要求得到政府授权。另外一些国家将监管的重点着眼于与虚拟货币有关的中介机构。德国联邦金融监管局和丹麦的监管机构认为，为虚拟货币提供中介服务需要获得授权。

立法规范：目前，已有部分国家拟立法监管虚拟货币交易。加拿大拟立法允许政府对比特币交易进行监管，并将数额大于一万美元的交易纳入可疑监管范围。美国希望调整相关法律结构应对比特币的发展。美国财政部金融犯罪执法网络（FinCEN）为使银行保密法（BSA）在网络背景下适用，于2013年发布了针对私人生成、持有、分配、交易、接收和传输虚拟货币的行为及主体界定的解释性指引。欧洲央行强调应加强现有法律框架下的国际合作，从欧洲与全球层面在现有法律制度框架下对虚拟货币加以规范。更多的国家则认为比特币不是一种流通货币，不具有法律地位，也不符合金融工具的定义，如芬兰、瑞典、马来西亚和印尼等。

明令禁止：在某些国家，与比特币有关的交易被禁止。2013年12月，中国人民银行禁止金融机构进行比特币交易，上述禁令随后扩展至支付服务的供应商。持同样度的还有泰国和印尼央行。匿名网络货币（包括比特币）的流通被俄罗斯司法检查部门视作对货币的替代而被禁止。俄罗斯中央银行早先已经将提供比特币服务纳入可疑交易的监察范围。美国证券交易委员会（SEC）禁止发行未注册股票换取比特币，禁止未经注册从事以虚拟货币计价的网上证券交易活动。

——摘自王信、任哲，《虚拟货币及其监管应对》，中国金融，2016年第17期。

参考文献

白钦先，禹钟华．对虚拟经济内涵的再探讨［J］．西南金融，2007（11）：6－10.

白战伟，张红星．国内虚拟经济理论研究进展与争论焦点［J］．经济纵横，2010（4）：8－12.

（美）彼得·德鲁克．管理的前沿［M］．许斌，译．北京：机械工业出版社，2009.

（美）彼得·加伯．泡沫的秘密：早期金融狂热的基本原理［M］．陈小兰，译．北京：华夏出版社，2003.

曹源芳．我国实体经济与虚拟经济的背离关系——基于1998—2008年数据的实证研究［J］．经济社会体制比较，2008（6）：57－62.

查尔斯·P．金德尔伯格．疯狂、惊恐和崩溃——金融危机史［M］．4版．朱隽，叶翔，译．北京：中国金融出版社，2007.

（英）查理斯·麦基．非同寻常的大众幻想与群众性癫狂［M］．李绍光，译．北京：中国金融出版社，2000.

陈述云．基本面因素对A股股价变动影响程度的实证研究——对我国股市投机成分的定量测定［J］．贵州财经学院学报，2001（04）：33－36.

陈卫东．金融创新工具的演化及最新发展［J］．国际金融研究，1999（11）：32－36.

陈甬军，胡德宝．反垄断理论的经济学基础［J］．中国物价，2013（10）：23－28.

陈峥嵘，朱春生．美国债券市场之行［J］．国际融资，2001（07）：70－73.

成思危，李平，刘俊民．虚拟经济概览［M］．北京：科学出版社，2016.

成思危．虚拟经济的基本理论及研究方法［J］．管理评论，2009（01）：3－18.

成思危．虚拟经济探微［J］．南开学报，2003（02）：23－28.

成思危．虚拟经济与金融危机［J］．管理科学学报，1999（01）：4－9.

成思危．虚拟经济纵览［M］．北京：科学出版社，2016.

成思危．要重视研究虚拟经济［J］．中国经贸导刊，2003（02）：4－6.

崔祥龙．起源、演变及实现：虚拟经济研究［D］．成都：西南财经大学，2014.

邓秋艳．我国金融业反垄断问题研究［D］．厦门：厦门大学，2008.

董俊华．虚拟经济与实体经济关系实证研究［J］．中南民族大学学报（人文社会科学版），2011（03）：141－144.

董琦．美国次级债危机对我国房地产金融监管的启示［J］．新金融，2008（04）：

51—54.

董玉华. 债券价格波动的特点及其测量方法 [J]. 预测，1992 (06)：54—60.

杜厚文，伞锋. 虚拟经济与实体经济关系中的几个问题 [J]. 世界经济，2003 (07)：74—79.

杜云. 虚拟经济学 [M]. 厦门：厦门大学出版社，2015.

段彦飞. 虚拟经济与实体经济关系研究 [D]. 天津：南开大学，2009.

段忠东. 房地产价格与货币政策 [D]. 长沙：湖南大学，2008.

冯登艳. 中国股票市场信用问题研究 [D]. 成都：西南财经大学，2005.

冯晶，王强. 日本和美国房地产市场泡沫比较分析及其对中国的启示 [J]. 东岳论丛，2012，33 (12)：110—114.

冯涛，杨达，张蕾. 房地产价格与货币政策调控研究——基于贝叶斯估计的动态随机一般均衡模型 [J]. 西安交通大学学报（社会科学版），2014，34 (01)：15—21.

（法）弗朗索瓦·沙奈. 金融全球化 [M]. 齐建华，胡振良，译. 北京：中央编译出版社，2006.

付子豪. 从经济角度看比特币 [J]. 现代经济信息，2014 (15)：371.

傅丽芬. 市场经济下的垄断与反垄断问题研究 [D]. 福州：福建师范大学，2002.

甘石坚. 征信监管制度研究 [D]. 长沙：中南大学，2011.

高德步. 论虚拟经济的起源 [J]. 经济评论，2002 (05)：11—14.

高德步. 虚拟经济的起源 [J]. 南开经济研究，2002 (04)：55—61.

高晓燕. 马克思虚拟资本理论视野下我国虚拟经济发展问题研究 [D]. 开封：河南大学，2016.

葛瑛. 房地产市场的过度繁荣：日本与美国的比较 [J]. 财经科学，2011 (01)：101—108.

关玉. 股票价格波动特征及赢利方法研究 [D]. 哈尔滨：黑龙江大学，2006.

郝丹璐. 中国房地产价格影响因素研究 [D]. 长春：吉林大学，2014.

扈文秀. 透视泡沫：资产泡沫与泡沫经济 [M]. 北京：高等教育出版社，2012.

黄范章，徐忠. 投资、投机及我国股市的投机性分析 [J]. 金融研究，2001 (06)：44—49.

黄珺. 我国流动性与金融资产价格波动的相关性研究 [D]. 泉州：华侨大学，2011.

黄青青. 基于广义虚拟经济视角的我国房地产市场发展研究 [D]. 贵阳：贵州大学，2009.

黄秀华. 从泡沫经济的典型案例反思资产泡沫的金融风险 [J]. 生产力研究，2011 (08)：12—14.

黄忠武. 我国虚拟经济的发展研究 [D]. 福州：福建师范大学，2015.

黄佐钘，孙绍荣. 股市泡沫研究文献综述及展望 [J]. 财经科学，2008 (09)：50—57.

霍新颖．收益法评估企业价值影响因素的敏感性分析［D］．西安：长安大学，2014.

姜春海．中国房地产市场投机泡沫实证分析［J］．管理世界，2005（12）：71－84，171－172.

姜光明．交易所债券市场价格波动率特性及收益协整性研究［D］．南昌：江西财经大学，2004.

荆慕妍．我国房地产泡沫及其防范研究［D］．蚌埠：安徽财经大学，2017.

康翻莲．美国金融危机与我国信用制度的建设［J］．经济研究导刊，2009（32）：114－115，125.

李成，王建军．解读信贷推动下的美国房地产泡沫与金融危机——基于2000—2008年月度数据的理论分析与实证检验［J］．金融论坛，2009，14（02）：49－54.

李翀．金融战争：虚拟经济时代的财富掠夺方式［M］．北京：首都经贸大学出版社，2009.

李翀．论泡沫经济形成的原因、效应和危害［J］．求索，2001（05）：12－15.

李德贵．借贷关系的经济学再认识［D］．天津：南开大学，2013.

李多全．虚拟经济基本问题研究．［D］．北京：中共中央党校，2003

李多全．虚拟经济基本问题研究［M］．北京：经济日报出版社，2015.

李多全．虚拟经济与实体经济关系探析［J］．理论前沿，2006（17）：27－28.

李富昌．广义虚拟经济视角下局部价格非理性变化研究［J］．技术经济与管理研究，2016（04）：81－86.

李国疆．经济虚拟化背景下的金融危机机制研究［D］．成都：西南财经大学，2012.

李健，邓瑛．推动房价上涨的货币因素研究——基于美国、日本、中国泡沫积聚时期的实证比较分析［J］．金融研究，2011（06）：18－32.

李杰，王千．房地产虚拟资产特性的理论和实证分析［J］．当代财经，2006（02）：82－86.

李克安．广义虚拟经济论文集［M］．北京：航空工业出版社，2014.

李良智．股价因素初探［J］．当代财经，1993（05）：15－18.

李明，李锴．虚拟经济态势下现代信用的隐忧［J］．中国电子商务，2013（17）：178.

李蓉．虚拟经济对实体经济的影响研究［D］．南昌：江西师范大学，2012.

李小宁．论广义虚拟微观经济学的基本假设［J］．广义虚拟经济研究，2014，5（03）：5－12.

李晓西，杨琳．虚拟经济、泡沫经济与实体经济［J］．财贸经济．2000（06）：5－11.

李勇．论国家汲取能力的现代化［D］．北京：中共中央党校，2014.

李治国．产品质量变化与价值规律作用的关系［J］．福建论坛（经济社会版），1986（01）：25－26.

廖厥椿．中国房地产市场价格的区域特征、以及与实体经济的关联性—源自空间计量经济学习的实证分析［D］．上海：华东师范大学，2011.

参考文献

廖湘岳．泡沫经济生成机理与防范研究［M］．北京：经济管理出版社，2008.

林珏．市场经济中的主体行为规范［J］．财经问题研究，1995（02）：3－7.

林兆木，张昌彩．论虚拟经济及其对实体经济的影响［J］．宏观经济研究，2001（04）：3－9.

林左鸣，李克安．广义虚拟经济论文集3［M］．北京：航空工业出版社，2014.

林左鸣，吴秀生．虚拟价值的人类活动论依据［J］．北京大学学报（哲学社会科学版），2006（02）：43－50.

林左鸣．广义虚拟经济——二元价值容介态的经济［M］．北京：人民出版社，2010.

林左鸣．虚拟经济基本问题研究［M］．北京：经济日报出版社，2015.

刘桂舟．股价泡沫的影响因素研究［D］．西安：西北大学，2008.

刘煜松．股票内在投资价值理论与中国股市泡沫问题［J］．经济研究，2005（02）：45－53.

刘金全．虚拟经济与实体经济之间关联性的计量检验［J］．中国社会科学，2004（04）：80－90，207.

刘骏民，伍超明．虚拟经济与实体经济关系模型——对我国当前股市与实体经济关系的一种解释［J］．经济研究，2004（04）：60－69.

刘骏民．从虚拟资本到虚拟经济［M］．济南：山东人民出版社，1998.

刘林川．虚拟经济与实体经济协调发展研究［D］．天津：南开大学，2014.

刘明．从国际金融危机看泡沫经济［J］．国际问题研究，2011（04）：21－27，20，70.

刘晓欣，宋立义，梁志杰．实体经济、虚拟经济及关系研究述评［J］．现代财经，2016（07）：3－17.

刘晓欣．虚拟经济运行的行为基础——资本化定价［J］．南开经济研究，2003（04）：42－45.

刘玄，冯彩．2005年以来我国股票市场波动特征研究——基于GARCH族模型［J］．经济论坛，2009（02）：42－45.

刘玄．资产证券化对信贷市场逆向选择影响的研究——基于次贷危机的分析［J］．金融监管研究，2012（07）：60－74.

刘洋．虚拟经济与实体经济背离对现代金融危机的影响研究［J］．经济问题，2015（01）：23－26，88.

刘洋．金融危机研究——基于虚拟经济与实体经济背离视角［D］．大连：东北财经大学，2015.

（苏）卢森贝．《资本论》注释［M］．北京：生活·读书·新知三联出版社，1963.

吕红霞．证券投资分析［M］．杭州：浙江大学出版社，2012.

吕江林，姜光明．交易所债券市场价格波动率特性研究［J］．金融研究，2004（12）：89－96.

罗来军，蒋承，王亚章．融资歧视、市场扭曲与利润迷失——兼议虚拟经济对实体经济的影响［J］．经济研究，2016（04）：74－88．

马淮．论虚拟经济的核心范畴——虚拟价格［J］．教学与研究，2009（10）：75－81．

马淮．虚拟价格研究［J］．理论月刊，2009（12）：48－52．

马克思．资本论第一卷［M］．中共中央马克思恩格斯列宁斯大林著作编译局，译．北京：人民出版社，2004．

马卫锋，王春峰．中国金融发展与经济效率的实证分析：1978—2002［J］．财贸研究，2005（02）：46－54．

马艳，李韵．虚拟价值理论及现代性分析［J］．复旦学报（社会科学版），2012（01）：103－110．

马艳，王宝珠，李韵，蔡民强．虚拟价值的理论与宏观模型及其应用［J］．政治经济学评论，2015，6（06）：46－76．

孟颖．虚拟经济运行的独立性特征研究［J］．开放导报，2009（03）：32－36．

明伟．浅析虚拟资本积累［J］．现代管理科学，2010（04）：45－47．

莫慧强．房地产泡沫生成机理与诊断方法研究综述［J］．经济论坛，2009（08）：42－44．

牟新森．虚拟资本与虚拟经济理论研究［D］．成都：西南财经大学，2010．

（美）纳赛尔·萨博．投机资本——全球金融业中看不见的手［M］．齐寅峰，古志辉等，译．北京：机械工业出版社，2002．

南开大学虚拟经济与管理研究中心课题组．房地产虚拟资产特性研究报告［J］．南开经济研究，2004（01）：24－32．

牛艳玲．汇率波动与股票价格变动的关系研究［D］．西安：西安电子科技大学，2014．

牛志勇．马克思汇率理论及其对我国的启示［D］．开封：河南大学，2014．

彭卫民，任啸．虚拟经济在我国的发展及影响［J］．经济体制改革，2002（01）：92－95．

平新乔．“新经济”的经济学——从《信息规则》谈起［J］．国际经济评论，2000（Z4）：19－24．

钱津．论当代马克思主义政治经济学的创新［J］．黑龙江社会科学，2017（01）：63－71．

钱津．完善现代市场体系的若干基本问题［J］．兰州大学学报（社会科学版），2008（02）：1－8．

曲永刚，张金水．中国股票市场价格波动特征分析［J］．清华大学学报（哲学社会科学版），2003（03）：30－34．

荣艺华，朱永行．美国债券市场发展的阶段性特征及主要作用［J］．债券，2013（05）：54－59．

参考文献

芮晓武，刘烈宏. 中国互联网金融发展报告（2013）[M]. 北京：社会科学文献出版社，2014.

沈晓英. 试论我国的虚拟经济 [D]. 北京：中央民族大学，2006.

沈圳贺. 虚拟经济与实体经济发展的适度性研究 [D]. 长春：吉林财经大学，2010.

宋婷婷. 货币循环流动与金融资产价格的波动 [D]. 天津：天津财经大学，2013.

宋翔. 虚拟经济与实体经济协调发展研究 [D]. 合肥：安徽大学，2014.

苏大伟，朱婷，王鋆. 债券市场、利率波动及风险成因探究 [J]. 首都经济贸易大学学报，2007（05）：15－20.

孙洪庆. 金融资产价格波动、泡沫与风险控制 [J]. 中国商界（下半月），2008（10）：1－2.

汪大海，等. 世界 14 次重大金融危机透视 [M]. 北京：中国传媒大学出版社，2011.

王爱俭. 金融创新与虚拟经济 [M]. 北京：中国金融出版社，2003.

王爱俭. 虚拟经济合理规模与风险预警研究 [M]. 北京：中国金融出版社，2007.

王爱俭. 虚拟经济与实体经济关系研究 [M]. 北京：经济科学出版社，2004.

王彬. 房地产价格影响因素分析 [D]. 北京：北京交通大学，2007.

王春峰，马卫锋，姜磊. 虚拟经济与金融脆弱性 [J]. 价格理论与实践，2003（04）：42－43.

王国忠，王群勇. 经济虚拟化与虚拟经济的独立性特征研究——虚拟经济与实体经济关系的动态化过程 [J]. 当代财经，2005（03）：5－10.

王进诚. 对“十五”期间我国金融创新的思考 [J]. 金融研究，2001（08）：41－47.

王立荣，刘力臻. 虚拟经济膨胀视角下的汇率短期波动研究——对 Dornbusch 超调模型的扩展 [J]. 国际金融研究，2009（07）：73－79.

王千. 虚拟经济与实体经济的非对称性影响 [J]. 开放导报，2007（04）：47－50.

王千. 中国虚拟经济发展的现状、问题及对策 [J]. 经济纵横，2006（01）：22－24，15.

王士龙. 中国制造企业服务化可行模式研究——基于政策制定视角 [J]. 中国市场，2017（05）：109－112.

王守义，陆振豪. 以虚拟经济促进我国实体经济发展研究 [J]. 经济学家，2017（08）：12－18.

王涛. 合作金融制度研究 [D]. 成都：西南财经大学，2010.

王文斌. 我国房地产价格波动形成机制及影响因素研究 [D]. 天津：南开大学，2010.

王小平. 虚拟资本与证券市场研究 [D]. 北京：中共中央党校，2001.

王云晓. 房地产的市场属性研究 [D]. 曲阜：曲阜师范大学，2012.

王振. 马克思虚拟资本理论视域中的我国证券市场发展问题研究 [D]. 洛阳：河南科技大学，2012.

威利·莱顿维塔，爱德华·卡斯特罗诺瓦．虚拟经济学［M］．崔毅，译．北京：中国人民大学出版社，2015.

魏开锋，李多全．充分发挥虚拟经济的积极作用［N］．发展导报，2003－04－25（003）.

文红星．经济泡沫研究［M］．北京：光明日报出版社，2013.

吴德礼，李惠彬，徐仕政．国际金融危机背景下我国虚拟经济与实体经济发展问题研究［J］．南方金融，2009（08）：16－20，30.

吴慧蓉．基于虚拟经济角度的房地产价格波动研究［D］．重庆：重庆大学，2009.

吴晓求，王广谦．金融理论与政策［M］．北京：中国人民大学出版社，2013.

伍超明．虚拟经济与实体经济关系研究——基于货币循环流模型的分析［J］．财经研究，2004（08）：95－105.

（德）鲁道夫·希法亭．金融资本主义最新发展的研究［M］．北京：商务印书馆，1994.

谢恺．关于我国实体经济与虚拟经济及其关系的观点综述［J］．经济研究参考，2017（48）：39－45.

徐琤．内外均衡冲突与中国资本流动性过剩问题研究［D］．上海：上海社会科学院，2008.

许鹏．中国虚拟经济发展现状及对策研究［D］．石家庄：河北师范大学，2008.

许圣道，王千．基于全象资金流量观测系统的虚拟经济与实体经济的协调监管思路［J］．中国工业经济，2007（05）：13－21.

许宇博，李瑞芬．上市公司股价影响因素分析［J］．中国农业会计，2016（01）：10－12.

亚当·斯密．国富论［M］．西安：陕西人民出版社，2001.

杨辉．金融体系中的债券市场及其波动［J］．中国货币市场，2009（04）：25－28.

杨坚争．发展虚拟经济，推动工业化与信息化融合［J］．上海信息化，2009（01）：8－12.

（日）野口悠纪雄．泡沫经济学［M］．金洪云，译校．曾寅初，译．北京：生活·读书·新知三联书店，2005.

尹国平．广义虚拟经济发展方式初论［J］．广义虚拟经济研究，2017，8（03）：64－69.

尹忠．股价运行与相关因素的实证分析［D］．南京：河海大学，2003.

余晓东．资产价格波动与货币政策、金融监管［D］．上海：复旦大学，2006.

余元全．资产价格对我国宏观经济的影响研究［D］．重庆：重庆大学，2007.

袁东．交易所债券市场与银行间债券市场波动性比较研究［J］．世界经济，2004（05）：63－68，80.

袁勇，王飞跃．区块链技术发展现状与展望［J］．自动化学报，2016，42（4）：

481－494.

曾康霖. 虚拟经济：经济活动新领域［M］. 北京：中国金融出版社，2003.

曾康霖. 虚拟经济：人类经济活动的新领域［J］. 当代经济科学，2003（01）：15－21，93.

张成昆. 对虚拟经济中市场的分析［J］. 世纪桥，2011（15）：54－55.

张国庆. 后工业经济与经济虚拟化研究［D］. 天津：南开大学，2010.

张红伟，贾男. 虚拟经济与金融危机［J］. 四川大学学报（哲学社会科学版），2004（03）：16－20.

张俊山. 论虚拟经济中虚假价值的形成及运动规律［J］. 河北师范大学学报（哲学社会科学版），2007（06）：5－9.

张磊. 美日中央银行金融危机管理比较研究［D］. 沈阳：辽宁大学，2014.

张庆君. 资产价格波动与金融稳定性研究［D］. 沈阳：辽宁大学，2011.

张若雪. 房地产泡沫国际比较及中国房地产业发展［J］. 财经科学，2010（12）：91－99.

张甜. 基于主成分分析的股价因素分析［D］. 兰州：兰州大学，2013.

张文丹. 虚拟经济视角下我国房地产价格的驱动因素研究［D］. 福州：福州大学，2014.

张云. 虚拟经济命题研究意义的探析［J］. 社会科学，2009（01）：11－18.

张宗新. 金融资产价格波动与风险控制［D］. 上海：复旦大学，2004.

赵善华. 虚拟经济视角下我国房地产泡沫生成机制研究［D］. 广州：华南理工大学，2010.

赵祥功. 中国股票市场投机问题研究［D］. 杭州：浙江大学，2002.

郑超丹，施向伟. 建立三位一体信用借贷机制，防控 P2P 网贷信用风险［J］. 经营与管理，2017（06）：18－21.

仲崇文. 虚拟经济对实体经济的影响研究［D］. 长春：吉林大学，2011.

周卫民. 一种基于管理要素边际报酬递增性的新厂商理论［J］. 经济问题探索，2007（06）：80－83.

周业安，赵坚毅. 我国金融市场化的测度、市场化过程和经济增长［J］. 金融研究，2005（04）：68－78.

周莹莹，刘传哲. 虚拟经济与实体经济协调发展研究［M］. 北京：经济管理出版社，2013.

周钟山，王国忠，欧培彬. 经济虚拟化、流动性过剩与货币政策困境——基于虚拟经济独立性特征的研究［J］. 经济问题，2009（04）：30－32.

祝宪民. 房地产的虚拟性与经济波动［J］. 南开经济研究，2005（02）：61－66.

邹辉文. 证券市场价格波动的理论分析与控制系统建模［M］. 北京：中国人民大学出版社，2016.

Filardo, A. J. Monetary policy and asset prices [J]. *Federal Reserve Bank of Kansas City Review*, 2000, 85 (3): 11—37.

Hileman, Garrick, Rauchs, Michel. "Global Cryptocurrency Benchmarking Study" [J]. *Cambridge University*. 14 April 2017.

Nachane D M. *Monetary Policy, Financial Stability and Macro-prudential Regulation: An Indian Perspective* [M] // Market, Regulations and Finance. Springer India, 2014: 17—39.

Primiceri G E. Time Varying Structural Vector Autoregressions and Monetary Policy [J]. *Review of Economic Studies*, 2005, 72 (3): 821—852.

Quigley J M. Real Estate and the Asian Crisis [J]. *Journal of Housing Economics*, 2001, 10 (2): 129—161.

Quigley J M. Real Estate Prices and Economic Cycles [J]. *Berkeley Program on Housing & Urban Policy Working Paper*, 2002, 2 (1): 1—20.

Samuelson, Kristin. "The ins and outs of Bitcoin. Does the latest digital currency have staying power?" [J]. *Chicago Tribune*, 13 November 2011.